初心履痕

——中共新田县委党校的实践与探索

主　编 / 何　昕

湘潭大学出版社
XIANGTAN UNIVERSITY PRESS

序　一

霍修勇

党的十八大以来，习近平总书记对党校办学治校作出了一系列重要指示批示，这是做好新时代党校各项工作的根本遵循，也是实现党校高质量发展的政治保证。为全面贯彻落实习近平总书记关于党校工作的重要论述，新田县委党校将近五年来教职工撰写的学术成果汇编成书公开出版。

新田县这片热土涌现了“黄埔三杰”之首的蒋先云、老一辈革命家萧明等一批著名人物，境内有红色文化资源“小源会议”旧址和蒋先云故居。1969 年新田人民大兴水利、发展集体经济，赢得一代伟人毛泽东“南有新田”的赞誉。改革开放以来，尤其是进入新时代，新田县委、县政府带领人民群众发扬“南有新田”精神，创造了经济社会发展的新成就。

在新田挂职锻炼期间，我曾经多次到党校走访、调研、授课，深切感受到党校同志艰苦创业、大胆创新、努力创造的精气神，也认识到办学设施简陋、经费短缺、人才不足等现实问题。2019 年，何昕同志调任新田县委党校任常务副校长。他和全体教职工一道，注重将教学、科研、咨询工作有机融合，不断推出新成果、取得新成效，彰显了为党育才、为党献策的初心，本书就是其中的一项成果。

县级党校出版书籍并非鲜事，当然也非易事，编纂论文集亦是如此。全书共计 30 余万字，分成理论探析、课题研究、决策咨询、学习札记和微型党课五个部分，既独立成篇，又相互联系，很好地展现了新田县委党校开展教育培训工作取得的重要成果，展示了县级党校破解发展之“困”、探索提“质”之路的奋斗图景。

本书贯穿其中的一条主线就是党校如何聚焦、做好主责主业。所选文稿都是“教资研”方面的优秀成果，有些是公开发表在《湖南日报》《永州日报》等报刊上的理论文章，有些是全省党校系统社科课题的结项成果，有些是领导肯定性批示的决策咨询报告，有些是党性教育宣讲的微党课讲稿。从作者上看，基本上涵盖了新田县委党校的骨干教职员工，既有政治站位高、管理经验丰富的领导干部，也有教学能力出众、理论水平高的高级讲师，还有才华出类拔萃的后起之秀。

希望新田县委党校以本书的出版为契机，继续坚守党校初心，始终聚焦主责主业，努力服务中心大局，为党的干部教育事业交出一份完美答卷，书写无愧于时代和人民的华章。

最后，祝愿新田县委党校再创辉煌！是为序。

（作者霍修勇系中共湖南省委党校教育长）

序　二

黄　燕

近年来，新田县委党校践行为党育才、为党献策初心，坚持以科研为支撑，聚力开展有组织的科研，教研工作取得显著成效，先后获得2021年湖南省党校系统第十届科研工作组织奖、2022年永州市党校系统第一届科研工作先进单位，2023年又被推荐为全省党校科研示范单位，科研成绩位居全市前列。呈现在我们面前的这本散发着油墨清香的《初心展痕》，便是近年来新田县委党校领导班子带领全校教职员工推动有组织科研的集体智慧的结晶。

本书分为理论探析、课题研究、决策咨询、学习札记、微型党课五部分，充分体现了党校（行政学院）干部培训、思想引领、理论建设、决策咨询职能作用的发挥。理论探析聚焦意识形态、“两个确立”等宏大主题，同时又注意密切联系实际。课题研究以激励课题申报为牵引，聚焦党的创新理论和党中央重大决策部署在新田的生动实践，形成了颇有规律性的认识。决策咨询部分聚焦新田经济社会发展中的热点、难点、重点问题进行对策性研究，精选了立足实际、操作性强的论文，如新田高质量养老服务发展、乡村振兴产业融合、乡风文明等问题的对策建议，具有很强的现实性和针对性，为党委、政府决策提供了及时有力的智力支持。学习札记和微型党课充分体现了教学与科研的融合，在党史研究上，新田县委党校围绕本地红色人物、红色资源开展研究，出版了专著《薪火》；特别是在蒋先云、萧明的研究上取得了显著成绩，并成功转化为教学课程。

本书既有教学名师的经验分享，也有后起之秀的创新佳作；青年教师虚心学习，上下求索，资深教员耐心指导，传承经验。更为称道的是学校领导带头、教研人员自觉参与形成良好的科研氛围，彰显了新田县委党校教研工作蓬勃旺盛的生命与活力，这种科研活力是我们当下科研兴校需要大力激发的。

伟大时代呼唤伟大精神，崇高事业需要榜样引领。毋庸讳言，当前全市党校系统存在着学科团队建设亟待加强、科研合力不足、调查研究不够深入、咨询成果转化率不高等现象，这些问题的存在都与科研的组织化程度不高、组织力不强有关。期待以这本书的结集印行为起点和示范，激励全市党校系统同仁坚守初心、克难奋进，奋力开创永州党校事业高质量发展新局面，以高质量教研成果助力地方经济社会高质量发展，更好地服务党委、政府工作大局！

（作者黄燕系中共永州市委党校常务副校长）

序　三

唐清林

伟大时代呼唤伟大精神，崇高事业需要榜样引领。疾风知劲草，烈火炼真金。在党的干部教育事业中，离不开一批批优秀的教师。习近平总书记在中共中央党校建校90周年庆祝大会暨2023年春季学期开学典礼上强调："党校始终不变的初心就是为党育才，为党献策。"近年来，在省、市委党校的精心指导下，新田县委党校深入学习贯彻习近平总书记关于党校工作重要论述和《中国共产党党校（行政学院）工作条例》，坚持正确办学方向，坚守为党育才、为党献策初心，服务中心大局，助力新田高质量发展，各项工作取得了积极成效，2021年荣获湖南省党校系统第十届科研工作先进单位，2022年荣获永州市党校系统第一届科研工作先进单位、永州市党校系统五年办学质量评估优秀单位。

新田县委党校践行为党育才、为党献策初心，组织全校教职员工在教学之余，加强理论学习，深入调研，走进机关、走进工厂、走进田间地头，让理论与实践相结合，用理论指导实践。聚焦党和国家中心工作、党委和政府重大决策部署、社会热点难点问题进行深入研究，提出意见建议，为党和政府建言献策。撰写了大量文章，并从中选取了2020—2023年的36篇汇集成《初心展痕》，内容分为理论探析、课题研究、决策咨询、学习札记、微型党课等五部分。

翻开这本散发着墨香的《初心展痕》，一篇篇文质兼美、数据翔实、理论深刻的文章映入眼帘。这些文章无不凝结着书写者的心血，彰显着他们对教学工作的无限热爱与执着思考，书中多篇论文理论功底扎实，鞭辟入里之论令人耳目一新。

如:《当前农村基层意识形态工作的调查与思考——以新田县为例》《做活产业融合 助力乡村振兴——新田县一二三产业融合发展的调查与思考》《理论·历史·现实:“两个确立”的三重生成逻辑》等等。其中既有年轻教师的大作,也有教坛老将的名篇,年轻教师谦虚请教,上下求索,教坛老将耐心指导,经验传承,充分展现了新田县委党校教研工作蓬勃旺盛的生命与活力。

继往开来,踔厉奋发。希望新田县委党校高举习近平新时代中国特色社会主义思想伟大旗帜,自觉服从服务于党的政治路线,严守党的政治纪律和政治规矩,坚持在党爱党、在党言党、在党忧党、在党为党,抓学习促提升,抓执行促落实,抓效能促发展,深入宣传贯彻党的二十大精神,认真落实《干部教育培训工作条例》和《中国共产党党校(行政学院)工作条例》,持续提升政治意识,持续深化理论研学,持续做好教学宣讲,持续推进调研咨政,持续强化师资建设,奋力开创党校事业发展新局面,为加快建设“三区四地”和现代化新田贡献党校智慧和力量。

是为序!

(作者唐清林系新田县委副书记、统战部部长、县委党校校长)

目 录

理 论 探 析

课 题 研 究

决 策 咨 询

学 习 札 记

微 型 党 课

理论探析

当前农村基层意识形态工作的调查与思考

——以新田县为例

何　昕

中国共产党是马克思主义政党，高度重视意识形态工作是我们党的优良传统，也是党的一项极端重要的工作。基层是一切工作的落脚点，农村基层意识形态工作事关执政基础巩固和国家长治久安。俗话说，基础不牢，地动山摇。因此，解决好当前农村意识形态领域存在的问题就显得尤为重要，我们必须守住农村意识形态主阵地不放松，牢牢掌握党对农村基层意识形态工作的领导权、主动权、话语权。

一、农村基层意识形态工作存在的问题

习近平总书记指出："意识形态工作是党的一项极端重要的工作，是为国家立心、为民族立魂的工作。"① 党的十八大以来，以习近平同志为核心的党中央高度重视意识形态工作，就意识形态领域的战略性问题作出部署，扭转了农村基层意识形态领域一度出现的被动局面，使我国意识形态领域的形势明显变好。近年来，随着农村精准扶贫工作和国家战略层面贯彻实施乡村振兴战略，农村意识形态工作整体上也呈现出喜人局面。但从最近笔者深入陶岭镇、骥村镇等六个乡镇九个行政村调研走访情况看，当前农村意识形态领域仍然存在不少问题，主要表现在以下三个方面。

（一）不信马列信鬼神

调研发现，新田某镇一个假和尚布道，很短时间里就能召集到上百人聚会，这体现出农村缺少科学知识的普及。精神生活不丰富，容易被外来的不良思想影响。另外，缺乏读书学习的氛围，读书无用论仍颇具影响力，有些村不重视教育和培育知识人才。乡风文明建设中，正气不足。有的村民生病不吃药，求神问卦；住房建设缺乏公德意

① 《习近平著作选读》第2卷，人民出版社2023年版，第36页。

识，没有规划乱建房，破旧危房不修缮也不允许拆；基层干部推进农村公益事业阻力大。

（二）不信法律信暴力

家族势力、宗族势力强势蛮横，法律弱化，基层组织弱化。部分村干部法治意识淡薄，人治专断意识浓厚。一些村干部当干部是为了自己的家族在村里有话语权，在发展新党员上搞家族化，把村支部异化成“家庭会”，无视党的纪律，家族成员一旦获选村主干，就牟个人家族私利，办事不公，履职不力；涉及村财政以弄虚作假牟取私利；村监督委员会虚与委蛇，不敢监督。主要的原因是偏远的农村，经济欠发达，法规制度待完善，司法行政欠规范，法治知识未普及以及遗留的封建思想未肃清。村民不积极参与健康有益活动，不依规矩办事，不相信法律，相信家族的“拳头硬”。

（三）不信情义只拜金

传统信仰丢失，金钱至上，社会主义核心价值观还没有全面深入农村基层。传统价值观中的优良因素在减少，要钱、谈钱、要重彩礼成为一种风气，有些甚至在人情攀比上借债消费。尊老爱幼本是中华民族的传统美德，爱老孝老敬老也是文明的体现。年轻人思想价值观养成受到资本拜物教影响过重，唯利是图的价值观使得农村还在出现马克思笔下的“它使人和人之间除了赤裸裸的利害关系，除了冷酷无情的‘现金交易’，就再也没有任何别的联系了”①。现在一些村民对老人不尽赡养义务，弟兄多住房，但父母无像样的安身之所，农民失去子女的赡养，表现出了家庭意义的瓦解、公序良俗的消解，重建农村的家庭价值尤为紧迫。

二、存在问题的主要原因

（一）村级集体经济弱化

市场经济发展为农村精英农民外出发展提供了机会和平台。然而，在村内因为没有一个利益共同体，村民们各自单干，村集体已经不再是利益获得与分配的组织，村共同体意识在逐渐消失。除血缘近亲关系外，村民与村民多倾向于“原子化”社会关系，由于村集体能力不足，村组织能力、集体意识和精神境界全面弱化，村集体经济难以壮大自己的力量，核心问题在于没有统一且有力的村领导集体，村集体难以将村域资源集中到村集体平台跟市场对接并与之博弈。没有强大的集体经济组织，农村公

① 《马克思恩格斯全集》第4卷，人民出版社2006年版，第48页。

共事业就难以发展。近年来，因为精准扶贫等工作推进在一定程度上加强了农村公共事业发展的力度，但总体上仍缺乏制度性联系。所以，政府在推进党建和精准扶贫过程中，特别强调抓好村集体经济，这本身就是在重构村民的利益共同体意识的过程。不把集体经济发展起来，基层党组织在带动领导农村集体共同富裕中的基础就不够夯实。

（二）农村干部文化素质有待提高

村干部的职责之一是把党的思想路线方针传达到千家万户。调研发现，很多村干部只对抓项目建设、经济效益感兴趣。抓经济，抓产业发展，使老百姓富裕起来，这是乡村振兴战略的重大内容，但乡村振兴还包括精神文明的发展与振兴，如乡风文明建设。意识形态工作需要党员干部以一种先进文化的魅力去感染激发其他人的思想观念，以此共同推进乡村振兴的行动自觉。而目前村干部在文化素质方面的短板，显然不利于乡村振兴战略的全面实施。因此，提升农村干部的文化素质，已成为当下亟待解决的重要问题。

（三）具体落实权责不明

一是思想认识上有偏差。认为抓经济立竿见影，而抓文化工作难有成效，造成农村基层意识形态工作“软考核”，工作上没有真正抓起来。部分乡镇文化干事、广电站人员专职不专用，文化阵地无专职人员管理，文化基础设施不能正常发挥作用。二是工作没形成合力。资源没有有机整合，宣传部门、教育部门、文化部门存在相互配合不够密切，没有形成合力，虽有交集，但没有合拍，没收到“合成作战”的实效；具体到乡镇一级不知道抓什么，不知道如何抓，更没有明确目标。三是公共文化产品供给的监督机制不完善。调研发现，政府出钱投入公共文化产品，请文化部门和文化社团组织落实，但投入方无法监督，受益方无权监督，投入了公共文化产品，但使用率不高，甚至投入也是简单的分配。

（四）宣传方法手段单一

当前基层在意识形态工作方面资金不足、人力有限是一方面，更重要的是缺方法做事。比如互联网的海量信息，网站多、公众号多，垃圾信息随处可见，给管理和监控带来困难，不更新思维，不转变观念，不善于走网上群众路线，通过网络了解民情民意，还是依据传统思维，宣传工作易处于被动。在线下，我们的报刊读物需要坚持以真实为本的原则，如果写出的文章报道套话、假话连篇，这样的内容就难以吸引人、打动人。通俗地讲，农村意识形态工作说到底是赢得农民老百姓人心的工作，单一的宣传手段难以抓好抓实这项工作。

三、推进农村意识形态工作的有效路径

新时代的农村基层意识形态工作需要从整体着力、从大局着眼，整合资源，形成合力，政治上以党建引领，经济上发展集体经济、农村合作社，文化上传承与涵养多元化的乡村文化，社会上保持基层和谐稳定，生态文明上打好防污攻坚战，战略上坚持“五位一体”抓。

（一）完善组织机制，明确责任制

首先要高度重视农村意识形态工作。习近平总书记强调，要压实压紧各级党委（党组）责任，做到任务落实不马虎、阵地管理不懈怠、责任追究不含糊。① 基层党委、政府要高度重视并种好农村基层意识形态工作“责任田”，必须有“阵地意识”，做到守土有责、守土负责、守土尽责。需要有专门人员负责，加强人员素质，培训专职队伍专门负责抓落实。其次要落实好农村基层意识形态工作责任制。细化任务清单、责任清单，明确到具体人、具体事，努力做到有责必问、有错必究。加强组织领导，落实政治责任，形成党委、政府统一领导，各部门协同联动的工作格局。最后，把各乡镇的意识形态工作纳入年度考核。充分发挥宣传部门、党校、文广新局等相关单位的积极性，组建宣讲团，让理论教员和德高望重的退休党员干部到农村基层中去，用接地气的话语展开“微宣讲”。

（二）壮大集体经济，巩固共同体

意识形态作为思想精神层面，虽然具有相对独立性，但其功能是否能有效发挥受制于经济基础。发展村集体经济必须符合市场经济的原则，村集体凝聚人心，统一共识，适应市场，形成与市场有效对接的机制，是壮大村集体经济的着力点所在。在村集体这个共同体里，只有发展好村集体经济才能把一个村的利益绑在一起，在党的引领下，农村的意识形态阵地才能得到最大程度的巩固和提升。习近平总书记强调，我们必须把人民对美好生活的向往作为我们的奋斗目标，既解决实际问题又解决思想问题，更好强信心、聚民心、暖人心、筑同心。村集体有了为村民办实事、解决实际问题的能力，村民就会信服党委和政府，在解决实际问题中暖了人心，才会筑好同心。市场经济下，如何利用市场机制使得村集体的力量增强，村民在这个共同体中生产生活条件好起来，不断增强村民的幸福感、获得感，这是凝聚共识的基础条件。调研发

---

① 《习近平谈治国理政》第3卷，外文出版社2020年版，第313页。

现，越是集体经济搞得好的村，乡村治理、乡风文明等工作就搞得越好。

（三）创新话语体系，传播大众化

首先，创新话语体系。成功的意识形态是灵活的，不但善于用人民群众乐于接受的方式去创新话语体系，使基层群众易懂，还善于以情感性的话语来拉近政治与民众之间的距离。构建以真实为基础、包容建设性的批评话语的传播话语体系，并以创新的表达方式与年轻人沟通，力图在民众与政治之间建立情感上的连接。按照贴近实际、贴近生活、贴近群众的原则，以文化形式柔性表达，用通俗有趣的形式传播，把理论讲细讲透。其次，立足本地，深耕沃土，加强对新田优秀传统文化的挖掘和研究。农村的传统文化、乡村文化、通俗文化、丰富的原生态文化，具有民族独特文化资源优势，要发挥农民的作用。农民需要文化，文化更需要农民。鼓励各种形式的农民自办文化，不断壮大“土生土长”的农村内生型文化。讲好新田故事、传递新田声音，努力打造一批具有本土特色的社科“新田品牌”。最后，在教育上要从小抓起。依据《新时代公民道德建设实施纲要》和《新时代爱国主义教育实施纲要》，制定贯彻落实进课堂的有效措施，根据受教者心理特点和本地乡村实际，编写培育新时代公民道德教材，培养担当民族复兴大任的时代新人。

（四）健全制度保障，治理规范化

习近平总书记强调，要强化教育引导、实践养成、制度保障，把社会主义核心价值观融入社会发展各方面，引导全体人民自觉践行。[①] 要抓好农村基层意识形态工作，需要有效结合自治、德治、法治，从制度上加强建设。为加强乡村自治，规范提升村规民约治理，为社会精英反哺家乡制定新乡贤退休还乡制度保障，抓好农村干部的“关键少数”，从而更加有效推进农村意识形态工作。在德治上，需要进一步弘扬正能量，表彰先进模范人物，在社会上树立标杆，利用蒋先云同志故居、小源会议旧址等爱国主义教育基地加强教育引导。在法治上，注重法治宣传，社会舆论上树立法治理念。在党建上，抓好意识形态建设，把这项工作作为考核村级干部的一个指标。在文化建设上，加强县级图书馆、文化馆、乡镇综合文化站和村级文化室等文化阵地建设和管理，做到制度健全、台账清晰、管理规范。加强对社会组织如文艺团体、民间艺人、文化志愿者队伍的管理和服务，牢牢掌握基层意识形态主动权。

（五）实施文明创建，确立主抓手

一是成立新时代文明实践中心，抓好文明村创建活动。为避免民间文化活动封建

---

① 《习近平谈治国理政》第3卷，外文出版社2020年版，第313页。

化、西化、低俗化，成立新时代文明实践中心这一平台，实施文明创建活动来统筹推进学习新思想、宣传宣讲党的政策、培育践行主流价值、丰富活跃文化生活、持续推进移风易俗等五大行动，让文明实践由“进村”向“入户”深化、由“见人”向“走心”深化，培育文明乡风、良好家风、淳朴民风，焕发乡村文明新气象。如黄公塘村已评为省级文明村，正在谋划申办全国文明村。通过文明村的创建，整体上提升村容村貌村风，激活基层群众文明实践的自觉性和创造性，增强基层党组织文明实践的引领能力。二是积极开展“雅韵潇湘”和“书香新田”等群众性文化活动。进一步夯实基层文化阵地，切实解决好基层基础薄弱的问题。深入挖掘本县红色资源和勤廉勤政知县王鼎铭以及陈运周等先进典型人物的廉政文化，开展一批红色文化、廉政文化活动，充分发挥以文化人、以廉育人的作用；深入挖掘整理新田县孝文化资源，宣传孝德文化，推动传统文化中修家谱、评选新乡贤等文化活动的实施，进一步凝聚农村文化共同体意识。三是弘扬青少年爱学习、兴文化的氛围。充分发挥农村的农家书屋和文化站的作用，并配备专职文体辅导员，弘扬传统美德，开展丰富多样的农村系列文化活动，树立青少年正确的“三观”。例如秀峰社区的青云堂文艺公社、骥村乌下村的农家书屋和音乐器材在驻村工作队的组织下就很好利用起来了，村里学生放学后自觉到农家书屋学习。

（六）抓好“关键少数”，培植带头人

一是教育农村基层党员干部树立好导向。意识形态工作是做人的工作，需要人去影响人，抓好党建引领显得尤为重要，从某种程度上说，农村党员干部的素质好坏很大程度上决定了农村的意识形态工作的好坏。所谓“群众看党员，村民比干部”，农村党员干部的导向作用要发挥好。村党支部积极组织教育本村的党员干部始终把党的政治建设摆在首位，不断增强“四个意识”、坚定“四个自信”、做到“两个维护”。二是提升农村干部的待遇和晋升空间。想办法调动他们做好农村意识形态工作的积极性。比如村干部待遇，湖北省的做法是给予村支书和村主任副镇长待遇，一年近 4 万的补贴。农村各项工作推进，压力增大，强度增加，权责配置方面也要跟上，需要进一步提高工资待遇和扩宽基层干部的晋升空间，农村主要需要实干型的农村干部，根据实际制定合乎农村实际的干部政策。三是创新方式，引导农村党员干部搞好理论学习。如普及“学习强国”的使用。针对农村党员老龄化，要进一步创新方式，加大宣传推广的力度、程度和广泛度。一方面还是要积极推动村干部首先带头学，针对没有智能手机的老党员群体，可利用村级多媒体集中学习，村干部和年轻党员结对帮扶学，用奖励制度激励他们学，用好的氛围引导他们学。

农村意识形态工作要坚持有所为有所不为的原则，不能无所作为，也不能过度作

为。党委要高度重视，明确责任制，加强组织协调，形成专门负责的精干力量，使得文化产品用起来，文化场所活起来，党员干部带起来，正气提上来。以“两个巩固”为根本遵循，朝着乡村全面振“兴”为基础，农村普遍“信”马为关键点，话语体系易“懂”为重点，老百姓践“行”为落脚点的目标努力。

何昕系中共新田县委党校常务副校长。本文获2020年湖南省党校（行政学院）系统理论研讨会三等奖。

中国共产党百年反腐败斗争的回顾与展望初探

何　昕

习近平总书记在2021年1月22日的中央纪委第五次会议上指出，我们党作为百年大党，要永葆先进性和纯洁性、永葆生机活力，必须一刻不停推进党风廉政建设和反腐败斗争。从某种意义上说，一部中国共产党百年史，也是一部党始终坚持反腐败斗争的历史。学习回顾中国共产党百年反腐败斗争的历史，总结其历史成就与经验，展望未来反腐败斗争战略目标，进一步完善反腐败的长效机制，对于认真开展“学史明理、学史增信、学史崇德、学史力行”党史学习教育，具有重要的现实价值和深远意义。

一、百年反腐，驰而不息

（一）新民主主义革命时期

1. 建党初期的纪律反腐

1922年7月16日至23日，中共二大明确了“组织无产阶级，用阶级斗争的手段，建立劳农专政的政治，铲除私有财产制度，渐次达到一个共产主义的社会”的奋斗目标，不断加强党内自身纪律建设，初步形成了党内防腐、反腐的纪律规定。中共三大规定：“平民须有建议权、罢官权、撤回代表权及废止法律权；中央、地方重要的国家职员须民选。”第一次国共合作期间，党的反腐败斗争以监督国民党政府的腐败和加强自身的廉洁建设为主。在监督国民党政府腐败方面，一是选派党内先进分子加入国民党担任政府职务，做好公正廉洁的表率；二是坚决维护我党正义的主张，严格按照规定办理政府各项事务；三是积极开展宣传工作，对国民党政府部分官员的腐败行径进行举报和抗议。在加强自身廉洁建设方面，一是提出警告并斗争，中共中央发出了《关于坚决清洗贪污腐化分子的通告》，坚决同党内腐败分子作斗争；二是选人用人把握廉洁原则，坚决不使用投机腐败分子，比如中共中央坚决反对投机腐败分子蒋作宾管湖北民政工作。

2. 中华苏维埃时期的训令条例反腐

南昌起义后，我党打响了武装反抗国民党的第一枪，随后开始在根据地建立中华苏维埃政权。为了建设清正廉洁的政府，1933 年 12 月 15 日，毛泽东签署了《关于惩治贪污浪费行为的训令》，这是中国共产党历史上第一个反腐法令。此后相继颁布了《关于开展反贪污腐化反投降主义倾向的训令》《陕甘宁边区保障人权财权条例》《政府工作人员惩办条例》《惩治贪污暂行条例》等，通过一系列训令条例开展反腐败工作，树立了清正廉洁为民的政府形象，赢得了老百姓的支持和认可。

（二）社会主义革命和建设时期

1. 新中国成立初期的运动反腐

为了使全党在胜利面前保持清醒头脑，在夺取全国政权后经受住执政的考验，毛泽东同志在党的七届二中全会上提出“两个务必”。然而，有少数党员干部没有经受住糖衣炮弹的诱惑，走上了贪污腐败的道路。为了挽回政府清正廉洁的形象和声誉，巩固新政权，促进经济社会的发展，中共中央于 1951 年 12 月 1 日发出《关于实行精兵简政、增产节约、反对贪污、反对浪费和反对官僚主义的决定》，开展了轰轰烈烈的“三反”运动。1952 年 2 月 10 日，举行腐败分子刘青山、张子善公审大会，并执行枪决。曾有人向毛泽东说情，说刘、张二人虽然贪腐，但却都立下了战功，能否网开一面。毛泽东说，正是因为他们资格老、职位高、功劳大、影响广，所以才下决心处决他们。“三反”运动清除了党内的腐败分子，加强了党的纯洁性教育，形成了清正廉洁的好风气，赢得了人民的信任与支持，巩固了新政权。

2. 中共八大的思想反腐

毛泽东一直重视思想反腐，在纪念白求恩时曾说过：“我们大家要学习他毫无自私自利之心的精神……就是一个高尚的人，一个纯粹的人，一个有道德的人，一个脱离了低级趣味的人，一个有益于人民的人。”在思想反腐方面，1956 年 9 月 15 日至 27 日，中共八大提出反对个人崇拜，强调坚持民主集中制，加强集体领导制度，通过加强党员干部的思想教育进一步扩大反特权、反腐败的成果。中共八大确定了正确的方针政策，也为反腐败斗争确立了正确的思想路线。

3.“文革”时期的反腐挫折

“文革”期间，党和政府的各级机构、各级人民代表大会和政协组织长期陷于瘫痪状态，公安、检察、司法等专政机关和维护社会秩序的机关都被搞乱了。“文革”时期的反腐斗争出现了一系列的错误做法，比如“揪党内走资派”“一人划线，无限上纲”“打倒一切”“否定一切”“砸烂公检法”等，出现了拉关系、走后门，搞人身依附和团团伙伙等现象，严重挫败了反腐败斗争的锐气。

（三）改革开放和社会主义现代化建设时期

1. 纪律反腐

党的十一届三中全会是我党历史上又一次伟大的转折，彻底扭转了“文革”时期造成的内乱局面，进入了改革开放的伟大历史时期。但同样也为反腐败斗争带来了严峻的挑战，出现了享乐主义、权钱交易、权色交易等腐败行为。1978 年 12 月，中共中央成立了以陈云为第一书记的中共中央纪律检查委员会，开展了制度反腐的有益探索。为了反对领导干部特殊化，1979 年 11 月，中共中央和国务院下发了《关于高级干部生活待遇的若干规定》；为了规范领导干部的行为，1980 年 2 月，中共十一届五中全会制定并通过了《关于党内政治生活的若干准则》；为了加强打击经济领域的腐败犯罪，1982 年 4 月，中共中央公布了《关于打击经济领域中严重犯罪活动的决定》；为了制止官商勾结，打击“官倒”，1984 年 7 月，中共中央、国务院发出《关于党政机关在职干部不要与群众合办企业的通知》，又在 12 月发出《关于严禁党政机关和党政干部经商、办企业的决定》，同时查办大案要案，严厉打击腐败分子和犯罪集团，增强了反腐败斗争的信心，赢得了民心。

2. 条例反腐

2003 年 12 月 31 日，中共中央印发了《中国共产党党内监督条例（试行）》，它的颁布实施对加强党内监督起到重要作用。《中国共产党纪律处分条例》和《中华人民共和国行政监察法实施条例》的相继出台，为反腐败斗争提供了制度保障。2005 年 10 月，为充分利用国际力量加大反腐败力度，我国加入了《联合国反腐败公约》，更加坚定了反腐决心，强化了反腐意志，初步建立了惩腐防腐的长效机制。

（四）中国特色社会主义新时代

党的十八大以来，以习近平同志为核心的党中央高举反腐大旗，从严从速从重开展反腐败工作，勇于自我改革，对腐败“零容忍”，不断健全不敢腐、不能腐、不想腐的机制，在反腐败斗争中取得了开创性、全方位的巨大历史性成就，赢得了反腐败斗争的压倒性胜利。

1. 巡视反腐

党中央高度重视巡视反腐工作，一是推进巡视工作法治化规范化，先后两次修订

《中国共产党巡视工作条例》，制定中央巡视工作五年规划；二是创新巡视工作的方式方法，“三个不固定”“回头看”“常专结合”等巡视方法效果显著，充分发挥了巡视反腐“显微镜”和“探照灯”的积极作用，对腐败分子产生了巨大的震慑威力。

2. 制度反腐

制度是反腐败的硬约束，习近平总书记指出：“制度问题更带有根本性、全局性、稳定性、长期性。”“如何靠制度更有效地防治腐败，仍然是我们面临的一个重大课题。”[①] 既要防止“灯下黑”的制度盲区，也要防治“牛栏关猫”的制度漏洞，全面细化完善各项制度，将权力关进制度的笼子。先后出台了《党政领导干部选拔任用工作条例》《党政主要领导干部和国有企业领导人员经济责任审计规定实施细则》等文件，修订了《中国共产党廉洁自律准则》《中国共产党党内监督条例》等，逐渐形成了不敢腐的惩戒机制、不能腐的防范机制和不易腐的保障机制，维护了制度的权威性和严肃性，使制度成为真正的反腐硬约束。

3. 职能反腐

众所周知，香港的廉政公署是一个与所有的政府机关相脱离的独立的反贪机构。廉政公署以执法、预防及教育等三管齐下的方法打击贪污，让香港成为全球最廉洁的地方之一。党的十八大以来，为了进一步加大反腐力度，中央成立了中共中央纪律检查委员会和中华人民共和国国家监察委员会，简称“纪委监委”，以前的国家监察部升格为国家监察委员会，是我们国家强力推进反腐的专门机构，纪委监委始终坚持“打铁必须自身硬”的原则，建设一支政治强、作风硬、敢担当、善作为的纪委监委队伍，严格执行监督执纪工作规定，加强自我管理和约束。党的十八大以来，纪委监委不仅高举反腐败大旗，取得一个又一个反腐败成果，更是重拳整治内部腐败，严查“内鬼”和“蛀虫”，如2020年全国纪检监察机关共处分60.4万人，全面加强内部纪律建设，赢得人民群众信任和称赞。

4. 监督反腐

监督是防治腐败的有力途径，一是加强内部监督，完善党内监督和国家监察体系，注重党内监督与国家机关监督、司法监督有机结合起来，形成全覆盖分层次的监督体系；二是利用外部监督打击腐败力度，尤其是注重发挥人民和媒体的监督作用，比如一大批“表叔”“房婶”“煤姨”等都是在外部监督的力量下发现并查处的腐败分子；三是畅通举报渠道，建立24小时在线受理腐败举报线索的平台，同时保障举报人的合法权益，让腐败分子在监督利剑之下无处遁形。

---

① 中共中央纪律检查委员会、中共中央文献研究室编：《习近平关于党风廉政建设和反腐败斗争论述摘编》，中央文献出版社、中国方正出版社，2015年版，第124页。

二、反腐经验，弥足珍贵

在百年反腐败的斗争中，我们党积累了一系列反腐败的成功经验，根据这些经验的性质可以划分为“内力反腐”“外力反腐”“合力反腐”三大经验，认真总结学习反腐三大经验不仅能够汲取反腐败斗争的智慧成果，更能指导今后的反腐败斗争工作，具有十分重大的理论意义和现实指导意义。

（一）内力反腐经验

毛泽东在《矛盾论》中指出：“唯物辩证法认为，内因是变化的根据，外因是变化的条件，外因通过内因而起作用。”所谓内力反腐是指靠自身内在的力量做好防腐拒腐治腐工作，具体指：在加强党员清正廉洁的思想教育、建设党内制度、加强党内监管三个方面，从党内着手，始终保持党的本色、先进性和纯洁性，不断强化党的领导力量，巩固党的执政地位。

1. 加强思想教育

中国共产党始终坚持全心全意为人民服务的宗旨，坚定共产主义信仰，是一个为人民谋幸福、为民族谋复兴的伟大政党，也是世界上第一大党。因而加强党员的思想教育工作任何时候都十分重要，尤其是在反腐败斗争中，毛泽东非常重视思想教育在反腐败斗争中的极端重要性，延安时期出现了“十个没有”。习近平总书记也提出，共产党人一定要坚定理想信念，做一个高尚的人。每个党员内心深处坚定了马克思主义信仰，就一定能筑起思想防腐的钢铁长城，自觉做到不想腐。

2. 建设党内制度

从中国共产党成立之日起，就一直高度重视制度建党，先后出台修订了党章和一系列党规，坚持党要管党、全面从严治党，对腐败分子坚决查处、绝不姑息，而要彻底消除腐败现象最根本的就是要大力建设预防、惩治腐败制度，强化制度在反腐败斗争中的刚性力量，比如“三大纪律八项注意”、“十个没有”、中央八项规定、“四风”问题等，再如政务公开，列出权力清单、审批权下放等，把权力关进制度的笼子，真正让党员干部不能腐、不敢腐。

3. 加强党内监督

堡垒往往是先从内部攻破的，在反腐败斗争中，既要发挥党员思想教育和制度建设的积极作用，更要发挥党内监督的积极作用。习近平总书记指出：“没有监督的权力必然导致腐败，这是一条铁律。”① 中国共产党成立以来，一直重视党内监督，采取了有力措施，取得了显著成绩，加强党内监督成为中国共产党不断壮大、不断成熟的重要原因。习近平总书记在党的十八届六中全会第二次全体会议上强调：“党的执政地位，决定了党内监督在党和国家各种监督形式中是最基本的、第一位的。只有以党内监督带动其他监督、完善监督体系，才能为全面从严治党提供有力制度保障。”

（二）外力反腐经验

外力反腐主要是指借助外部监督力量开展反腐败斗争，外部监督分为政协监督、人民监督、媒体监督三个方面。

1. 政协监督

政协监督主要是通过政治协商实现的，政治协商是对国家和地方的大政方针以及政治、经济、文化和社会生活中的重要问题在决策之前进行协商和就决策执行过程中的重要问题进行协商。政治协商的主要形式有：政协的全体会议、常务委员会会议，主席会议、常务委员会专题座谈会，政协党组受党委委托召开的座谈会、秘书长会议，各专门委员会会议等。在反腐败斗争中，政协监督发挥了不可替代的积极作用。

2. 人民监督

1945 年 7 月初，在延安的窑洞中，民主人士黄炎培向毛泽东提出了如何跳出“历史周期率”支配的问题，毛泽东胸有成竹地回答：“我们已经找到新路，我们能跳出这周期率。这条新路，就是民主。只有让人民监督政府，政府才不敢松懈。只有人人起来负责，才不会人亡政息。”② 要不断创造让人民批评和监督政府的条件，一是真正贯彻政务公开的要求，让人民有知情权；二是使《中华人民共和国宪法》《中华人民共和国选举法》等法律赋予人民的选举权和《中国共产党章程》赋予党员的选举权落到实处。

3. 媒体监督

媒体在发现腐败问题、惩治腐败方面扮演着重要的角色。正确开展媒体监督，有利于集中和反映群众意见，保障群众权益，加强对权力运行的制约，促进党和政府重大决策的科学化和民主化。从近年来的反腐实践来看，一些藏匿在党内的腐败分子正是通过媒体的监督才被发现并受到严肃处理，尤其是一些群众的利益经过媒体的监督得到了维护，媒体的曝光让权力在阳光下运行，让阳光成为最好的防腐剂。“表叔”

---

① 《习近平谈治国理政》，外文出版社 2014 年版，第 418 页。
② 《毛泽东年谱（1893—1949）》（中卷），中央文献出版社 2013 年版，第 611 页。

“房婶”等落网充分证明了媒体监督对反腐败斗争的重要意义。

（三）合力反腐经验

合力反腐是指依靠两种或两种以上的力量进行反腐败斗争，根据事物普遍联系的原理，在反腐败斗争中既要发挥内力反腐和外力反腐的力量，也要发挥合力反腐的力量，具体指“思想+运动”反腐、“党内监督+党外监督”反腐、“制度+法律”反腐三个方面。

1. “思想+运动”反腐

延安时期的“整风运动”、新中国成立初期的“三反”“五反”运动就是典型的“思想+运动”反腐的模式。据统计，仅“三反”运动中查出的贪污款物共60000亿元（旧币），查出贪污行为占2.7%，9942人被判处有期徒刑，67人被判处无期徒刑，42人被判处死刑，9人被判处死缓。① 通过这种合力反腐，不仅教育了广大党员干部，坚定了马克思主义思想，树立了共产主义信仰，纯洁了党的队伍，而且遏制了腐败的发展，打击清退了腐败分子，形成了廉洁的作风。

2. “党内监督+党外监督”反腐

个人需要监督，政党更需要监督，要继续加大反腐力度，就必须充分发挥“党内监督+党外监督”的合力反腐作用。“五假干部”卢恩光、“双百院长”王天朝、“3个100”赖小民等案件都是“党内监督+党外监督”的典型，但是随着社会的发展进步，传统腐败和新型腐败交织，贪腐行为更加隐蔽复杂。出现了“期权腐败”“一家两制”式腐败、“障眼法”“隐身术”等新型腐败。因此，要不断创新反腐监督模式，大力推进“党内监督+党外监督”的反腐模式发展。

3. “制度+法律”反腐

“反腐败斗争永远在路上”绝不是一句空话、套话。必须重视反腐制度和法律的建设，对于党内多发易发腐败的行为制定行之有效的制度，对于特定领域出现的新型腐败现象，必须有针对性地进行立法规制。不断把握腐败的发展规律、动态特征，突破对传统腐败形式的认识，从而有的放矢地拿出制度规章。习近平总书记指出，要积极推进反腐败国家立法工作，坚定不移全面从严治党，保持党的先进性和纯洁性，不断提高党的执政能力和领导水平。

三、精准发力，久久为功

立足新时代，我们要认真贯彻落实习近平总书记关于全面从严治党和反腐败斗争

---

① 郭大方、刘昱东、李明：《中国共产党反腐败机制建设的探索与思考》，国防大学出版社2019年版，第50页。

的系列重要讲话精神，深刻认识和充分把握反腐败斗争出现的新态势和新特点，深化标本兼治，进一步强化不敢腐的威慑，扎牢不能腐的笼子和增强不想腐的自觉，形成不敢腐、不能腐、不想腐、不必腐的长效机制。

（一）坚定理想信念，不断筑牢思想大堤，进一步构筑“不想腐”的思想自觉

理想信念是共产党人精神上的“钙”。反腐倡廉，说到底就是从根上、源头上治腐治贪，从灵魂深处筑牢拒腐防变的长城。因此，补足精神之“钙”，是筑牢防腐大堤、构筑“不想腐”思想自觉的治本之策。一是通过党史学习教育补“钙”。扎实开展党史学习教育，做到学史明理、学史增信、学史崇德、学史力行，在日常工作中时刻自重自警，慎独慎微，做政治信念坚定的明白人。二是通过品行作风补“钙”。深入开展党的优良传统和作风教育。通过各种有效的教育手段，使得广大党员干部牢记全心全意为人民服务的根本宗旨。从群众中来，到群众中去，同人民群众水乳交融，同呼吸共命运，永远把群众利益放第一位，走好新时代群众路线，使腐败失去赖以生存的土壤。三是通过涵养道德补“钙”。古人强调立德立言立行，新时代新形势下更需要党员干部带动立德。国无德不兴，党无德不立。抓好道德建设，首先党员领导干部要带头践行社会主义核心价值观和落实《新时代公民道德建设实施纲要》，做到明大德、守公德、严私德。四是通过学习楷模补“钙”。以焦裕禄、廖俊波、谷文昌、黄文秀等优秀领导干部和模范人物的先进事迹作为党员干部的学习内容，通过组织开展集中收看、专题学习、主题党日活动、座谈研讨、党校进修培训等形式，引导党员干部在思想碰撞中坚定信仰之基、补足精神之钙，把稳理想信念总开关。

（二）坚持党要管党，保持惩治腐败高压态势，进一步强化“不敢腐”的威慑

党的十八大以来，反腐败斗争取得历史性成就。但形势依然严峻复杂，继续做到“态度不能变、决心不能减、尺度不能松”，继续保持惩治腐败高压态势，强化“不敢腐”的威慑效应。笔者认为需要做好“四个结合”。一是坚持党的领导与群众参与的结合。加强党的领导，贯彻落实党对反腐败斗争工作领导的长效化要求，层层压实责任具体到党组织负责人，同群众监督结合起来，群众的眼睛是雪亮的，充分发扬民主，依靠群众，发动群众，强化民主监督，有效遏制腐败现象的发生。二是依法治国与依规治党的结合。习近平总书记强调，要把正风肃纪与深化改革、完善制度、促进治理贯通起来，用好“四种形态”，综合发挥惩治震慑、惩戒挽救、教育警醒的功效。要依靠依法治国来实现权力的约束，首先还是要推动全面从严治党向纵深发展，做到依规治党，党规党纪严于国家法律，党员干部必须遵守党规党章，受到党纪约束，习近平总书记指出：“党章就是党的根本大法，是全党必须遵循的总规矩。”党员干部必须守

党章，严纲纪，守规矩。三是整治作风与惩治腐败的结合。腐败问题和不良作风是交织在一起的，必须坚持不懈纠正“四风”，不能稍有松懈。习近平总书记强调，必须持续整治群众身边腐败和作风问题，让群众在反腐“拍蝇”中增强获得感。要坚持全面从严、一严到底，对群众反映强烈的公款吃喝、餐饮浪费等歪风陋习露头就打、反复敲打，遏制腐败滋生蔓延。四是国内反腐与国际反腐的结合。深化反腐败国际合作，深度参与国际协同治理，深化多边双边合作，加快与有关国家关于刑事司法互助条约、引渡条约等进程，持续推进海外追逃“天网”行动，大力增强国际追逃追赃力度。结合中国国情实际，借鉴国外先进反腐经验，进一步提升国内廉政治理水平。

（三）完善制度建设，做好制度衔接，进一步扎牢“不能腐”的制度笼子

制度带有全局性、稳定性，管根本、管长远。要扎牢不敢腐的制度笼子，必须完善制度建设，做好各项规章制度的有效衔接，有针对性地补齐制度短板。一是完善巡察联动机制。要根据新形势下传统腐败和新型腐败交织，腐败问题呈现出更加隐蔽化、复杂化的新特点，把巡察利剑直插基层，不断提高巡察工作质量，建立“常态化督促整改、共性化通报整改、专项化督办整改、精准化点穴整改”的“四化”整改机制，确保巡察反馈问题整改到位；巡察联动要把民生监督作为一个重点，精准发现并严肃查处群众身边的腐败和作风问题，紧盯民生“小微权力”，直抵“神经末梢”。二是健全基层监督机制。把公权力关在制度的笼子里，防止权力滥用和扩张，离不开监督的关键作用。根据我县实际，笔者认为要从强化基层党组织主体责任入手，通过目标考核定责、监督检查促责、约谈提醒明责、纪检监察督责、“一案双查”问责、通报曝光追责，层次传导，推动责任落实。要重点紧盯关键节点，聚焦“关键少数”，通过交叉互检、通报考核、问责追责等措施，倒逼责任落实。三是创新监督方式方法。要进一步发挥不敢腐的监督效能，还需坚持问题导向，进一步创新监督方式，完善监督体系。大力推动会议监督、备案监督、报告监督等监督方式，凝聚起监督合力。进一步创新开展人民监督、社会监督、媒体监督等方式，保护监督者权益，设立监督效能奖励，推动职业监督发展，让人民来监督政府，让社会来监督立法，让媒体来监督执法，形成一张全覆盖、无死角的监督网，提高监督动能，增加不能腐的监督压力。

（四）兼顾人文关怀，推动严管和厚爱结合，构建“不必腐”的激励机制

坚持严管和厚爱相结合、激励和约束并重，是习近平总书记反复强调的建设高素质干部队伍的一个重要原则。我们认为，这也是构建“不必腐”激励机制的一个重要原则。一是强化薪酬激励，使之待遇上有想头。参照新加坡“高薪养廉”做法，兼顾“物质激励”和“精神激励”需要，根据近些年来公职人员工资福利待遇增长率较低

的现状，一方面坚决堵住“偏门”，防止公务人员以权力参与分配、谋取不当利益，另一方面，也要打开“正门”，建立健全相应的工资增长机制，保障其比较合理的待遇和基本尊严。从工资福利待遇等方面提高正常收入，减少公务人员贪污腐化的动机。二是健全晋升机制，使之政治上有盼头。实践证明，干部要实现“为官一任、造福一方”的政治抱负，必须有一定的平台。职务晋升正是提供这一平台的有效激励机制，发挥着特殊的作用。因此，必须坚持德才兼备用人标准和选贤任能用人导向，按照《党政领导干部选拔任用工作条例》，建立起一整套适合本地优秀人才脱颖而出的选人用人机制，满足其事业成就感和心理愉悦感，减少其“不必腐”的心理预期。三是适时调整岗位，使之事业上有奔头。公职人员一岗终身制的弊端很多，其中之一便是贪污腐化严重，这在很多地区和部门较为普遍。因此，要根据其本人政治素质、业务水平、敬业精神乃至社会地位等的综合表现，通过包括调任、转任、轮岗、挂职锻炼等方式，适时进行不同岗位的工作调动，转到一个新的部门或领域，以此来激发公职人员干事创业热情，让能干事、干成事的人员得到厚爱重奖，有利于其勃发“不必腐”的内在驱动力。

在过去的一百年中，我们党始终坚持马克思主义的指导地位，凭着不断净化、勇于自我革命的精神带领全国人民取得了举世瞩目的成就，历史和现实都证明“赶考”永远在路上，反腐败斗争也永远在路上。昨天我们凭着驰而不息的反腐败斗争创造了今天的辉煌，在进入建设中国特色社会主义新征途中，我们必须坚持问题导向，根据新情况，研究新举措，解决新问题，扎扎实实打好新时期的反腐败斗争，在党的坚强领导下早日实现中华民族伟大复兴。

何昕系中共新田县委党校常务副校长。本文获2021年湖南省党校（行政学院）系统理论研讨会一等奖。

关于推进新田县小农户与新型农业经营主体共生发展的思考

孙冰露

大农业背景下，新型农业经营主体快速发展，而小农户在外部竞争和收入压力下的经营日趋艰难。然而适度规模经营与小农户经营应该是互促共生的。小农户经营的农业基本经营形态是我国的客观国情农情，在农业现代化的进程中，要正确处理好发展适度规模经营和扶持小农户的关系，积极推进小农户与新型农业经营主体的共生发展，把小农户引入现代农业发展轨道，不断夯实农业发展之基，提高农业发展之效。

一、小农户与新型农业经营主体共生发展的意义

（一）农民增收致富的有效途径

改革开放后，家庭式的承包经营成为我国农业经营的主要形式，但由于我国总体上人多地少，家庭式承包经营实际就是小农户经营，普遍存在农户经营规模小、土地细碎分散、农业化组织程度低的问题，加上城镇化进程不断推进，农民老龄化、农业副业化、非农兼业化的问题也日渐凸显。这也意味着广大农民群体的家庭收入来源主要依靠外出务工，而农业种植的经营性收入由于种植规模小、机械化程度低、生产经营粗放等原因占比较低。当前农民经营性收入总量偏低、增长幅度小成为制约农民增收的突出短板。随着经济增速放缓，地产经济进入调整期，农民工进城务工的工资性收入增速也逐步下滑，这给以务工收入为主要收入来源的农户带来巨大挑战。

农民持续稳步增收是全面小康的内在要求，也是实现全面小康的重要保障。促进农民增收的关键则在于促进农民就业。通过发展新型农业经营主体如家庭农场、专业化合作社、农业企业等，提高农业产业化的组织化、规模化和机械化程度，以致富能人带领小农户稳定发展订单农业，实现就地就近就业，能有效缓解农民工进城务工的

不稳定性，保障农民收入实现稳定增长。

（二）农业提质增效的必然要求

实现小农户与新型农业经营主体共生发展，加速小农户与现代农业发展有机衔接是促进农业提质增效的必然要求。通过发展专业化服务组织，为小农户或者兼业农户提供全程的社会化服务，如成立农机合作社，带动农机手带机入社，共同开展机耕、代育秧、插秧、喷洒农业和收割等农业系列化服务，能有效解决当前农村因人口老龄化、兼业化带来的种"懒汉田"或土地撂荒等问题。同时还能有效提高农机的利用效率和进一步降低农户的生产成本。随着消费需求的不断升级，农产品的市场竞争日趋激烈，传统的小农户生产方式和经营模式难以适应产业技术升级要求和市场竞争要求。通过推进土地经营权流转成立专业合作社发展适度规模经营，可以集中开展种植技术改良、生产管理优化及名优品牌打造，能有效提高农产品规模和品质，节约生产管理成本，扩大品牌影响，提升农业生产经营效率。

（三）农村和谐稳定的重要保障

农业稳，则天下稳；农业兴，则百业兴。据农业农村部数据统计，根据农业农村部《中国农村政策与改革统计年报（2021年）》，经营土地10亩以下的小农户仍有近2亿户。参照世界银行将经营2公顷以下土地的农户视为小农户的标准，可以初步判断和预计小农户生产仍旧是我国当前农业生产经营方式的基本面。同时小农户也是我国乡村治理的基础，是实现乡村振兴战略的主体。实现小农户与新型农业经营主体共生发展，可以有效盘活农村土地资源和劳动力资源，在维护广大小农户生产经营权益的同时保障新型经营主体的种养规模和劳务用工，不断拓宽广大农户的稳定增收渠道，有利于实现和发展广大农民根本利益，维护农村和谐稳定，对实施乡村振兴战略、夯实党的执政基础均具有重要意义。

二、小农户与新型农业经营主体的共生发展的困境

近年来，新田县深入推进乡村振兴战略，深化农村经营体制改革，各类新型经营主体蓬勃发展，截至2019年，全县共有各类种养销大户1000余户、家庭农场102家、合作社413家、农业企业300余家，种植水稻、蔬菜、药材、水果等作物80余万亩。形成了"农业产业化企业+合作社+小农户""合作社+小农户""家庭农场+小农户"等多种典型经营形式，这对双方的发展都发挥了重要作用。但同时又面临一些客观问题，当前小农户与新型农业经营主体的互动主要采用土地流转和土地托管的方式，共生发展的模式较为粗放，制约双方的深层次融合。

（一）小农户与新型农业经营主体互动意愿不强

受双方思想观念和利益立场的影响，小农户与新型农业经营主体互动发展存在彼此意愿不强的困境。首要就体现在土地的流转使用上。与世界上绝大多数国家不同，我国农村土地实行“三权”分置，即农村集体拥有土地所有权，同时按村集体人口平均分配，农户拥有集体土地的承包经营权，土地承载着农户维持生计、社会保障、社会心理安全及财产化等多重功能。新田县临近广东，近1/3人口常年在广东务工，留守村庄的多为“613899”人群，土地社会功能高于生产功能的认知更加牢固。尤其在当前社会保障体系不够完善，广大农村居民的货币化基本养老水平较低的情况下，仍有很多小农户尤其是病、残、老等弱势小农户不愿意甚至抵制土地流转或土地托管，从而缺乏与新型农业经营主体共生发展的动力。与此同时，新型农业经营主体尤其是家庭农场、合作社和农业企业往往在经营规模、设施条件、管理能力及市场推广等方面相比小农户有着明显的优势，存在忽略小农户在农业发展中的主体性特征和其存在的社会价值，如没有相关政策优惠或利益驱动，带动小农户尤其是提高小农户在新型经营主体发展中地位的动力不足。

（二）小农户与新型农业经营主体互动层次不高

近年来，新田县大力发展集体经济，培育了众多新型农业经营主体，尤其是以村为单位，纷纷成立农业专业合作社。然而调研发现，这些合作社大多数是由个别农户或是村干部自行成立，通过流转小农户的土地扩大种植规模的一种经营形式，组织化程度低，合作互助的功能弱，对于小农户的带动仅有少量的土地流转租金或部分务工合作收入。即使部分合作社为村委牵头，部分小农户以土地或资金入股，但大多处于发展的初级阶段，存在注册资金少、规模小、经营管理能力弱等问题，治理结构方面更多依存于村级领导结构，小农户的利益未能得到有效保障。此外，在与农业产业化的企业的互动发展中，也存在小农户与企业地位悬殊的问题，企业通过流转小农户土地、聘用“失地农民”务工来扩大生产，或是与小农户发展订单农业，小农户在整个产业链中处于低端位置，通过转让土地、提供廉价劳动力、原材料供给获得少量收入，几乎未参与企业生产经营的收入分配，总体上而言，小农户与新型农业经营主体的互动还停留在较低的层次。

（三）小农户与新型农业经营主体互动机制不全

实践证明，新型农业经营主体的培育与发展对小农户的发展具有重要的推动作用，然而当前效果还不显著的一个重要原因就是彼此互动发展方面的制度缺失。一方面，缺乏具体的制度指导。2020 年中央一号文件强调通过重点培育新型农业经营主体及农业产业化联合体，采用订单农业、入股分红、托管服务等方式，将小农户融入农业产业链。这在宏观上为小农户与新型农业经营主体的共生发展明确了要求、指明了方向，但在具体操作层面尤其是小农户与新型农业经营主体在互动发展过程中的权责利关系未予以明确规定。此外，关于小农户与新型农业经营主体在互动发展中可能存在的矛盾或纠纷也缺乏相应的调节和保障机制。另一方面，小农户与新型农业经营主体互动的约束和保障机制更多体现在土地制度中，而且也不够完善。新修订的《中华人民共和国农村土地承包法》赋予农民土地承包经营权抵押、担保权以及用益物权，但与小农户与新型农业经营主体互动发展密切相关的土地经营权的定价机制及交易机制还不明确。

三、小农户与新型农业经营主体共生发展的建议

（一）加强政策宣导，增强互动意愿

从实地调查结果来看，小农户受年龄、受教育程度、土地政策等认知的影响，扩大经营规模、参与现代农业生产的意愿不一。思想观念的闭塞成了影响小农户与新型农业经营主体共生发展的重要因素。破除思想障碍，加强彼此的深入了解则是小农户与新型农业经营主体共生发展的重要路径。农民是农业政策的执行者，也是农业政策利益关系人。首先，政府在制定和执行相关农业政策时要充分发挥农民的主体地位。农业扶持政策应兼顾产业发展和社会发展，进一步强化促进小农公平发展、缩小城乡收入差距为导向的社会性政策，兼顾公平与效率。同时加强政策宣传，借助乡镇党校、农技培训等机会，宣传小农户与新型农业经营主体互动发展的溢出效应，加强小农户对现代农业发展的认知，营造良好的融合发展氛围。其次，进一步深化改革、完善农村基本经营制度，尤其是土地制度，完善土地承包经营权的交易机制，帮助小农户转变狭隘的土地收益观念，提高小农户参与现代农业发展的热情和意愿。如鼓励小农户以土地经营权、现金资产或农机器具入股合作社，鼓励致富能人或有知识的农民返乡创业，发展家庭农场及乡镇企业，联结农业企业带动农户发展订单农业等，优化土地退出与社会保障挂钩的机制，解决老、病、残、弱小农户的社会保障问题和“失地农民”的就业保障问题。再次，新型农业经营主体要客观认识县域实情，善于挖掘现有小农户的价值，盘活农村各类生产资源，吸纳小农户群体中的职业化农民群体参与新型农业经营主体的经营与管理，促进新型农业经营主体的适度规模经营长期稳步发展。

（二）强化利益联结，提高融合层次

小农户与新型农业经营主体能否实现良性互动共生发展的关键在于小农户能否嵌

入新型农业经营主体的生产经营模式形成紧密的利益联结机制。强化利益联结，提高小农户与新型农业经营主体的互动层次需要从以下三个方面发力。首先是培育职业农民，提高劳动价值。调研发现，新型农业经营主体的基本组成单元就是新型职业农民，他们本质上还是农民身份，但对比广大小农户，具有更丰富的知识面、更成熟的农业生产技能。换言之，新型职业农民是小农户嵌入新型农业经营主体的重要连接点，需要充分利用乡镇党校开展农技培训，不断培养小农户现代农业经营理念和提高农业技术能力，助力小农户融入新型农业经营主体生产经营的更高层面。其次，强化“利益共享、风险共担”的权责利关系，稳定小农户与新型农业经营主体共生发展的心理预期。当前小农户在与新型农业经营主体的互动中还处于弱势地位，仅靠土地流转和劳务协作的互动非长效机制，需要进一步丰富利益共享模式，如采用保底收益、盈余分红、底价收购等多种方式，不断优化小农户与新型农业经营主体的利益分配。同时，对于生产经营中遇到的旱涝、病虫害等自然灾害、市场风险等，要制定相应的风险共担机制，增强新型农业经营主体优化经营管理、带动小农户致富增收的动力和信心。此外，政府部门要积极推动新型农业经营主体带动小农户发展，财政扶持项目与新型农业经营主体的带动示范效应相挂钩，同时，推举先进典型，扩大宣传，总结推广行之有效的小农户与新型农业经营主体的利益联结模式，营造良好的小农户与新型农业经营主体共生发展的环境与氛围。

（三）强化互动机制，优化共生环境

共生发展的众多操作层面的制度缺失或不完善制约着小农户与新型农业经营主体共生发展的效用体现，因此，为实现小农户与新型农业经营主体稳定高效互动发展，需要进一步加强制度建设，创造良好的共生发展环境。首先，完善土地制度，加速土地流转。土地是农业生产的载体，是连接小农户与新型农业经营主体的重要生产要素，要加大以村为单位的土地平整和农田水利设施建设，不断改善农业生产条件，同时完善土地经营权流转的定价和交易机制，为加速土地流转，推进小农户与新型农业经营主体融合提供条件。其次，完善法律法规，明确双方权责利。各项政策的实施都得益于且依赖于法律的保障。在土地基本法的基础上进一步明确土地流转交易的具体条款，有利于防范耕地破坏，提高土地流转的效率。而在小农户与新型农业经营主体的互动中，小农户往往处于弱势地位，通过法律明确双方的职责权限，尤其是对新型农业经营主体违约约束和严厉惩戒，能切实保障小农户的利益，增强小农户与新型农业经营主体共生发展的信心。再次，构建社会化服务体系，提高互动发展效率。如在土地流转时引入第三方，专责土地评估、定价、交易及违约处理等问题，简化并规范小农户与新型农业经营主体互动的流程。成立农业发展协会或民间社会化服

务组织，有效连接小农户与新型农业经营主体，为全体成员提供供销、金融、保险、经营指导等一体服务，同时加强对小农户与新型农业经营主体互动发展的领域与成效进行监督评估。

加快推进小农户与新型农业经营主体共生发展，是新田县巩固脱贫成效，实现乡村振兴的客观要求，也是巩固党的执政之基的现实需要。在充分尊重小农户的发展意愿的基础上通过加强政策宣导、强化利益联结和共生发展机制，将有利于破解当前小农户与新型农业经营主体共生发展的困境，增强共生动力，实现共赢。

孙冰露系中共新田县委党校讲师。本文获2020年永州市党校（行政学院）系统理论研讨会三等奖。

擦亮新时代党校校训“实事求是”

蒋唯恒

一、党校校训“实事求是”的历史渊源

（一）“实事求是”的思想内涵

“实事求是”一词最初出现于东汉史学家班固的《汉书·河间献王传》，“修学好古，实事求是”，原本指一种严谨的治学态度和治学方法。1914 年北洋大学校长赵天麟以“实事求是”为校训，1917 年湖南公立工业学校迁入岳麓书院时，校长宾步程撰写“实事求是”挂匾书院正楣。

毛泽东在 1941 年发表的《改造我们的学习》一文中对实事求是这句古语进行了新的阐释。他指出：“‘实事’就是客观存在着的一切事物，‘是’就是客观事物的内部联系，即规律性，‘求’就是我们去研究。”① 这一论断，深刻揭示了实事求是的科学内涵和基本要求。

马克思主义中国化的过程，就是将马克思主义基本原理与中国具体实际相结合的过程，也是一个追求“实事求是”的过程。事实证明，“实事求是”是我党克敌制胜的法宝，因而被确定为我党必须坚持的思想路线。“实事求是”思想路线，是毛泽东思想的精髓与灵魂，也是中国特色社会主义理论体系的精髓与灵魂。

我们党一百年的奋斗历程反复证明，坚持实事求是，党就能够形成符合客观实际、体现发展规律、顺应人民意愿的正确路线方针政策，党和人民事业就能够不断取得胜利；反之，离开了实事求是，党和人民事业就会受损甚至出现严重挫折。

---

① 《毛泽东选集》第 3 卷，人民出版社 1991 年版，第 797 页。

（二）“实事求是”为中央党校“塑魂”

1941 年，中共中央任命彭真同志为中央党校教育长，彭真向毛泽东请示中央党校的校训是什么，毛泽东回答：“应是实事求是，不尚空谈。”后来，党校大礼堂建成，毛泽东同志题写的“实事求是”四字，镶嵌在礼堂正面的墙壁上。① 自此，实事求是的精神，不仅指导着办中央党校，为党校“塑魂”，而且还成为党的思想路线的精髓，是毛泽东思想的三个基本方面中最本质的思想。彭真根据毛泽东关于中央党校校训“实事求是，不尚空谈”的精神，和中央党校领导人员研究制定了办校的方针：一、实事求是，不尚空谈；二、坚持真理，随时修正错误；三、把自己的言行当作客观事物来对待。

“实事求是”不仅仅是党校的校训，更是全党的信条。共产党人灵魂深处、骨子里牢记“实事求是”，共产党人每行动一步、做任何事情都践行“实事求是”，就能不断谱写出中华民族的新辉煌。反之，就可能灾难深重、后患无穷。

（三）“实事求是”为湖南省委党校“正身”

中共湖南省委党校创办于 1951 年 8 月，湖南行政学院始建于 1953 年 8 月，自然而然，就把中央党校的校训“实事求是”作为省委党校的校训。在建校之时，就把“实事求是”的校训雕刻在湖南省委党校的正对门处的大石上，步入学校，就能看到“实事求是”的校训。岳麓书院是“实事求是”的发源地，位于岳麓山下、岳麓书院旁的湖南省委党校，如何谨遵、维护、发扬校训“实事求是”，更具有特别的意义。

70 多年来，湖南省委党校校院几经分合。2003 年 8 月，根据湖南省委、省政府的决定，校院再度整合，实行“两块牌子，一套人员”的管理体制。在省委、省政府领导下，中共湖南省委党校、湖南行政学院严守“实事求是”的校训，坚持党校姓党、行政学院姓党，实事求是，坚持用学术讲政治，坚持从严治校、质量立校、实干兴校，着力推动教学、科研、咨询一体化发展，为培养造就高素质干部队伍、加快建设富饶美丽幸福湖南立下了汗马功劳。

二、党校校训“实事求是”的时代呼唤

（一）进入新时代面临新担当

党的十九大报告指出，经过长期努力，中国特色社会主义进入了新时代，这是我

① 倪德刚：《实事求是七十年——纪念毛泽东提出中央党校校训 70 周年》，《传承》2012 年第 2 期。

国发展新的历史方位。意味着近代以来久经磨难的中华民族迎来了从站起来、富起来到强起来的伟大飞跃，迎来了实现中华民族伟大复兴的光明前景。也意味着我国进入了极其难得的黄金发展时代，同时也面临极其复杂的重大挑战，如何把握机遇，应对挑战，我们需要坚持“实事求是”的思想路线，分清形势，抓住时代课题，把握时代规律。

新时代，意味着新任务、新担当。从现在到2050年，正是中国全面建成社会主义现代化强国的黄金时代。为此，党的十九大明确分两个阶段来安排，第一阶段，从2020年到2035年，在全面建成小康社会的基础上，再奋斗十五年，基本实现社会主义现代化；第二阶段，从2035年到21世纪中叶，在基本实现现代化的基础上，再奋斗十五年，把我国建成富强民主文明和谐美丽的社会主义现代化强国。

（二）新目标新担当呼唤“实事求是”

目标已经明确，辉煌等待铸就。但过程极其艰难，中华民族伟大复兴，绝不是轻轻松松、敲锣打鼓就能实现的。全党必须付出更为艰巨、更为艰苦的努力。这种难和苦，也包含面对纷繁复杂的现实世界，如何求得真相，把握机遇应对挑战，跨过难关，寻求主观与客观的统一，在危机中育新机，在变局中开新局，这就更需要“实事求是”，贯彻“实事求是”的思想路线了。

要贯彻“实事求是”的思想路线，也不是一件容易的事情。毛泽东当年在分解实事求是时，就出了三个高难度的课题。其一，“实事”。毛泽东解释为“客观存在着的一切事物”。这个客观一切事物可谓包罗万象，大无边、小无影。这样的“实事”怎样认识，如何把握，属实难。可以说，人类至今还没有哪个人自诩把“客观存在着的一切事物”都搞通、搞懂了。即使是毛泽东把“实事”限定为“国内外、省内外、县内外、区内外的实际情况”，要真正搞清这几个“内外”也是相当的难。其二，“是”。毛泽东解释为“就是客观事物的内部联系，即规律性”。内部联系，没有“火眼金睛”是看不见的；规律，没有马克思的脑袋是发现不了的。“找出周围事变的内部联系”“引出其固有的而不是臆造的规律性”始终是我们党的高难度课题。其三，“求”。毛泽东解释为“就是我们去研究”。研究，看似简单。真要研究出“是”，没有哥白尼、布鲁诺的牺牲精神，没有“砍头不要紧、只要主义真”的不怕死精神，就不可能“求”出真“是”来。

所以，需要在党的坚强领导之下，团结全国各族人民，排除万难，从实际出发，理论联系实际，实事求是地解决当前的实际问题，以便如期实现我们的奋斗目标。

三、擦亮新时代党校校训“实事求是”

(一) 牢牢把握新时代“实事求是”的思想指南

习近平新时代中国特色社会主义思想紧扣民族复兴之问，从理论和实践结合上，系统回答了新时代坚持和发展什么样的中国特色社会主义、怎样坚持和发展中国特色社会主义这个重大时代课题，是马克思主义中国化的最新理论成果，以巨大的政治勇气和强烈的责任担当，提出一系列新理念新思想新战略，出台一系列重大方针政策，推出一系列重大举措，推进一系列重大工作，解决了许多长期想解决而没有解决的难题，办成了许多过去想办而没有办成的大事，推动党和国家事业从量的积累向质的飞跃。

这一思想紧扣全面从严治党之问，勇于面对党面临的重大风险考验和党内存在的突出问题，以顽强的意志品质正风肃纪，反腐惩恶，消除了党和国家内部存在的严重隐患，实现了管党治党从“宽松软”到“严紧硬”的深刻转变，党内政治生活气象更新，党内政治生态明显好转。这一思想紧扣世界大变局之问，积极发挥世界和平建设者、全球发展贡献者、国际秩序维护者的重要作用，推动构建人类命运共同体和“一带一路”建设，为解决世界经济、国际安全、全球治理等一系列重大问题提供了新的方向、新的方案、新的选择。

擦亮新时代党校校训“实事求是”，一定要牢牢把握这一思想指南，方向不能偏，大局不能离，坚决做到“两个维护”，才能使“实事求是”更具有时代意义。

(二) 紧紧扣住新时代“实事求是”的问题导向

“实事求是”就是要深入实践调查，把握事物的发展规律，坚持问题导向的原则，才能让“实事求是”更具现实意义。从进入21世纪的历史经验看，中国所遇到的各种危机和挑战，无论是突发性特大自然灾害、全球性金融危机等外部风险冲击，还是在发展中深层次矛盾导致的不平衡、不协调、不可持续的内部挑战，党中央都能够积极有效应对，妥善处置，化危为机，都是因为贯彻了“实事求是”的思想路线，从而经受住了各种重大挑战与突发性事件的严峻考验，大大提高了我国的综合国力和国际地位。

在实现伟大目标的过程中，会遇到各种各样的问题和挑战。比如，资源环境问题；极端突发性重大灾害；恐怖主义；债务危机；老龄化与少子化问题；能源安全问题；信息和网络安全；国际金融危机；地缘政治及冲突；核事件和核扩散问题；等等，还有来自党内的“四大危险”和“四大考验”的问题也不能忽视。

随着经济全球化的不断发展以及“引进来”和“走出去”战略的实施，中国以前所未有的广度和深度融入世界，一方面，任何重大的国内挑战都有可能演变成国际性挑战，如能源短缺、碳排放、重大污染事件等，另一方面，在任何重大国际危机爆发时，中国既不可能独善其身，又不能推脱国际责任。无论未来这些重大挑战是否出现、多大程度能被提前准确预见，以及出现后又会产生多大影响，均不以人们的主观意志为转移，一定要沉下心来，深入了解，“实事求是”，全面研判和及时应对，才能化解重大挑战或危机，并将重大危机转变为难得的发展机遇。

（三）不断营造新时代“实事求是”的学术氛围

党校是干部教育培训的摇篮，要充分利用培训各级领导干部的有利条件，在“教”“学”中不断营造实事求是的学术氛围，擦亮新时代党校校训“实事求是”。党校教师要在调查研究的基础上，敢于讲真话、讲实话，做实事求是的表率，不辜负“实事求是”的校训，还要引导学员“实事求是”，让“实事求是”的思想路线真正落到实处。

一是在各种培训班中开展“实事求是”的现实讨论。针对工作中遇到的各种现象和问题展开讨论。学习的问题，贯彻路线政策方针的问题，上下级检查的问题，工作风险、问题、挑战等等。有没有存在形式主义、教条主义？有没有存在拖延推诿走过场？检查是否过多过滥？在形形色色的检查中是不是要一刀切？都可以拿出来晒一晒、议一议，就多多少少可以明确工作中有没有贯彻实事求是。在讨论中，要让各位学员畅所欲言、无所不言，针对现实不足的地方敢说出自己不同的看法和见解，不戴帽子、不使绊子，营造宽松的学术氛围，以便坚持真理，随时修正工作中出现或可能出现的不足或错误。

二是在学员的党性锻炼中开展“实事求是”的自我检查。检查自己在平时的学习工作中，有没有多调研、多思考、多学习，有没有读经典、读历史、读精品，是不是爱读书、读好书、善读书，是不是讲短、实、新的真话，把自己的言行当作客观事物来对待，检查自己是否老老实实做人、干干净净做事，有没有把自己管好、把自己分管的事办好、把群众放在心上等等。就如毛泽东同志所讲的：“有实事求是之意，无哗众取宠之心。这种态度，就是党性的表现，就是理论和实际统一的马克思列宁主义的作风。这就是一个共产党员起码应该具备的态度。”① 如果我们培训的领导干部都做到了这些，并贯彻到了工作中，我们的事业就一定能更顺利。

总之，擦亮新时代党校校训“实事求是”，就是为了人民利益坚持真理。要有光明

① 《毛泽东选集》第 3 卷，人民出版社 1991 年版，第 798 页。

磊落、无私无畏、敢于说出事实真相的勇气和正气，及时发现和纠正思想认识上的偏差、决策中的失误、工作中的缺点，及时发现和解决存在的各种矛盾和问题，使我们的思想和行动更加符合客观规律、符合时代要求、符合人民愿望。鉴于“实事求是”的复杂性，我们要自觉坚定实事求是的信念、增强实事求是的本领、营造实事求是的氛围，时时处处把实事求是牢记于心、付之于行。只有坚持实事求是，才能直面重大问题，化解重大风险和经受重大考验，敢于斗争、善于斗争，不断以自我革命推动社会革命，如期实现中华民族伟大复兴的中国梦。

蒋唯恒系中共新田县委党校高级讲师。本文获2021年永州市党校（行政学院）系统理论研讨会二等奖。

新时代基层党校践行实事求是思想的思考

孙冰露

党校历来与实事求是思想有着密切联系，在新时代新定位新要求下，践行实事求是思想是使命使然，也是党校科学发展的基石。作为承担了90%以上的党员干部培训任务的基层党校，在《中国共产党党校（行政学院）工作条例》（以下简称《条例》）的指导下，要进一步深刻把握践行实事求是思想的逻辑与内涵，探索践行实事求是思想的路径，积极谋划党校高质量发展。

一、新时代基层党校践行实事求是思想的逻辑

（一）党校与实事求是思想密切相关

最早在东汉时期，班固就曾用“修学好古，实事求是”来称赞河间献王刘德求真务实、严谨细致的治学态度。在近代，毛泽东同志首次赋予实事求是马克思主义哲学的内涵。他在中央党校作题为《改造我们的学习》报告中明确提出要用实事求是的态度学习和运用马克思主义。毛泽东在延安提出将“实事求是，不尚空谈”作为中央党校校训，后来题词“实事求是”，这四个字体现了毛泽东对干部教育工作规律和方法的精准提炼，是党校校风、学风的内核。全国党校是一家，中央党校坚持实事求是的办学理念和育人要求也为省市县各级党校提供参照与指引。新时代党校坚持实事求是思想既是对中华传统文化中实践精神的继承，也是对党校实事求是校训的传承，还是对马克思主义基本原理的科学运用。

（二）实事求是思想的时代价值彰显

实事求是马克思主义的精髓，是马克思主义中国化的各个理论成果一以贯之的核心，是党的思想路线。回顾中国共产党的百年历史，正是因为中国共产党始终坚持用

马克思主义理论来研究和解决中国的实际问题，坚持实事求是辩证地分析中国的社会运动及其发展规律，才得以在革命和建设的危急关头实现伟大转折，成功应对一个个严峻挑战，最终赢得一个个伟大的胜利。进入新时代，坚持党的实事求是思想是开启新征程实现中国梦的强大思想理论武器。在实现中华民族伟大复兴征程中，面对世界百年未有之大变局，我们更要始终坚持实事求是、求真务实的作风，努力提高悟思想和办实事的能力。

（三）新时代党校工作的客观要求

习近平总书记曾在全国党校工作会议上指出当前我们党面临的考验前所未有，尤其是世界环境形势变化加快、改革发展稳定任务加重，各种矛盾风险挑战也在增多。《条例》的印发将党校工作提到前所未有的高度，在党校工作的重要性不断彰显的同时也对党校开展党员干部培训提出了新要求。与此同时，随着时代发展，社会进步，党员干部的综合素质不断提升，党校立足时代需求扎根现实问题，实事求是、与时俱进，为党和国家培养造就忠诚干净担当的干部队伍是党校的时代使命。《条例》也明确要求党校（行政学院）工作必须遵循党校姓党、实事求是、质量立校、改革创新、从严治校五大原则，这也突出表明践行实事求是思想路线是党校科学发展的基石。

二、新时代基层党校践行实事求是思想的内涵

习近平同志曾在2012年中央党校春季学期第二批入学学员开学典礼上对实事求是进行了科学系统的解释，指出“实事求是，是毛泽东同志用中国成语对辩证唯物主义和历史唯物主义世界观和方法论所作的高度概括。坚持实事求是，就是坚持一切从实际出发来研究和解决问题，坚持理论联系实际来制定和形成指导实践发展的正确路线方针政策，坚持在实践中检验真理和发展真理”①。这一论述为我们准确把握党的思想路线，理解党校践行实事求是思想的内涵提供指引。

（一）一切从实际出发，树立优良学风

党校是推进党的理论建设的重要力量，践行实事求是思想首先要一切从实际出发，树立优良学风。党校学风不仅指学员的学风也包括教师的学风，不仅是一般意义上学习态度问题，还是思想方法问题，更是对待马克思主义的态度问题。干部培训是党校的中心工作，基层党校教师要自觉树立优良学风，系统地、全面地、切实地研究马克

---

① 习近平：《坚持实事求是的思想路线》，https：//www. ccps. gov. cn/xxsxk/xldxgz/201812/t20181223_ 126889. shtml，2012年5月16日。

思主义中国化的理论成果，特别是习近平新时代中国特色社会主义思想，深刻把握贯穿新思想的实事求是的理论自觉精神，从中国发展的客观实际出发思考问题研究问题，切实增强对党的理论解释力，切不可主观臆断，夸大其词甚至无中生有，否则党校的教育职能就会失去准则，甚至会让学员误入主观主义、教条主义的歧途。

（二）理论联系实际，注重学以致用

实践出真知。实践孕育理论的生命，实践彰显理论的价值。因此，党校践行实事求是思想必须要求理论联系实际，要坚定地反对本本主义，不唯书、不唯上、只唯实，以强烈的问题意识开展调查研究，注重知行合一学以致用，破除对马克思主义的教条式理解，促进党校课程的理论性与实践性的双提升。理论联系实际既是学习态度问题也是执行能力问题，要敢于直面问题，更要善于解决问题。基层党校处在一线，与人民群众联系紧密，更要在开展干部培训中，以把握时代特征、现实问题以及国际形势为基础重点来增强学员的大局观念、拓展其世界眼光、提升其解决实际问题的能力。基层党校教师除了要讲清“是什么”“为什么”问题外，更要讲清“怎么办”问题。做好新时代党校工作，不能刻舟求剑，更不能闭门造车，必须进行一个全面发展深入的调查分析研究，尤其是到群众中去，边做边学，学以致用。

（三）突出实践检验，推进改革创新

“金杯银杯不如老百姓的口碑。”党校的课讲得好不好，不仅看“对不对”还要看“中不中”，看是否满足学员需求、得到学员认可、为学员理论思维和实践能力的提升提供支持。当前基层党校干部培训效果不明显主要是因为发展思路因循守旧，研究课题不新，教学内容不丰，教学方式不活。为更好履职，提高干部培训效果，新时代党校要牢固树立创新意识，弘扬马克思主义学风，重视实践检验标准，突出问题导向、目标导向，勇于打破传统思维模式，创新教学方式方法，根据时代问题、民生问题瞄准研究热点和重点，根据学员情况优化课程设计和教学方法，不断推进改革创新。创新是发展的第一动力，敢于创新、善于创新更是一种能力。只有坚持因时而变，因势而新，党校发展才会更加充满生气与活力。

三、新时代基层党校践行实事求是思想的路径

实事求是既是一种思想方法，又是一种行为准则，还是一种政治素养，其过程是提升认知—自我革命—汇集能量螺旋式循环发展的过程。新时代基层党校要立足求“真”、求“实”、求“活”、求“变”。以高举党的旗帜为根本、以建设学风校风建设为基础、以增强办学活力为重点、以锻造教师队伍为抓手，全面践行实事求是思想，

积极谋划党校新发展。

（一）以高举党的旗帜为根本，坚持党校姓党

践行实事求是思想首先要求“真”，即用马克思主义观点和方法探寻真理追求真理，用唯物史观认识历史把握规律，更好地正本清源、固本培元。党校因党而立，因党而兴，这是党校最大的实际，因此，新时代党校践行实事求是思想，关键是坚持党校姓党这一根本原则，并将其贯彻到党校办学治校的全过程和各方面。首先要牢牢把握正确的政治方向，把旗帜鲜明讲政治、大张旗鼓宣传马克思主义中国化的理论成果作为干部教育培训的根本要求。党校教师要坚持学术无边界，讲台有纪律，所有教研活动都必须坚持党性原则、遵循党的政治路线，通过明确讲课纪律“负面清单”，严把党课政治关。其次要把提高学员政治素质作为第一目标，始终突出理论教育和党性教育的主课地位，抓严、抓实、反应快，及时推动党的最新理论成果、重大战略部署进课堂、入头脑，切实发挥党校的党性锻炼熔炉作用，教育引导党员干部正确认识客观规律、理性认同科学理论，准确把握基本国情、自觉践行初心使命。

（二）以建设校风学风为基础，落实从严治校

践行实事求是思想其次要求“实”，即用严谨务实的办学理念和治学态度狠抓校风学风建设，更好地端正学风，改进文风，从严治校。习近平总书记多次强调：“各级党校要坚持把全面从严治党要求和从严治校方针结合起来，坚持严以治校、严以治教、严以治学，把校风建设作为作风建设的重点，严格党校校纪、校规。”① 党校（行政学院）是学习党的理论的场所，更是锤炼党性修养的“熔炉”，基层党校务必要从严治校，持之以恒抓校风学风建设。首先要从严施教。一方面，坚持教育者必先受教育，铸魂者必先铸其魂。基层党校教师在宣讲党的理论成果时，必须先学一层，学透一层，做到术业有专攻，才可能更有资格、更有水平去给资历深一些、阅历多一些的领导干部讲好课。在开展党性课程教育时，基层党校教师也要多学一层，学深一层，真正领悟红色故事和红色人物等的伟大精神，才可能更好地与学员共情、共振，从而达到思想升华、灵魂净化、党性得到有效锻炼的目标。其次要从严治学。基层党校要以习近平新时代中国特色社会主义思想为指导，坚持问题导向，以党委、政府的工作重心为研究重点，促使干部培训与改革发展实践相贯通，与干部成长需要相联系，理论联系实际开展党的理论研究与宣传，带头树立求真务实的校风学风，积极引导学员把理论

① 习近平：《在全国党校工作会议上的讲话》，http：//www.qstheory.cn/dukan/2020-06/04/c_ 1126073316.htm，2015 年 12 月 11 日。

问题与现实问题相结合，带着问题学，带着责任干。最后要从严管理。各项纪律条例和管理制度的贯彻落实是严肃校风学风的有力保障。在开展培训中，要严格落实请销假制度、跟班督导制度，及时反馈学习情况，监督教风学风，引导学员真学实学。同时要加强学员对教学双评，一方面教师对学员的学习情况进行评价，另一方面学员对党校及教师的教学情况进行评估，促进教学相长、相得益彰。

（三）以增强办学活力为重点，践行实干兴校

践行实事求是思想再次要求“活”，即用解放思想与时俱进的态度开展干部培训，理论教育党性锻炼与解决实际问题相结合，不断增强课程的内力、办学的活力，更好地回应时代关切，践行实干兴校。改革开放初期，邓小平同志指出：“世界上的事情都是干出来的，不干，半点马克思主义都没有。”① “不干”就是不做，不作为。从理论上讲，它否定了实践，否定了实践在人类社会发展中的作用，实质是背弃了马克思的唯物主义思想，偏离了马克思主义道路，是对唯心主义的妥协和退让。从现实上讲，空谈误国，实干才能兴邦。只有脚踏实地、求真务实才能将马克思主义坚持落到实处，更好地宣传党的最新理论成果。首先基层党校在课程研发上，切不可“假大空”，必须是“真细实”，坚持以从客观实际出发研究问题解决问题的思路备好课，讲好课。在课程设置上，重视理论与实践相结合，一方面创新教学方式方法，摒弃填鸭式的教学方式，探索体验式、案例式、模拟式等新形式教学，重视运用现代教学技术，增强教学活动感染力，最大限度调动学员的积极性和主动性，激发学员主动思考、乐于交流的学习热情，营造严肃又活跃的课堂氛围。另一方面创新课程设置，在保持规定比例的理论教育和党性锻炼课程外，增加适量实践课程，即深入田间地头、工厂一线等开展调查研究，撰写调研报告，深入思考经济社会发展的热点难点问题。开设学员论坛，即组织学员对党的理论著作进行自学研讨、对学习成果与心得进行交流分享等。

（四）以锻造教师队伍为抓手，夯实质量立校

践行实事求是思想最后要求“变”，即用自我革新、自我革命的意识自觉锻造教师队伍，不断培养党校教师研究新情况、解决新问题的思维和能力，更好地履职担当，夯实质量立校。党校教师是党校的中坚力量，师资队伍的能力水平直接关系党校办学的水平。在发展新形势下，基层党校面对编制数量有限、职责分工不明的问题，要实现跨越式发展更要准确识变、科学应变、主动求变，深化管理改革，将教师从烦琐的机制束缚中解放出来，突出师资队伍专业技能提升。一方面，党校教师要自觉加强理

---

① 中共重庆市委宣传部：《马克思主义为什么行》，重庆出版社 2020 年版，第 88 页。

论学习，尤其是在读原著、学原文、悟原理上多下功夫，潜心研学，自觉提升政治素养和理论水平。同时要注重实践，尤其是坚持深入基层深入群众开展调查研究，不断增强思考问题、解决问题的能力。另一方面，党校要积极搭建良好的教师发展平台，组织开展理论研讨会、读书分享会、课题研讨会、教学比武等活动，在良好的团队协作氛围下提升教师的整体水平。同时，党校要大兴调查研究之风，根据教师专业职级等成立专业调研组，领导干部带头开展调查研究，撰写优质调研报告，充分履行党校资政责任。“文以载道，以用为贵”，党校还要注重各类论文、调研成果的后期运用，通过制定相关措施，积极推进调查研究的成果转化。再一方面，上级党校要加强对基层党校的指导，通过搭建数字化资源共享平台，尤其是党校精品课、社会研究课题热点等资源的分享，打通基层党校的资源获取通道。探索跨部门或跨区域调研组的运行、党校教师定期交流等机制，不断提高基层党校教研水平，稳步推进党校高质量发展。

孙冰露系中共新田县委党校讲师。本文获 2021 年永州市党校（行政学校）系统理论研讨会三等奖。

创新党校教学方式　提升干部培训实效

——中共新田县委党校教学方式创新探索之路

彭　勇

习近平总书记和党中央高度重视干部培训，无论是全国党校工作会议还是干部培训规划，都对干部培训的方式方法提出了新要求。面对新形势新任务，如何具体落实中央有关干部教育培训工作要求，如何适应不断发展变化的教学内容和教学对象，以增强教学的实效性，是摆在各级党校面前亟待解决的现实问题。而在决定党校干部培训实效的多种因素中，培训方式的作用越来越被各级党校重视。近年来，各级党校都在培训方式创新方面进行了一些积极的尝试，并取得了一些良好的效果，但为了适应更高的干部培训要求，进一步增强培训实效，在创新多样化的教学方式方面还需要不断进行探索研究。

一、党校在教学方式创新方面的探索与实践

近年来，新田县委党校为了进一步提升教学质量、增强干部培训效果，在教学方式创新方面进行了积极的探索实践。

（一）积极尝试模块式教学

模块式教学的主要特点是，按照教学培训目标，围绕特定的教学主题，系统考虑教学目的、教学内容、专题设计的整体要求，将课堂辅导、现场教学、社会考察、专题研讨等一系列教学活动以及多种现代培训方法有机地组合起来的一种教学组织形式。[①] 新田县委党校将这种教学方式，主要用于培训长达一个月的（乡科级干部培训班、中青年干部培训班）主体班，提升培训的针对性。以2020年主体班学习贯彻习近平新时代中国特色社会主义思想读书班为例，读书班的整个课程，被分成了四个单元。

---

① 林宇宏：《党校教学方式方法创新研究的必要性及概况》，《党政论坛》2017年第10期。

第一单元是学习习近平新时代中国特色社会主义思想。主要是学好用好习近平新时代中国特色社会主义思想，比如《习近平谈治国理政》第三卷解读、《习近平经济思想》等等。第二单元是理论教育和党性教育，主要通过党的理论学习如：《马克思主义哲学原理概论》《毛泽东思想与党性教育》及观看警示教育片、中央党校网络直播课等来增强学员的理论功底和党性修养。第三个单元是新田经济社会发展学习及实践体验，通过两个部分进行学习教育，第一部分就是邀请新田县相关部门负责人、专家到党校给学员授课，内容涉及县域经济、生态文明建设、意识形态教育等方面。第二部分就是实践体验教学：用两周半的时间通过“7 个 2”（即务工 2 天、支农 2 天、经商 2 天、调纠 2 天、支教 2 天、军训 2 天、精读 2 本书）实践体验，近距离感受经济社会发展的方方面面。第四单元是党章党规党史学习及能力、素质建设，主要通过《中国共产党纪律处分条例》《党政领导干部选拔任用工作条例》《中国共产党党和国家基层组织工作条例》等党内法规及《党员干部演讲实务》《领导科学与领导艺术》等专题学习辅导，从而增强学员的纪律规矩意识，提高素质、能力。

（二）创新体验式教学模式（7 个“2”体验教学）

体验式教学指的是根据教学目的及教学要求在教学中创设相应的情境，教师引导学员在特定情境下展开学习，用心感悟学习内容。通过持续的学习过程，学员能力及素质得以提高，实现综合发展。① 与传统的教学模式相比，体验式教学更加强调以学员为主体，更能激发学员的学习热情。新田县委党校近年也在积极尝试不同的体验式教学方式，而运用到教学当中的形式主要有务工 2 天、支农 2 天、支商 2 天、调纠 2 天、支教 2 天、军训 2 天、精读 2 本书。通过不同的体验式学习场景的变化，让学员身处其中，能够产生更强烈的视觉、听觉、触觉的冲击，学员的内心触动更大，更能有助于教学目标的达成，教学效果很好。

（三）创新开发红色文化现场教学

习近平总书记一再强调要用好红色资源，传承好红色基因，把红色江山世世代代传下去。新田县富有光荣的革命传统，是第二次国内革命战争时期的湘粤赣革命老区的一部分，是革命老区县，有许多承载着红色基因和革命传统精神的纪念地和标志物，催生出壮美瑰丽的红色文化。目前建成并投入使用的有“一园一址三故居”（烈士纪念园、小源会议旧址、萧明故居、蒋先云故居、郑作民故居），还有红军标语墙、红军墓等等。新田县委党校在 2016 年就依托新田县革命老区丰富的红色资源优势，积极开发

---

① 王美莹：《体验式教学在党校教学中的价值与优化路径》，《当代教育实践与教学研究》2018 年第 3 期。

红色文化现场教学，将红色文化用于党员干部党性教育，开发以“重走红军古道，寻访先辈足迹”为主题的小源会议旧址红色教育基地、以“红色记忆，传承基因”为主题的蒋先云故居、萧民故居红色教育基地、以“缅怀先烈，砥砺前行”为主题的新田县革命烈士纪念园区域红色教育基地，打造成为一线党校现场教学红色精品路线，可供县内或县外党员培训异地教学点，到目前为止还开发了 3 节红色文化现场教学精品课程。

教学实践证明，充分利用本地红色资源优势，采取课堂教学、现场教学和体验教学相结合的方式，形成点面结合的教学格局，移动教学现场，把聆听讲座、分享故事、观看展览、参观遗址、唱响红歌、访谈当年人、重走当年路等富含红色元素的活动融入红色拓展训练中，打破枯燥乏味的传统教学模式，引发了学员强烈的心灵体验与情感共鸣，使感性冲击与理性思考完美融合，让红色基因深深融入党员干部的血脉之中，根植于党员干部的灵魂深处。

（四）积极开展研讨式教学

新田县委党校积极开展研讨式教学。有如下形式，一是课堂研讨，主要形式有：“1.5+0.5”（1.5 小时教师讲授，0.5 小时课堂讨论）、“1+1”（1 小时教师讲授，1 小时课堂讨论）、“2+0.5”（2 小时教师讲授，0.5 小时课堂讨论）、“0+2”（课前布置和下发研讨题目，让学员事先做充分的研究思考，然后课堂 2 小时教师与学员一起讨论）。二是课后研讨，包括双向交流、专题论坛、学员论坛、经验交流等多种形式。

二、党校在教学方式创新中存在的主要问题

最近这几年，新田县委党校在教学方式创新上力度大、成效显著，特别是 2020 年教学方式的改革创新，得到了县委、县政府主要领导的表扬，也得到了上级党校与受训学员的广泛认同，但创新无止境，探索仍不停息，在教学和管理实践中我们也发现了在主体班教学中还存在一些问题没有得到有效解决，这也是今后一段时间内教学改革的重点。

（一）课程安排仍多以讲授为主，教学效果欠佳

对于历届党代会，如党的十九大精神宣讲、党的十九届五中全会精神宣讲等宜采用专题讲授的方式进行。但对于应对突发事件处理、群体性事件处置、新闻媒体应对等专题课宜采用案例式、结构化式、情景模拟式等教学方法进行。尽管新田县委党校对有些专题教学方法进行了尝试，但大部分专题是以专题讲授为主，在教学方式方法创新上存在一定的畏难情绪。

(二) 教师创新激励机制缺失，创新动力不足

党校教学方式的创新关键在人，关键在教师群体。通过与新田县委党校教师的座谈调研发现，多数教师在教学方式创新方面的意向并不强烈，整体呈现出创新动力不足的问题。分析深层次的原因，一是党校对于教师教学创新的激励机制缺失，教师的创新得不到相应的奖励，加之教学创新本就是费心劳神的事情，所以教师创新动力不足。二是对于35岁以下的年轻教师群体，数量本就不多，加之自认教学能力不强，讲好传统的讲授式课程尚觉吃力，在教学方式的创新方面存在畏难情绪，因此对于创新一定程度上是有力无心。虽然在校委的强力推动之下，也进行了一些探索和实践，但多数属于被动接受的无奈之举。

(三) 年轻教师偏重理论，难以接“地气”

县级基层党校受训的对象主要是基层公务员和基层党员干部，他们长期在第一线工作，尽管他们受训的目的是接受系统的理论知识培训，但他们更喜欢党校教师能够用生活化的语言将深奥的理论知识表达出来。通过对新田县委党校教学情况的调研发现，教学方式创新的任务主要落在年轻教师的身上。对于年轻教师而言，确实具有工作热情高、综合素质强的相对优势，但由于工作年限不长，讲课经验不足，在教学方式的创新方面存在信心不强问题，集中表现为不敢轻易尝试新的教学方式。另外，所谓“见多”才能“识广”，虽然新田县委党校也非常重视对年轻教师的培养，每年都会外出培训“取经”，但更多的是对理论知识的学习更新，对一些新的教学方式的学习不多。加之年轻教师缺乏教学经验，锻炼机会少，缺乏基层一线生活的体验，对基层实际不了解，从而造成讲起课来“两张皮”“空对空”的现象严重，从理论到理论。综上所述，教师创新能力的欠缺是今后新田县委党校推进教学方式创新工作不可忽视的重要问题。

三、党校进一步推动教学方式创新的意见建议

(一) 激发内生动力，增强教师创新的积极性

作为基层党校在今后要继续推动教学方式的改革创新，除了依靠校委的倡导和强制性的任务分派外，更重要的是通过一些工作机制上的激励来激发党校教师的内在创新动力。比如，党校可以把教学方式的创新作为教师每年评比优秀和未来晋升职称的重要依据。

再如，党校也可以教研组为单位，进行新的教学方式的尝试探索，对于积极性高、

开发出的课程学员反响热烈的教研组，给予一定的物质奖励，以此激发教研组成员再次创新的热情。

（二）营造学习环境，增强教师创新的自信心

针对教师创新能力不足的问题，除了其自身有意识地进行知识储备、讲课经验的学习积累外，党校也要积极地组织教师多到教学方式创新做得好的培训学院或上级党校进行学习，以此增强教师进行教学方式创新的底气和信心。实践证明，党校教学中多样化教学方式的灵活运用，确实在一定程度上提高了干部培训的实效。所以，今后党校教学方式的创新工作只有不断地探索、推进，才能进一步开发出各具特色的创新课程，提升干部培训的效果。

（三）优化师资队伍，加强基础学科建设

党校应以教师为中心，把教师的培养作为党校工作的重点来抓。优化师资队伍，加强基础学科建设。即在现有的教师队伍上进行整合，适当引进新教师，在基础学科上做到人人有方向，个个有专题。如在党建、党史、哲学、社会学等学科做到精益求精，做精做强，对于其他学科可以外请老师。

（四）创新人才机制，丰富教师实践工作经验

解决基层党校教师实践工作经验不足可以采用行政兼职和挂职，组织部可以根据教师的业务素质和工作能力，安排其到合适的地方和单位进行行政兼职或挂职锻炼，通过这两种方式，可以增强教师对基层情况的了解和把握，丰富教师的基层工作经验，还可以增强教师上课的底气，增强教学方式创新的动力与信心，教师再次上讲台，讲起课来就不会言之无物。

彭勇系中共新田县委党校讲师。本文获2021年永州市党校（行政学院）系统理论研讨会三等奖。

论蒋先云的革命精神与党的政治建设

陈桐生

2018年1月，习近平总书记在学习贯彻党的十九大精神研讨班开班式上谆谆告诫全党："不忘初心，牢记使命，就不要忘记我们是共产党人，我们是革命者，不要丧失了革命精神。"共产党人赓续红色基因，灿若群星的共产党人汇聚成闪亮的革命精神是中国共产党人的精神谱系非常重要的组成部分。蒋先云便是群星中的一颗，他是中国共产党早期优秀党员、无产阶级革命家、著名工人运动领袖和具有影响力的军事将领。他短暂一生中闪耀着崇高的革命精神风范，这种崇高的革命精神体现在学运、工运、东征北伐以及危急关头坚定党的立场等等，他始终牢记自己共产党员的身份，践行伟大建党精神，以党的方向为方向，以党的意志为意志，在危急关头豁得出来，在关键时刻站得出来。他这种"头可断，而共产党籍不可牺牲"的最闪光、最虔诚的革命信仰是"超时间性"的，因而对于新时代新形势下坚定理想信念，进而加强党的政治建设具有理论和现实价值。

一、蒋先云崇高革命精神的鲜活体现

（一）救国救民信仰马克思主义

马克思主义认为，人的意识产生于实践。崇高的革命精神根源于伟大的革命实践。毛泽东指出："人的正确思想是从哪里来的？是从天上掉下来的吗？不是。是自己头脑里固有的吗？不是。人的正确思想，只能从社会实践中来。"① 蒋先云的党员意识从哪里来的？是从革命年代为人民谋幸福、为民族谋复兴的革命实践中产生，是自觉把个人命运和国家民族命运联结起来，在探索救国救民实践道路上产生。1917年，蒋先云

① 《毛泽东文集》第8卷，人民出版社1999年版，第320页。

以优异成绩考入湖南省立第三师范学校。1921年，他以毛泽东创建的新民学会为榜样在湖南省立第三师范学校发起组织了革命团体“心社”，并加入社会主义青年团，宣传新文化运动思想，传播马克思主义。由于蒋先云在湖南三师的出色表现，引起了毛泽东的关注，1921年毛泽东从上海参加完党的一大回到长沙后，就赶回衡阳考察学运情况，经过调查了解，毛泽东对蒋先云等一批学运骨干非常赞赏。为培育革命人才，10月，毛泽东亲自发展蒋先云、夏明翰、黄静源入党，蒋先云成为中国共产党组建后的第一批党员。在毛泽东的引领和培养下，蒋先云迅速成长为共产主义先锋战士，从此走向革命道路。

（二）身先士卒成为中共早期工运领袖

1922年，年仅20岁的蒋先云从湖南省省立第三师范学校毕业，在毛泽东的直接领导下，奔赴安源开展工人运动，他参与创办安源工人夜校和工人俱乐部，并担任俱乐部党支部书记兼文书股长，9月14日，同李立三、刘少奇一起组织领导了安源路矿工人大罢工。这次罢工，是中国共产党第一次独立领导并取得完全胜利的工人斗争。蒋先云与李立三、刘少奇并称为安源工运的“三根撑门柱”。1922年11月，又组织领导水口山工人大罢工。面对威胁，蒋先云不顾个人生命安危，以大无畏的革命胆略面对险境，与矿当局进行面对面不妥协的斗争，迫使其答应工人提出来的18条合理要求，使水口山工人大罢工取得全面胜利。中国劳动组合书记部负责人邓中夏对此给予高度评价：“继安源而起的有十二月的水口山铅矿罢工，其雄壮不亚于安源，其条件大致与安源相同，结果胜利，主持者为蒋先云同志。”耿飚作为当时的亲历者，在他的回忆录中写道：“一个优秀的共产党员、革命先驱和工人的贴心人……为中国人民解放事业流尽了最后一滴血。”① 此后，蒋先云还担任省港大罢工广州工人纠察队总队长、湖北省总工会工人纠察总队队长等职，为全国工人运动的蓬勃发展作出了重要贡献。

（三）投身黄埔军校淬炼成为红色将才

毛泽东亲自推荐蒋先云报考黄埔军校。1924年4月，黄埔军校第一期1000多名考生中招录470名学生，蒋先云以第一名成绩编在第一队，入学《调查表》“为何要入本校”栏目中他写道：“磨炼革命精神，造成一健全革命分子。”从入学到毕业，所有科目成绩均列榜首，政治部主任周恩来称其为“军校中的高才生”，徐向前回忆他“考入黄埔以后，很注意学习、研究共产主义理论，我们常常看见他晚上还在灯下读书，看

① 耿飚：《耿飚回忆录》，解放军出版社1991年版，第58页。

小册子。他斗争坚决，作战勇敢、头脑敏捷，堪称青年军人的榜样”①。1924 年 8 月初，蒋先云在军校筹建成立中共黄埔军校特别支部，并担任第一任书记。1925 年 2 月，蒋先云等又发起成立中国青年军人联合会，并担任该会中央执行委员会常务委员，他积极传播为共产主义奋斗的思想，为广大的青年军人所接受。徐向前回忆说：“我们黄埔第一期的一些同学，所以能成为共产党员，是与‘青年军人联合会’的影响分不开的。”② 在东征期间，他以党代表的身份担任敢死队队长，第一个登上淡水城墙，取得战役胜利。攻打惠州时，他以代理营长的资格担任敢死队队长，第一个攀上城墙，虽流血不止，但仍坚持战斗至胜利。1927 年 4 月，在武汉，国共两党召开联席会议，决定继续北伐，任命蒋先云为北伐军第一纵队第二十六师七十团党代表兼团长，在临颍与奉系军阀激战中，在敌强我弱的情形下，主动要求从右翼出击，“三仆三起”，因流血过多牺牲，践行了自己为革命奋斗终身的誓言。

（四）矢志不渝做对党忠诚的共产主义战士

蒋先云从踏上革命道路的那刻起，就将自己的生命献给共产主义事业，献给了中国革命，他的革命意志坚如磐石，是献身革命理想主义的革命先锋。蒋先云虽深受蒋介石的钟爱和青睐，并被迅速提拔，但他却信仰笃定、刚正不阿。1926 年“中山舰事件”发生后，蒋介石以“中将教育长”的职务诱使他脱离共产党，具有双重党员身份的蒋先云却第一个公开声明脱离国民党。蒋介石私下里找他谈话，期望蒋先云能退出共产党，但蒋先云仍然理直气壮地拒绝道：“头可断，而共产党籍不可牺牲。”之后，蒋先云退出了国民党籍。蒋先云用自己的坚定革命信仰和对党忠诚的实际行动阐明了：“蒋先云的一生是短暂而辉煌的一生。从党龄来说，他仅有 7 年的时间，不算长，但从共产党员党性修养的角度来看，却是百分之百合格。”关键时刻冲得上去、危难关头豁得出来，是共产党员的“特殊材料”的地方。蒋先云面临利诱而不惑的革命牺牲精神和政治定力，对当下全面从严治党视阈下坚定理想信念，加强党的政治建设具有现实意义。

二、弘扬蒋先云革命精神是新时代党的政治建设所需

客观说，部分党员党性意识弱化甚至缺失。商品交易原则渗透到党内政治生活运行，部分党员过于追求物质利益，忽视理想信念追求，思想“缺钙”，不注重提高自己的党性修养，不积极主动学习党的创新理论，对中国特色社会主义道路、理论、制度、

① 徐向前：《徐向前回忆录》，解放军出版社 2007 年版，第 24 页。
② 徐向前：《徐向前回忆录》，解放军出版社 2007 年版，第 25 页。

文化不深入理解、不坚定自信，因而理想信念不坚定，不信马列信鬼神，不信人民信“大师”，与马克思主义信仰渐行渐远甚至背道而驰。少数党员意识较弱，虽然组织上入了党，在思想上还没有达到合格党员的标准，党员意识模糊，党员主人翁意识不足，实际工作中没有政治担当、不敢斗争，党员的先进性和先锋模范作用没有发挥，这不利于党的政治建设。党的十八大以来，党中央推进全面从严治党取得了显著成就，但也要清晰认识到我们党还面临着“四大考验”“四大危险”“七个有之”等突出问题。蒋先云的革命精神是诞生于革命时期，但他的革命精神对于新时代党的政治建设仍然有现实价值。习近平总书记指出：“我们党是马克思主义执政党，但同时是马克思主义革命党，要保持过去革命战争时期的那么一股劲、那么一股革命热情、那么一种拼命精神，把革命工作做到底。”① 我们要弘扬革命精神，就是以刀刃向内的自我革命精神推动全面从严治党实现“自我净化、自我完善、自我革新、自我提高”，从一定意义上说，新时代党的自我革命中的“自我净化、自我完善、自我革新、自我提高”精神品格是对革命精神的延续。我们理解“革命精神”不能狭隘，把握其精神实质是关键，需要结合时代特征进行创新转化。蒋先云那种“头可断，共产党籍不可牺牲”的政治节操同样是新时代党的政治建设所需。

三、弘扬蒋先云革命精神，加强新时代党的政治建设的实践路径

革命精神是中国共产党特有的宝贵资源，是中国共产党永葆先进性、攻坚克难、迈向胜利的力量源泉。邓小平指出：“革命精神是非常宝贵的，没有革命精神就没有革命行动。”② 在党永葆党的先进性和纯洁性的自我革命中，在弘扬新时代革命精神的要求下，我们弘扬蒋先云革命精神，是因为蒋先云的革命精神体现了坚定的马克思主义信仰、社会主义信仰和共产主义信仰，树立他那种“革命理想高于天”的坚定信念，对于加强党的政治建设，是一项基础工程，这需要从以下四个方面着手。

（一）加强党的历史和创新理论学习，筑牢理想信念根基

通过学习马克思主义理论坚定理想信念。用习近平新时代中国特色社会主义思想武装头脑，指导实践，党员干部“多读、精读一些马克思主义经典作家的著作，多读、精读一些马克思主义中国化的经典篇章，掌握贯穿其中的马克思主义立场观点方法，将其内化于心，真正做到对马克思主义虔诚而执着、至信而深厚，真正让理想信念成为自己心中的灯塔，凝聚精气神的灵魂”③。认认真真学习《中国共产党章程》、党的

① 《习近平关于“不忘初心、牢记使命”论述摘编》，中央文献出版社 2019 年版，第 170 页。
② 《邓小平文选》第 2 卷，人民出版社 1994 年版，第 146 页。
③ 《习近平谈治国理政》第 3 卷，外文出版社 2020 年版，第 505 页。

理论、党的历史，把马克思主义世界观、人生观、价值观内化于心，融入骨髓，身体力行。通过党史学习教育，全面了解革命精神谱系，领悟革命精神的时代化不断丰富发展。通过认真学习党史、读党史，领悟蒋先云崇高革命精神风范，学习他为共产主义信仰不怕牺牲的革命精神。在学史中崇德、在学史中力行，在加强推进党的政治建设中，始终不忘初心，坚定理想信念，做到理想信念不滑坡，始终要“强化党的意识，牢记自己的第一身份是共产党员，第一职责是为党工作，做到忠诚于组织，任何时候都与党同心同德。全党同志要强化组织意识，时刻想到自己是党的人，是组织的一员，时刻不忘自己应尽的义务和责任”①，做到在党爱党、在党言党、在党忧党、在党为党，在思想上、政治上、行动上自觉同党中央保持高度一致。

（二）规范党内政治生活，健康党内政治文化，涵养良好政治生态

加强党的政治建设，必须坚定文化自信；坚定文化自信，必须涵养健康党内政治文化。习近平总书记指出：“我们党的党内政治文化，是以马克思主义为指导，以中华优秀传统文化为基础、以革命传统为源头、以社会主义先进文化为主体、充分体现中国共产党党性的文化。”蒋先云革命精神中体现的顾大局、守规矩的政治意识既有个体的内在修为，也依托当时我们党组织的领导力、凝聚力、向心力整体涵养。在新时代新形势下，党以勇于自我革命精神推动党的政治生态建设，“要尊崇党章，严格执行新形势下党内政治生活的若干准则，增强党内政治生活的政治性、时代性、原则性、战斗性，自觉抵制商品交换原则对党内生活的侵蚀，营造风清气正的良好政治生态。”创新和发展党内政治生活的形式和内容，服务党员所需，激发党员才智，凝聚党员意志。同时，必须构建新时代健康的党内政治文化。“弘扬忠诚老实、公道正派、实事求是、清正廉洁等价值观，坚决防止和反对个人主义、分散主义、自由主义、本位主义、好人主义，坚决防止和反对宗派主义、圈子文化、码头文化，坚决反对搞两面派、做两面人。”② 要弘扬清正廉洁的价值观，需要构建良好的党内政治文化，以严肃党内政治生活和健康向上的党内政治文化不断推动党的政治建设高质量发展。

（三）强化榜样的引领性，党员带头做先锋提高政治执行力

新时代弘扬蒋先云的革命精神体现在学习践行他身先士卒的先锋精神。在各级党组织对党员的学习教育过程中，要善于树立先进模范代表，将优秀共产党员的榜样力量以正向的鼓励激励方式树立起来，将他们当成一面旗帜，把党员的正气提升

① 习近平：《论坚持党对一切工作的领导》，中央文献出版社 2019 年版，第 48 页。

② 《习近平谈治国理政》第 3 卷，外文出版社 2020 年版，第 49 页。

起来，引领出良好的道德风尚，加强红色文化教育，多组织到优秀党员干部故居、纪念馆以及烈士陵园、会议遗址等参观学习，从而增强党员的政治意识。另一方面，强化榜样的引领作用与违背党纪党规的反面典型教育结合起来，开展反面典型的警示教育作用。积极创新党员教育内容，通过多样性、时代性、形象性的教育手段，使党员的党纪法规意识和纪律意识得到增强。党员的先进激励正向教育与违反党纪的反面教育有机结合，进而增强党员的政治判断力、政治领悟力、政治执行力。

（四）强化宗旨意识，密切联系群众增强政治意识

蒋先云在《勉第77团官佐书》中说："革命者是必要从工作上去表示他的努力，尤其是困苦艰难之中，枪林弹雨之下，更要能表示他能坚忍、能牺牲的精神。否则绝不是一个真实的革命者。"① 从"升官发财请往他处，贪生怕死勿入斯门"的黄埔革命精神到习近平总书记强调的"当官发财两条道，当官就不要发财，发财就不要当官"的公仆观念，新时代赋予革命精神以新的时代价值。新时代党员干部弘扬蒋先云革命精神，就是要敢于担当作为，党员的先锋模范要在实际工作中得到实现，在认真负责、积极工作、敢于担当作为的业务履职和党群活动中得到实现。要加强党的政治建设，必须坚定不移落实新时代群众路线。把对党忠诚、为党分忧、为党尽职、为民造福作为根本政治担当，永葆共产党人政治本色。为民造福是最大的政绩，为民造福也是党员干部政治意识的集中体现。党员在其负责的工作中的表现和业绩是否能够得到人民群众的满意，是否认真完成党的中心工作，是判断党员政治意识的标尺。不断提升为人民服务的能力，坚持党性原则，强化宗旨意识，保持密切联系群众的工作作风，在务实办事中为民谋得福祉，党员政治意识充分彰显。始终保持党与群众的血肉联系，党员干部在群众之中，组织引领群众、不把自己摆在群众之上，不脱离群众，在为人民服务的工作中"不断增强党的政治领导力、思想引领力、群众组织力、社会号召力"。

党的十八大以来，习近平总书记反复强调要弘扬伟大革命精神，在全面从严治党的"伟大工程"建设中，党的政治引领和政治保障作用得到充分发挥，党在革命性锻造中更加坚强有力。习近平总书记指出："我们党之所以历经百年而风华正茂、饱经磨难而生生不息，就是凭着那么一股革命加拼命的强大精神。"② 学习党史，我们明白继承光荣的革命传统、保持旺盛的革命精神和昂扬的革命斗志，是百年大党永葆青春的法宝。我们弘扬蒋先云革命精神，就是因为在他近7年革命生涯里，他以光辉的革命

① 新田县委宣传部、党史研究室编：《蒋先云生平文件汇编（内部资料）》，2022年，第110页。
② 《习近平谈治国理政》第4卷，外文出版社2022年版，第514页。

实践，用绝对忠诚践行了中国共产党革命精神，践行了伟大建党精神，他也是伟大建党精神的实践者。学史力行，要把蒋先云革命精神落到实处，党员干部要学习他旗帜鲜明讲政治、对党绝对忠诚的政治品格，不断提高自己的政治觉悟和政治能力，更加紧密团结在以习近平同志为核心的党中央周围，高举中国特色社会主义伟大旗帜，深刻把握“两个确立”，切实做到“两个维护”，为实现中华民族伟大复兴的中国梦而不懈奋斗。

陈桐生系中共新田县委党校讲师。本文获2022年湖南省党校（行政学院）系统理论研讨会二等奖。

理论·历史·现实："两个确立"的三重生成逻辑

欧利仁

一部中国共产党的百年奋斗史，就是一部不同时期确立和维护党的核心的历史，也是一部不同时期推进理论创新的历史。党的百年奋斗史深刻表明，什么时候党的领导核心维护得好、拥护得好，什么时候党内就安定团结，国家各项事业就繁荣昌盛。党的十九届六中全会首次以历史决议的形式提出了"两个确立"，即"确立习近平同志党中央的核心、全党的核心地位，确立习近平新时代中国特色社会主义思想的指导地位"。准确把握它的生成逻辑，有利于更好地理解和领会"两个确立"的形成过程、历史地位及其决定性意义，从而有效地转化为实践上政治自觉、思想自觉、理论自觉和行动自觉。

一、理论之源：马克思主义政党理论建设的应有之义

（一）马克思主义的科学领袖观

马克思、恩格斯从历史唯物主义出发，充分肯定了人民群众的主体地位，同时也非常重视无产阶级政党中领袖人物的巨大作用。马克思认为："每一个社会时代都需要有自己的大人物，如果没有这样的人物，它就要把他们创造出来。"① 这说明历史上伟大人物的产生不是偶然的，也不是凭空捏造的，而是历史的选择、人民的选择，是社会实践深入推进的产物。列宁在领导俄国革命过程中，还指出了政党本身就是"由最有威信、最有影响、最有经验、被选出担任最重要职务而称为领袖的人们所组成的比较稳定的集团来主持的"②，说明了领袖与政党的辩证关系，不能把领袖看成某一人而

① 《马克思恩格斯文集》第2卷，人民出版社2009年版，第137页。
② 《列宁选集》第4卷，人民出版社2012年版，第151页。

是要当作一个集体。列宁还看到革命领袖对夺取政权和凝聚意识的极端重要性，他说："在历史上，任何一个阶级，如果不推举出自己的善于组织运动和领导运动的政治领袖和先进代表，就不可能取得统治地位。"① "造就一批有经验、有极高威望的党的领袖是一件长期的艰难的事情。但是做不到这一点，无产阶级专政、无产阶级的'意志统一'就只能是一句空话。"②

（二）马克思主义的领导核心观

马克思、恩格斯告诫共产党人不仅要同其他"伪装"的社会主义、各国的社会民主党派划清界限，更是鲜明告诫共产党人绝不能成为资产阶级的附庸、尾巴、追随者，"一时一刻也不能因为听信民主派小资产者的花言巧语而动摇对无产阶级政党的独立组织的信念"③。这一思想在1850年马恩合著的《共产主义者同盟中央委员会告同盟书》得到阐发，马克思、恩格斯指出："工人，首先是共产主义者同盟，不应再度降低自己的地位，去充当资产阶级民主派的随声附和的合唱队，而应该努力设法建立一个秘密的和公开的独立工人政党组织，同那些正式的民主派相抗衡，并且应该使自己的每一个支部都变成工人协会的中心和核心。"④ 这蕴含着无产阶级政党应该成为革命的领导核心的思想。

（三）马克思主义的政党权威观

针对巴枯宁无政府主义的泛滥及其对无产阶级革命的破坏作用，恩格斯专门撰写了《论权威》一书进行了理论上的清算。恩格斯指出没有绝对的权威，也没有绝对的民主，权威与民主是辩证的关系，他指出："这里所说的权威，是指把别人的意志强加于我们；另一方面，权威又是以服从为前提的。"⑤ "权威与自治是相对的东西，它们的应用范围是随着社会发展阶段的不同而改变的。"⑥ 同时，恩格斯还以航行在汪洋大海中的轮船的比喻生动形象地说明了拥挤集中统一领导和执行权威的重要性，在总结巴黎公社运动失败经验上，他指出："巴黎公社遭到灭亡，就是由于缺乏集中和权威。"⑦

（四）马克思主义的科学理论观

理论来源于社会实践，又指导社会实践，只有代表历史上"绝大多数人的利益"、

① 《列宁选集》第1卷，人民出版社2012年版，第286页。
② 《列宁全集》第42卷，人民出版社2017年版，第108页。
③ 《马克思恩格斯选集》第1卷，人民出版社1995年版，第375页。
④ 《马克思恩格斯选集》第1卷，人民出版社1995年版，第369页。
⑤ 《马克思恩格斯文集》第3卷，人民出版社2009年版，第335页。
⑥ 《马克思恩格斯选集》第3卷，人民出版社1995年版，第226页。
⑦ 《马克思恩格斯文集》第10卷，人民出版社2009年版，第375页。

以马克思主义为指南的理论才能称为科学的理论，才能指导无产阶级运动，才能为广大人民群众所接受，才能变成物质力量，正如马克思所说："批判的武器当然不能代替武器的批判，物质力量只能用物质力量来摧毁；但是理论一经掌握群众，也会变成物质力量。"① 列宁在组织领导俄国无产阶级革命中，对科学革命理论的作用论述得最为充分。他指出，共产党必须以马克思主义作为自己的精神武器，作为区别其他资产阶级政党的试金石。另外，列宁还指出要以马克思主义教育革命群众、社会团体等，让先进的理论经工人阶级、革命群众所掌握，凝聚起统一的力量，正如列宁所指出的："没有革命的理论，就不会有革命的运动。"②

二、历史之据：中国共产党百年奋斗史的经验提炼

（一）新民主主义革命时期

早在中共二大制定的第一个党章中就明文规定："全国大会及中央执行委员会之议决，本党党员皆须绝对服从之""下级机关须完全执行上级机关之命令"。党的五大党章又规定："中央委员会，选举正式中央委员一人为总书记及中央正式委员会若干人组织中央政治局指导全国一切政治工作。"这说明我们党成立之初，就从革命斗争形势任务出发，十分自觉地坚持党的集中统一领导，这是使命型政党的必然逻辑。

然而，在我们党幼年时期，都没有形成一个正确的领导核心，致使在历史上遭受多次挫折甚至严重失败，正如邓小平指出："在历史上，遵义会议以前，我们的党没有形成过一个成熟的党中央。从陈独秀、瞿秋白、向忠发、李立三到王明，都没有形成过有能力的中央。"③ 造成这一问题的原因，客观在于当时的共产党还处于幼年时期，中国社会矛盾还未充分爆发，对中国革命的规律性、复杂性还认识不清；主观上在于没有把马克思主义同中国革命的具体实际有效结合起来，照搬照抄苏维埃的经验做法，没有将马克思主义在中国的土地上落地生根、开花结果，以至于出现了陈独秀的"右"倾投降主义错误，以及瞿秋白、李立三、王明的三次"左倾"冒险主义错误。

1935 年我们党在历史紧要的关头召开了遵义会议，重新找回了按客观规律办事的思想武器，事实上形成了毛泽东同志的领导核心地位。但是，这一过程并不是一帆风顺的，曾出现过张国焘和王明"另立中央"、挑战中央权威，意图与党中央分庭抗礼的严重事件。为了确保党中央的权威，1938 年党的六届六中全会首次完整提出

① 《马克思恩格斯选集》第 1 卷，人民出版社 2012 年版，第 9 页。
② 《列宁选集》第 1 卷，人民出版社 1995 年版，第 153 页。
③ 《邓小平文选》第 3 卷，人民出版社 1993 年版，第 309 页。

了以"个人服从组织、少数服从多数、下级服从上级、全党服从中央"为内容的民主集中制。

抗战时期，针对王明的教条主义沉渣泛起，为了更好统一全党思想和拥护毛泽东的领导核心地位，中共中央决定从 1941 年起开展延安整风运动。正如邓小平指出的那样："从延安整风以后，无论前方后方的人，真是生气勃勃，生动活泼，心情舒畅，团结一致……毛主席、党中央的命令、号召，谁不听哪！谁不是自觉地听哪！"[①] 在此期间，毛泽东还看到了国民党政府实行"三权分立"的弊端，对此明确说道："实行一元化的领导很重要，要建立领导核心，反对'一国三公'。"[②] 他在 1942 年召开的西北局高级干部会议上指出，"领导核心只能有一个。一个桃子剖开来有几个核心吗？只有一个核心"，生动而深刻地揭示了领导核心的至关重要性。1943 年，党中央首次确立了主席制，毛泽东当选为党的主席，并规定在讨论重大问题时"主席有最后决定之权。"1945 年党的七大，首次把毛泽东思想写入党章作为中国共产党的指导思想。自此，我们党在思想上政治上军事上完全确立了毛泽东的领导核心地位和毛泽东思想的指导地位，这是"两个确立"的最早雏形。

（二）社会主义革命和建设时期

在解放战争即将胜利的前夕，毛泽东指出党是代表各族人民的共同利益，不仅是"中国革命事业的领导核心"，也是"中国社会主义建设事业的领导核心"，其他各党派、团体、组织必须接受共产党的领导。在 1949 到 1956 年社会主义三大改造时期，包括党内人士在内的一些人主张搞"轮流坐庄"，企图否定党的领导。高岗集团提出了"枪杆子上出党""党是军队创造的"谬论，抹黑刘少奇、周恩来的形象，妄图篡夺党的领导权力，这是新中国成立以来第一次分裂与反分裂的斗争。以毛泽东为核心的第一代领导人，看到了维护党的集中统一领导和领导核心的重要性，在 1954 年党的七届四中全会上指出："党的团结的唯一中心是党的中央。"[③]

1956 年三大改造完成后，我国进入到社会主义建设时期，毛泽东在中共八大召开前强调：中国共产党是"团结全国人民进行社会主义建设的核心力量"。1957 年 5 月，毛泽东又从社会主义建设角度强调核心作用，指出："中国共产党是全中国人民的领导核心。没有这样一个核心，社会主义事业就不能胜利。"[④] 为了更好调动全国各族人民进行社会主义建设事业的积极性，1962 年，毛泽东更进一步地指出："工、农、商、

① 《邓小平文选》第 2 卷，人民出版社 1994 年版，第 45 页。
② 《毛泽东文集》第 3 卷，人民出版社 1996 年版，第 69 页。
③ 中共中央文献研究室：《建国以来重要文献选编》第 5 册，中央文献出版社 1993 年版，第 129 页。
④ 《毛泽东文集》第 7 卷，人民出版社 1999 年版，第 303 页。

学、兵、政、党这七个方面，党是领导一切的。”① 这是毛泽东对领导核心问题作出的清晰阐述。

但令人遗憾的，从 1966 年开始我国偏离了党的八大制定的正确路线，经济社会各项事业停滞不前，一些狼子野心的阴谋家利用混乱的局面企图篡夺党和国家的最高权力，挑战中央的权威，妄图取而代之。然而，即使在如此恶劣的环境下，我们党仍然屹立不倒，国家和社会仍然没有变色，人民群众仍然信任、拥护中国共产党，关键在于有一个以毛泽东为领导核心的“黏合剂”般的重要作用。正如邓小平指出，“因为有毛主席作领导核心”②，在遭遇严重曲折的历史时期，人民群众才始终没有放弃对党的信任和支持，人民军队也始终牢固掌握在党的手里。

（三）改革开放和社会主义现代化建设新时期

党的十一届三中全会拉开了改革开放的序幕，也确立了邓小平在党中央的核心、全党的核心地位，邓小平成为中国共产党第二代中央领导集体的核心，成为“中国改革开放的总设计师”。邓小平指出：“党的十一届三中全会建立了一个新的领导集体，这就是第二代的领导集体。在这个集体中，实际上可以说我处在一个关键地位。”③

在推进改革开放的进程中，邓小平始终强调要注意维护党中央领导集体和这个集体的核心，他说：“中央要有权威。改革要成功，就必须有领导有秩序地进行”，这是改革开放的前提条件。1979 年 3 月理论工作务虚会议上，邓小平提出了四项基本原则，其中核心在于坚持中国共产党的领导。在 20 世纪 80 年代改革开放初期，由于资产阶级自由化思想的影响，一些人甚至党内的高层干部理想信念淡薄，经不起资产阶级糖衣炮弹的攻击，主张放弃党的领导地位，搞西方式的三权分立，致使出现了严重的政治风波事件，使改革开放事业出现了严重倒退。在国内外政治风波、经济风险等严峻考验面前，邓小平在同江泽民、李鹏等领导人的谈话中指出：“任何一个领导集体都要有一个核心，没有核心的领导是靠不住的。”④ “最关紧要的是有一个团结的领导核心。这样保持五十年，六十年，社会主义中国将是不可战胜的。”⑤ 他还特别强调指出：“这是最关键的问题。国家的命运、党的命运、人民的命运需要有这样一个领导集体。”⑥ 1994 年党的十四届四中全会首次阐述了建立党的领导核心的极端重要性：“党的历史表明，必须有一个在实践中形成的坚强的中央领导集体，在这个领导集体中必须有一个

① 《毛泽东文集》第 8 卷，人民出版社 1999 年版，第 305 页。
② 《邓小平文选》第 3 卷，人民出版社 1993 年版，第 310 页。
③ 《邓小平文选》第 3 卷，人民出版社 1993 年版，第 309 页。
④ 《邓小平文选》第 3 卷，人民出版社 1993 年版，第 310 页。
⑤ 《邓小平文选》第 3 卷，人民出版社 1993 年版，第 365 页。
⑥ 《邓小平文选》第 3 卷，人民出版社 1993 年版，第 310 页。

核心。如果没有这样的领导集体和核心，党的事业就不能胜利。"

在推进马克思主义中国化的理论创新中，邓小平理论在党的十五大被确定为党的指导思想并写入党章；2002年召开的党的十六大将"三个代表"重要思想写进党章，成为我们党的指导思想；2007年党的十七大首次提出中国特色社会主义理论体系，这是马克思主义中国化的第二次飞跃；2012年召开的党的十八大提出了科学发展观，并写入党章成为我们党的指导思想。

（四）中国特色社会主义新时代

党的二十大以来，我们党领导全国各族人民取得了历史性成就，经济社会民生各领域发生了根本性历史变革，关键在于形成了一个以习近平同志为核心的领导集体，形成了习近平新时代中国特色社会主义思想。针对我们党内存在的个人主义、帮派主义、自由主义，党组织存在弱化、虚化、边缘化问题，以及周永康、徐才厚等人在党内大搞团团伙伙的做法，习近平总书记在多个场合强调党中央要有一个统一的核心，习近平指出："形象地说是'众星捧月'，这个'月'就是中国共产党。在国家治理体系的大棋局中，党中央是坐镇中军帐的'帅'，车马炮各展其长，一盘棋大局分明。"[①]对于核心地位，习近平曾这样论述："党中央的核心、全党的核心，对我来说就是责任，我要用毕生精力和全部生命来回报党和人民的信任，鞠躬尽瘁、死而后已，赴汤蹈火、万死不辞。"[②] 习近平指出党是最高政治领导力量，党是领导一切的，要充分发挥党总揽全局、协调各方的领导核心作用，"确保中国共产党始终成为中国人民和中华民族最可靠的主心骨"[③]。关于维护党中央的权威，习近平总书记也强调："全党只能维护党中央权威，只能向党中央看齐，要把广大党员、干部、群众思想和行动统一到党中央精神和决策部署上来。"[④]

基于党的领导核心和集中统一的重大作用及习近平同志的个人威望、成就，2016年中共中央政治局会议提出了"四个意识"，即"政治意识、大局意识、核心意识、看齐意识"；2016年10月党的十八届六中全会首次提出"以习近平同志为核心的党中央"的重大政治命题；2018年我们党提出了"两个维护"，即坚决维护习近平总书记党中央的核心、全党的核心地位，坚决维护党中央权威和集中统一领导；2019年党的十九大首次提出了习近平新时代中国特色社会主义思想，并用"八个明确"作了内涵

---

① 习近平：《在省部级主要领导干部学习贯彻党的十八届四中全会精神全面推进依法治国专题研讨班上的讲话》，《人民日报》，2015年2月2日第1版。

② 习近平：《论坚持党对一切工作的领导》，中央文献出版社2019年版，第176页。

③ 习近平：《在纪念辛亥革命110周年大会上的讲话》，《人民日报》2021年10月9日第1版。

④ 《习近平关于"不忘初心、牢记使命"重要论述选编》，党建读物出版社、中央文献出版社，2019年版，第280页。

概括；2021年党的十九届六中全会通过了党的历史上第三个历史决议，明确提出了“两个确立”，并对习近平新时代中国特色社会主义思想进行了十个方面的概括，指出这是马克思主义中国化的又一次新的飞跃。

三、现实之需：推进新时代伟大实践的现实需要

（一）维护党的团结统一的现实需要

习近平总书记指出：“党的历史、新中国发展的历史都告诉我们：要治理好我们这个大党、治理好我们这个大国，保证党的团结和集中统一至关重要，维护党中央权威至关重要。”① 当前影响我们党内团结和集中统一领导的因素仍然存在，国外的敌对势力利用所谓的民主、自由等普世价值观攻击我党的领导制度和领袖人物，割裂党同人民群众的血肉联系，企图动摇党的长期执政的合法性，诱发中国的“颜色革命”；国内历史虚无主义也有一定市场，断章取义党的历史上的个别事件，夸大失败否定成就，割断改革开放前后两段历史的联系，抹黑党的领袖，借机否定或取消党的领导。同时，个别党员缺乏大局观和核心观，从利己主义和局部利益出发，对党的领导核心不忠诚，对党中央的决策部署阳奉阴违，大搞双面人、两面派。因此，只有发挥“两个确立”的“定海神针”作用，才能更好地维护党内的安定团结和集中统一领导。

（二）实现中华民族伟大复兴的现实需要

1921年成立的中国共产党，就把为人民谋幸福、为民族谋复兴作为自己的初心使命写在自己的旗帜上。实现这个目标，离不开中国共产党的领导，离不开党的领导核心。经过几代人的共同努力，我国实现了从“站起来”向“富起来”再向新时代“强起来”的历史转变。“强起来”是新时代的主题，也是民族伟大复兴的重要标志。当前，我国正处于“两个一百年”奋斗目标的历史交汇期，处于以共同富裕为特征的社会主义现代化强国的建设征程上，这些都是实现民族伟大复兴的重要环节，都离不开党的坚强领导和科学理论的指导。只有拥护“两个确立”，才能统一近1亿党员的共同意志，才能汇聚56个民族14亿人民的智慧，为中华民族伟大复兴提供坚实的群众基础和磅礴力量，民族复兴才有“主心骨”“定盘星”。只有拥护“两个确立”，以习近平新时代中国特色社会主义思想为统领，民族复兴才有正确的理论指南，才不能在百年未有之大变局中迷失方向，民族复兴才有理论武装、思想武器。正如党的十届六中全会决议指出的，“两个确立”对推进民族伟大复兴具有决定性意义。

---

① 《习近平谈治国理政》第2卷，外文出版社2017年版，第188页。

（三）实现人民美好生活的现实需要

美好生活是全人类的孜孜追求，更是代表人民利益的中国共产党的奋斗目标。党的十九大对我国的社会主要矛盾作了新判断，即"人民日益增长的美好生活需要和不平衡不充分的发展之间的矛盾"。美好生活是涵盖政治、经济、文化、社会和生态等各方面在内的真实、真正、真切的东西，归根结底要靠党的坚强领导来实现，这是由党的性质宗旨决定的，它是全心全意为人民服务和以人民为中心思想的体现和落实。同样，实现人民美好生活也离不开科学理论的指导，无论是党的十九大将习近平新时代中国特色社会主义思想的内涵概括为"八个明确"，还是党的十九届六中全会重新提炼的"十个明确"，都将实现人民美好生活放到重要位置。因此，让人民过上更加富裕、更加安全、更加有尊严的美好生活，离不开"两个确立"的政治保证、理论引航。

（四）构建人类命运共同体的现实需要

党的十六届六中全会通过的决议在总结中国共产党百年奋斗的历史意义时指出："党的百年奋斗深刻影响了世界历史进程。"同样，新时代伟大征程中我们党提出的"两个确立"也具有世界历史意义，重要指向之一就是构建人类命运共同体。由于现代技术的发展、交通的联结、生态的共生，全球日益形成一个"你中有我、我中有你的"地球村。随着我国综合国力的快速上升，日益走向国际舞台的中央，中国的智慧、中国的方案、中国模式、中国的主张日益受到国际组织和其他国家的青睐，其中 2017 年"构建人类命运共同体"首次被写入联合国决议。当前，与"中国之治"相对应的是"世界之乱"，主要原因在于实施西方所谓的民主制度，造成朝令夕改、政出多门，没有一个强有力的执政党和领导核心。同时，构建以"持久和平、普遍安全、共同繁荣、开放包容、清洁美丽"为内涵的人类命运体与习近平经济思想、外交思想、生态思想的内涵紧密相关。可见，"两个确立"是构建人类命运共同体的灵丹妙药。

欧利仁系中共新田县委党校讲师。本文获 2022 年湖南省党校（行政学院）系统理论研讨会一等奖。

保护利用好红色文化资源　打造红色惠民新品牌

——关于加强新田县红色文化资源保护开发利用的思考

彭　勇

一、新田县红色文化资源基本情况

红色文化是指中国共产党领导人民在革命、建设、改革中创造的革命文化和社会主义先进文化，植根于中国特色社会主义伟大实践，是中国特色社会主义文化的重要组成部分，蕴含着丰富的红色基因和厚重的历史文化内涵，承载着中国共产党人的初心和使命。

新田县富有光荣的革命传统，是第二次国内革命战争时期的湘粤赣革命老区的一部分，是革命老区县，也是红六军团在西征途中攻克的第一个县城。在这片红色的土地上，不仅留下了任弼时、萧克、王震等老一辈无产阶级革命家的战斗足迹，更涌现出了一批杰出的革命先驱。其中有杰出的无产阶级革命家、著名工人运动领袖、我党早期最具影响力的军事将领之一的蒋先云，工运领袖萧明，还有血洒抗日前线的爱国将领郑作民等。在解放战争时期，有一大批新田人参加了如火如荼的革命运动：有在共产党领导下成立地方武装的陈醒悟，有早期工运领导者刘惕恒等。新田县许多承载着红色基因和革命传统精神的纪念地和标志物，催生出壮美瑰丽的红色文化。

党的十八大以来，县委、县政府高度重视红色资源的保护和利用，党史、民政、老区办等相关部门主动作为，深入挖掘、保护和利用红色资源，倾力打造“红色新田”品牌，取得了一定的成效。但新田县红色文化资源的保护利用还有很大的空间，还应加大投入、进一步提升，并将其转化为巨大的正能量，打造成为政治工程、文化工程、富民工程、民心工程，以实现其价值惠及于民。

二、新田县红色文化资源保护利用现状与存在问题

近年来，县委、县政府很重视红色文化资源的保护开发，准确把握国家政策导向，

升级了现有“一园一址三故居”（烈士纪念园、小源会议旧址、萧明故居、蒋先云故居、郑作民故居）。从改进陈列方式、创新展示手段、丰富展示内容等多方面入手，完善基础设施和服务接待功能。县委组织党校、史志办、档案局、电视台等单位，广泛开展红色革命史料文物、影像资料征集，开展了一次党史遗址普查，系统整理新田党史和红色资源；开展了以萧明为主要本土人物的历史事迹挖掘工作，形成了系统性较强的红色资源库。其中《南有新田·回忆录》形成了初稿，完成了《新田人民革命史》简明读本小册子的编撰，组织编写了红军过新田系列故事读本，取得了一些成效。但总体来看，我县红色文化资源的开发和利用仍存在一些问题。

（一）红色文化资源利用手段简单、档次不高

近几年来，新田县党史部门对部分遗址在修缮保护的同时进行展陈，并建设了一批纪念设施。从已保护利用的遗址陈列情况和纪念展陈场馆看，多数遗址还是简单的陈列布展模式，且相互间陈列内容重复、表现手法基本相同、特色不够突出。虽然我县已形成了“一园一址三故居”的纪念场馆格局，但档次及社会影响力明显不高。

（二）红色文化资源监管机制不够健全

红色文化资源保护开发涉及史志、民政、文广、发改、财政等部门，县级层面未成立综合协调机构，未建立考核评价机制，行业部门各行其是，没有形成合力。如革命烈士纪念园属民政部门管理，小源会议旧址属史志办管理，萧明故居未落实管理权属，而有的则属个人私产，如郑作民故居等。由谁来保护开发，开发后怎么管理、使用和维修，责任主体不明确，存在多头管理、条块分割的现象，致使日常管理工作混乱，保护开发的主动性不强。

（三）红色文化内涵挖掘不够深入

红色文化氛围不够浓厚，大部分革命遗址有红色文化标识或图案，有图片展示、有实物陈列，红色文化元素得到了展现。但红色文化商品开发空白，缺乏便于携带、物美价廉的红色文化纪念品、工艺品等旅游商品。红色文化作品不够丰富，目前仅有《南有新田·回忆录》《新田人民革命史》等两部关于红色文化方面的书籍，关于红色题材的故事、图书、实景剧、歌舞、小品等作品较少，难以达到以文化人、以文育人的目的。

（四）红色文化融合发展有待加强

红色文化与爱国主义教育基地建设融合发展不够，新田县虽然建成一处红色文化

陈列展示馆，但本土学生研学旅行、爱国教育活动大部分远赴外县、市。红色文化与生态旅游融合发展不够，目前仅仅局限于参观革命遗址，没有将红色文化与优美的自然风光相结合，形成红色旅游线路。红色文化与古色文化、绿色文化、民俗文化等新田县特色文化融合发展不够，没有形成相互促进、相得益彰的文化发展机制。

三、进一步加强红色文化资源保护开发利用工作的思考

2018 年 7 月，中共中央办公厅、国务院办公厅印发了《关于实施革命文物保护利用工程（2018—2022 年）的意见》，明确指出要“以弘扬革命精神、继承革命文化为核心，统筹推进革命文物保护利用传承，着力加强革命文物保护修复和展示传播，着力深化革命文物价值挖掘和利用创新，着力提升革命文物公共服务水平和社会教育效果，为实现‘两个一百年’奋斗目标和中华民族伟大复兴中国梦作出重要贡献”。根据上述精神，结合本次调研情况，对我县红色文化资源的保护与利用提出如下建议：

（一）深挖文化内涵，激活红色基因，提升档次

一是整合研究力量。吸收县委党校、文广、史志、老促会等相关人员以及有专长的民间人士，组成一支相对固定的红色文化资源保护与开发研究力量，对如何开展红色文化资源的保护与开发进行专门的持续研究。二是深入研究阐释。通过寻访亲历者和见证者，进一步校核史实，及时收集红色标语、红色故事、文献资料、革命实物、革命英雄人物图片及其他抗战文化资源等，深度挖掘其政治、经济、文化、教育等价值，并以红色文化读物或专题片、小品、故事、歌曲等展示出来，进一步丰富红色文化内涵。三是建好阵地网络。迅速修建完善相关纪念馆、纪念地、烈士陵园等爱国主义教育基地，扩大教育覆盖面，改进陈列方式，创新展示手段，丰富展出内容，创作体验项目，增加红色基地的欣赏性、参与性、体验性，丰富基地内涵，提升教育功能。

（二）理顺监管机制，凝聚发展合力

一是建立坚强有力的领导机构。成立由县委、县政府分管领导任组长，组织、史志、发改、财政、教育、文广、民政、党校等相关部门为成员的红色文化资源保护利用工作领导小组，同时确定一个管理主体，明确其具体职责、权限、工作要求，统筹协调红色文化资源保护和利用工作，实现对县内红色文化资源的统一管理、统一规划、统一开发。建立红色文化资源保护和利用联席会议制度，定期研究解决红色文化保护和利用工作中的重大问题，形成领导重视、部门参与、齐抓共管的工作格局。二是建立科学管用的奖惩机制。相关单位要将红色文化资源保护和利用工作纳入本部门的考核内容，主要领导要作为红色文化资源保护工作第一责任人，明确分管领导具体抓，

督促各部门切实履行职责，齐抓共管做好相关工作。对工作成绩突出的，要优先晋升和评先评优，及时给予表彰奖励。凡因失职、渎职造成重要红色革命文物损毁或丢失的，严肃追究法律责任。三是建立职责明确的管理机制。建立由县政府统一规划、文化管理部门统筹协调、所在镇进行保护管理和开发利用的管理机制，各镇在此基础上成立红色文化资源管理委员会，通过与所在地村委会、管理人员签订《红色文化资源保护管理责任书》，层层明确职责任务，确保重要遗址及时得到管护和修复。

（三）融合红古绿资源，增强红色文化的吸引力

新田人文底蕴深厚，仅近代就涌现出了革命先驱、“黄埔三杰”之首蒋先云，抗日名将郑作民等杰出人物。新田景色秀美宜人，有群山叠翠、生态优美的福音山国家森林公园，有省重点文物保护单位小源会议旧址，有佛、道祈福圣地南国武当山、南国第一堡“大冠堡”古堡群，有“传统乡村的活化石”之称的龙家大院、谈文溪等古民居。这些绿色、红色、古色文化资源给新田文化产业开发打下良好的基础。

新田县的红色资源与自然资源交相辉映，与人文资源相辅相成，应充分挖掘红色资源的独特内涵，发挥其历史价值和教育功能，做好红色与古色、绿色资源的有效融合，以红带古、红古相容，以红推绿、红绿相长，以红促红、红红相扣，让学员、游客在品味生态新田中铭记红色传奇，在享受生态氧吧的过程中感悟红色精神，实现“万绿丛中一点红”。一是红古相融，促进红色文化与传统文化的高度融合。新田县红色历史资源中祠堂、古民居建筑达 4 处，如红军长征时红六军团小源会议旧址——丽正书斋，蒋先云故居——典型的湘南古民居，萧民故居——祠堂、古民居建筑。对这些革命遗址进行立碑挂牌、陈列展陈，将这些属于传统宗祠、古民居的革命遗址打造成为红色教育基地，促进红色文化与传统文化的高度融合，加大红色文化宣传力度，抢占主流思想阵地。二是红绿相长，促进红色文化与绿色文化的高度融合。新田县有“湘南一枝花”的美誉，绿色自然资源丰富，且红色资源蕴藏其中。比如：有“小桂林”之称的古洞石羊，永不枯竭的南国第一泉鹅井，彭梓城、谈文溪、蒋先云、郑作民等古民居，龙泉山商代遗址，文庙，清乾隆皇帝撰写的《平定准噶尔碑刻》，青云塔等境内至今发现的商周、宋、明、清遗址 54 处文化遗迹。

要将红色文化与绿色产业、生态农业、乡村旅游等结合起来，为乡村振兴注入红色动力。如蒋先云故居所在地大坪塘村，如今村里种植了 300 亩葡萄，形成了规模较大的葡萄园。大坪塘村委负责人表示，有信心实现乡村生态与红色文化的深度融合，让红色旅游开花结果。小源村以红色旅游和生态农业为主线，以小源会议旧址为亮点，打造红色文化体验区。

要开发利用这些红色资源，就要充分发挥山清水秀的天然优势，把绿色文化和红

色文化两者结合起来，让人们在尽情享受清新的空气、幽静的环境和优美的生态景色的同时，感受革命精神的震撼，实现思想的升华。三是红红相扣，促进红色文化与党建文化高度融合。党史工作是党的建设的重要组成部分。近年来，新田县高度重视基层党建工作，特别是乡村党校建设风生水起，县委组织部党建室积极作为，发挥优势，助力基层党建取得一定成效。今后应充分发挥红色资源在“红色领航”工程中的积极作用，突出重点，加大红色教育阵地建设力度，建设成为当地的红色地标，打造成为基层党校以及中小学的革命传统教育和爱国主义教育基地。

（四）做实红色基因的传承，增强红色文化的软实力

一是广度宣传，讲好“红色故事”。充分利用微信平台“新田发布”“新田焦点”等现代媒体，全方位宣传红色新田；启动拍摄红色新田纪录片《浴火青春》（暂名），运用互联网、大数据、人工智能、虚拟现实等现代新技术，建设一批实体体验馆和网上展示馆，转化好、保存好、利用好这些宝贵的红色文化资源，让参观者在沉浸式体验中接受革命传统和红色文化教育。应当统筹运用传统媒体和新兴媒体，策划有节奏、有声势、有影响的宣传推介，开展全方位、多层次、立体化传播，把红色文化讲精彩、讲响亮，不断提高覆盖面和精准度，让主流思想舆论阵地的“红色地带”越来越宽广。二是适度安排，办好“红色教育”。开发以“重走红军古道，寻访先辈足迹”为主题的小源会议旧址红色教育基地、以“红色记忆，传承基因”为主题的蒋先云故居、萧明故居红色教育基地、以“缅怀先烈，砥砺前行”为主题的新田县革命烈士纪念园区域红色教育基地，打造成为一线党校现场教学红色精品路线，可供县内或县外党员培训异地教学点。大力发展红色旅游，推出红色旅游精品线路，组织专家学者研发红色景点的解说词，培训好讲解员和导游；鼓励和组织机关工作人员、企事业单位职工、军人、学生等到红色景区景点切身体验红色生活，感悟红色历史，使人们在愉悦的游览过程中接受红色文化的陶冶和革命传统教育。

彭勇系中共新田县委党校讲师。本文发表在《社会科学》期刊 2019 年 12 月，获 2020 年永州市党校（行政学院）系统第三届优秀科研成果三等奖。

乡村振兴视域下提升新田村容村貌的对策研究

黄海迪

一、新田县提升村容村貌正当其时

(一)打赢实施乡村振兴战略第一场仗的需要

新农村建设是一个庞大而复杂的系统工程。近年来，我国农村建设取得了巨大成就，但也存在许多问题，为此，党的十九大作出实施乡村振兴战略的重大决策部署。村容村貌是乡村振兴的金色名片，打赢乡村振兴第一场硬仗就是解决村容村貌问题。

(二)落实“以人民为中心”发展理念的需要

优美的村容村貌有利于提升村民的居住环境和生活品质，是一项实实在在的民生工程、幸福工程，有利于提升农民获得感、幸福感、安全感。因此，改善村容村貌是新时代落实“以人民为中心”发展理念的需要。

(三)巩固脱贫攻坚，实施乡村建设行动的需要

改善村容村貌以完善农村房、水、电、娱等基础设施建设为要求，更是巩固脱贫有序衔接乡村振兴的硬指标。因此，改善农村人居环境是新时代赋予全面实施乡村建设行动的新内涵。

二、新田县提升村容村貌的对策

(一)坚持农业农村优先发展，全面支持村容村貌建设

1. 人往农村走，人才配备上优先考虑

从机关事业单位中择优“选”。选派机关企事业单位干部、职工或退休干部、教

师、医生等下沉基层。这类群体有政治的高度、服务的温度、执行的速度，是村容村貌提升的关键力量。

从务工经商能人中择优“引”。吸引经营性人才服务基层，这类群体有思路、有人脉、有视野，是村容村貌提升的中坚力量。

从本村年轻能人中择优“推”。推选本村政治意识强，村民信得过的高校毕业生、退伍军人等年轻人充实村“两委”班子。这类群体有潜力、有干劲，是村容村貌提升的根本力量。

2. 要素往农村配，要素配置上优先满足

吸引市场主体流入。首先，持续深化“放管服”改革，构建亲清政商关系；其次，出台优惠政策，吸引市场资源、市场主体流向农村。

加大现代技术投入。由于农村生活垃圾具有空间分布零散、规模小、利润薄、投资回报时间长等特点。因此，需要加大现代技术投入、运用技术手段解决村容村貌治理中存在的棘手问题。

保障资金优先投入。一方面，落实县级专项资金投入，将农村人居环境整治中村容村貌资金纳入预算。另一方面，通过财政奖补一点，村民自筹一点，社会捐赠一点，部门扶持一点，市场运作一点，拓宽资金的多元投入。

3. 公共服务往农村倾斜，服务上优先安排

享受公平而有质量的教育落实到人。坚持政府、社会力量共同发力，努力让每个乡村孩子享受公平而有质量的教育。

推进健康乡村建设落实到每个环节。加强县级医院综合能力建设和乡镇卫生院、村卫生室规范化建设，推动远程诊疗向村级延伸，打通实施健康乡村计划“最后一公里”。

确保社会保障工作落实到每个家庭。重点解决农村贫困劳动力、农民工、退役军人等就业，完善医疗、养老、社会保险等保障体制。

三、坚持问题导向聚焦关键，循序渐进改善村容村貌

（一）提升农村“净界”

科学清理农村生产生活垃圾。建立稳定的保洁员队伍，对村内生产生活垃圾开展常态化保洁工作，完善农村垃圾收转运体系。所有行政村设置生活垃圾集中收集点，科学及时处理农村生活生产垃圾。

系统治理农村污水、浊水。鼓励和引导采用净化沼气池、小型人工湿地处理技术，

环境敏感区域尽量采取集中处理技术，符合条件的县城周边村庄的生活污水要纳入县城污水收集管网统一处理。

（二）改善农村“颜值”

拆除存在安全隐患建筑。农村部分安全隐患的建筑既制约农村整体发展，又影响了村容村貌，分批分次将废弃不用、有安全隐患、影响村容村貌建筑拆除。

加快完善基础设施建设。各级政府要围绕农村房、水、电、娱等基础设施，紧抓排水设施、垃圾处理设施、乡村道路硬化、综合文化服务等基础设施建设。

因地制宜绿化美化乡村。组织村民对村庄内外、道路两旁、房前屋后、庭院内等非耕地地段开展植树造林，对临街空地、菜地用栅栏圈围，建成村道有树，农房美化的生态家园。

（三）提高农村“内涵”

彰显特色地域风貌。现阶段农村普遍存在建筑外观和内部结构设计少，特色不突出，应将农村外观打造成地域特色文化的重要载体，让村庄具有特色。

塑造独特文化品位。文化是乡村的根和魂，提升村容村貌既要注重外在“强体”，更要强化内在“铸魂”，发掘和弘扬乡村传统文化、红色文化、民俗文化，引领村民除陋习树新风。

四、坚持科学有效治理思维，持续有力提升村容村貌

（一）规划为先，遵循农村发展规律

系统规划，优化乡村空间格局。乡村规划是村容村貌的脊梁，坚持城乡统筹、因地施策、以人为本及彰显特色等原则，规划保护类村庄、改善类村庄、提升类村庄。

运营规划，建立长效运行机制。从机构队伍、管理考核等方面入手，完善村容村貌工作的各项规章制度，促进村容村貌提升工作的常态化、规范化、制度化。

（二）生态为基，尊重农村地形地貌

利用生态，向绿水青山要金山银山。新田林地面积较大，应利用绿色生态优势向生态资产转化，助力县域经济腾飞。

保护生态，留住记得住的乡愁风貌。在规划编制中注重留住村庄原始风貌，保住村庄的灵魂。村容村貌的提升不能搞大拆大建，坚持统筹山水林田湖草建设。

（三）以民为本，尊重农村农民意愿

科学论证，方针政策要“乡里乡气”。村容村貌建设实施方案和计划要科学论证，要对标《农村人居环境整治三年行动方案》，结合农业生产、农民生活的实际及相关村规民约统筹考虑，出台适合农村的方针、政策。

心系农民，宣传引导要“入乡随俗”。村容村貌提升的主体是农民，让农民参与农村人居环境整治，就要尊重农民的生活经验，多用他们可以理解、能够接受、便于实施的“乡村智慧”去宣传和引导。

深入农村，重大决策要“集思广益”。“知屋漏者在宇下，知政失者在草野。”深入了解乡村、村民实际需求，倾听原汁原味的民声民意，通过成立村民理事会、红白喜事理事会等组织激发村民的首创精神和参政议政的智慧，实现村民“自己的事自己商议着办”的行动自觉。

黄海迪系中共新田县委党校讲师。本文发表在《精品》期刊2021年18期。

课 题 研 究

乡村振兴背景下新型职业农民培育研究

——以新田县为例

欧利仁　汪萍洋

从目前的情况来看，关于新型职业农民的研究一直是各界研究的重点，并且已经取得了丰硕的成果。国内研究者主要是从新型职业农民的内涵、类型、政策和培育方面进行了探讨，但也存在诸多不足，一是研究方向深度不足，培育方向、目标不清晰，内涵界定模糊；二是研究样本不丰富，主要是从宏观方面的研究，而基层实证研究数量少；三是研究角度狭窄，主要从农业经济角度研究的多，而其他学科的偏少。因此，本课题从乡村振兴背景出发，以经济落后县新田县为案例来研究新型职业农民培育，具有跨学科、实证的特点，具有重要的选题价值。

一、乡村振兴背景下新田县新型职业农民培育的现状及特点

新田县位于永州、郴州和衡阳三市的交界处，目前仍然是全省乃至全国的“三无”县（没有铁路、高速、机场），交通封闭、资源贫匮、地形复杂，仍然是一个传统的农业大县。[①] 随着大量优质的劳动力外流，大量的农田抛荒，农村空心化日益严重。面对严峻的现实挑战，新田县结合乡村振兴战略和国家脱贫攻坚的任务，按照新时代新型职业农民培育的要求，在载体平台、培育方式、培训模式等方面不断探索创新，近年来总共培养新型职业农民近 3000 名。学员用学到的技术回乡就业、回乡创业，有些成为当地农业生产的种养大户、致富能手，有些成为当地农业企业的技术骨干、技术专家，成为一支推动县域经济快速发展的有生力量，这有助于发展现代农业、提高农民素质、切实转变农业发展方式，有助于增加农民收入、发展第一产业、拓宽扶贫思路。新田县新型职业农民培育，具有以下几个方面的特点：

---

① 本书编写组编：《农村承包土地的经营权抵押贷款（试点）工作指南：以新田县为例》，中国农业出版社 2019 年版，第 2 页。

（一）以“党建+产业技术扶贫”为培育模式

新田县委按照市委的调研要求，深入农村精准扶贫第一线，了解民生民盼民愿，贫困群众普遍期盼能学会一门致富的技术，渴望能掌握一技之长，心里才踏实，脱贫致富才有底气。为此，将农民职业教育与农村党员培育相结合，既培养专业技术人才，更加注重党性修养，强化党建引领，把培育目标定位于培养职业技术人才，又培养党员和后备干部，充分发挥党员先锋模范作用，筑牢党的基层战斗堡垒。2019 年，开设了“党建+新型职业农民培育”专题班（385 人）、党员致富带头人培训示范班 3 期（205 人）、党组织书记培训示范班 6 期（224 人）、农民大学生实用技术培训班 4 期（273 人）。每期第一课安排为党课，进行党的知识、政策法规等内容的学习。

（二）以种植、养殖、农村电商为培训内容

新田县紧紧围绕新型职业农民的内涵和特征，在革新教学内容上下功夫、做文章，改变过去培训内容学非所盼、听而无味的做法，在广泛调研的基础上，结合本地农业优势和农民实际需求、市场需要，开设了现代种植、现代养殖、农村电商 3 个专业班次，实现了“大水漫灌”向“精准滴灌”的转变。专业课程以现代种植、现代养殖、农村电商为主，同时开设农村政策解读、基层党建实务、乡村治理、村级集体经济等公共课程。现代种植主要开设林果、蔬菜、食用菌、花卉、中药材、经济林等生产技术；现代养殖主要开设生猪、家禽、水鱼、草食动物等生产技术；农村电商主要开设合作社管理、现代互联网维护、农村电商实务、电商营销、农资采购、农产品物流等技术。2018 年，共开设 23 期，共 890 人，其中，现代种植 307 人，现代养殖 293 人，农村电商 290 人。

（三）以“中心+基地”为培育载体

目前新田县新型职业农民的培训工作主要是对接市级统一培训机制的模式，将理论教学、现场观摩和实践操作有机结合起来。具体来说，主要依托市农村党员和青年培训中心，以及 53 个实践教学基地进行教学，包括 37 个种植示范基地、7 个养殖基地、2 个农村电商基地、4 个美丽乡村示范基地、1 个扶贫示范点。“中心+基地”形式将课堂理论知识和基地实践相结合，从课堂教学转向现场教学，突破了传统的“课堂学、书本学”的模式，坚持实践为主，突出现场互动教学，把课堂设在了“田间地头”“工厂车间”，真正手把手教、面对面学，达到了学以致用、学有所用、学有所长的培训目标。

（四）以农村党员和优秀青年为培育对象

改变过去广撒“胡椒面”的方式，将有发展潜力和创业基础的农村党员和优秀青年

作为培育的重点对象，同时将建档立卡贫困户纳入其中，做到乡村振兴和脱贫致富的有机结合。由村“两委”、驻村帮扶工作队深入农村宣传、动员、调研，确定有发展潜力的青年农民和农村党员作为重点培养对象，再结合个人意愿，自愿报名，再由政府部门认真遴选确定为正式的培育对象，确保了培训质量，起到了引领脱贫致富、实现乡村振兴的“火种”效应。例如，龙泉镇新屋场村的刘道忠回乡创业，希望带领家乡人民脱贫致富，报名参加了“党建+产业技术扶贫”培育班，将所学知识技能应用到富硒蔬菜种植上，不断拓宽产业链条，建立了生产车间，已经成为远近闻名的致富能手。

（五）以当地党委为主导的培育管理机制

转变过去农业部门主管并负责的机制，建立起当地党委统一领导、组织部门牵头负责、相关职能部门协调配合的培训机制。从培训规划设计、培育对象摸底、学员名单确定、学员申报、学员考核、建档管理、培育费用等方面进行统一管理、统一监督，避免了多部门参与难以协调的局面，保障了培育工作的有序展开，收到了良好的效果。[①] 在县委坚强领导下，出台了相关文件通知，规定了培育对象的选拔程序、名额的具体分配、每期的学员名单把关、培育费用的执行标准等，所有的培育费用都由市、县两级财政承担，对优秀学员，颁发专项技能培训证书，并给予一定奖励。

二、乡村振兴背景下新田县培育新型职业农民的紧迫性

（一）落实国家政策、维护国家战略安全的迫切需要

习近平总书记强调：“中国人的饭碗任何时候都要牢牢端在自己手上。”要解决好这一根本性问题，关键在于有一支“懂经营、善管理、爱农村”的高素质人才队伍。2012年中央一号文件首次提出“大力培育新型职业农民”，进一步将我国新型职业农民的培育上升到中央决策的高度。农业农村部《“十三五”全国新型职业农民培育发展规划》明确规定，到2020年，我国培育新型职业农民的目标数量要超过200万。本县是传统的农业大县，第一产业占比高，从业人员多，自开展新型职业农民培育以来，先后培育2817人次，2017年840人，2018年890人，2019年1087人，参培总数占总人口的比重为0.006%，与国家政策的要求还有差距，无论是培育人口总数还是占比，仍然有较大的空间。

（二）贯彻落实乡村振兴战略的必然要求

长期以来，在“一元化”体制的影响下，依靠牺牲乡村的代价换来城市的现代化，

① 王西琴、陈秋红：《新型职业农民论：源于湖南省永州市的实践》，中国人民大学出版社2018年版，第6页。

与城市的繁荣发展、兴旺发达相对应，是农村的凋零、农业的滞后、农民的贫困，随之引发的粮食安全、生态危机、治理失效等问题日益严重。而这一系列问题的解决，最终依靠的还在于“人”的因素、“人”的现代化。正如2018年发布的《关于实施乡村振兴战略的意见》所指出的：“实施乡村振兴战略，必须破解人才瓶颈制约。”新田县位于湘南阳明山余脉，是一个典型农业县，水不成系、田不成块，经济水平在全市排名处于“八九不离十”的位置，是一个经济欠发达区。要紧紧抓住精准脱贫和乡村振兴战略的机遇，培养一支农村人才队伍，使之成为引领产业兴旺的生力军、倡导乡村文明的主力军、传播现代科技的排头兵、践行乡村自治的先锋队和实现农民脱贫致富的领头羊。

（三）解决“谁来种地、怎么种地”的现实需要

随着工业化、产业化、城镇化、信息化步伐的加快推进，农村大量人口的外流，使土地失去了坚定的“坚守者”，农业发展失去了“主力军”，土地由“谁来种、如何来种”“农村由谁来建设”等紧迫问题应运而生。截至2019年，新田县总人口45万左右，人口结构比例是“三三三制”，三分之一的人口在农村，三分之一的人口在县城，三分之一的人口在外务工。由于大量年轻的劳动人口外出谋生，留在农村从事农业生产的大多数是老人、小孩、妇女，大片的优质农田没人耕种，抛荒现象很严重。更为严重的，随着老一辈懂农业技术、有生产经验的传统农民逐渐老龄化，退出历史舞台，新生的农二代、农三代已经对从事农业生产没有兴趣、没有记忆，不仅不愿种地，更不能种地、不想种地，正所谓“‘70后’不愿种地、‘80后’不会种地、‘90后’不提种地、‘00后’更不会想！”

（四）促进农民增收致富、发展现代农业的战略任务

当前我国农业正处于传统农业向现代农业转型、过渡的关键期，农业是最薄弱的环节，是现代化的短板，现代农业是技术资本人才密集型产业。但是自给自足的小农经济、家庭经营仍然占据农业经济的绝对比重，与现代农业发展的集约化、规模化经营不相适应。尽管近年来，社会资本、金融资本开始“下乡”，广阔田野成为投资兴业热土，农村土地流转开始加速，规模经营“雏形”显现，农业生产表面上似乎“风生水起”，但实际上不少下乡企业（公司）、种植大户都是亏本经营，有些甚至是打着幌子骗政府补贴，不但伤害了农民的感情也阻碍了农业的规模生产和集约经营。要加快现代化农业建设的步伐，增加农民收入，促进产业提档升级，迫切需要依靠科技进步和涉农人员的素质，落实加快培育新型职业农民工程，让农民成为“有尊严、有吸引力”的职业。

三、乡村振兴背景下新田县培育新型职业农民的问题

(一) 农民素质偏低，培训意愿不强

从历史角度来看，农业是一种自给自足的经济形态，农民形成了“安贫乐道”“小富即安”的定势思维和意识，不易接受新鲜事物、新知识、新观念、新技术，加之城镇化的快速推进和“读书无用论”的死灰复燃，农村大量年轻劳动力流失严重，留在农村的人口以老人、妇女、留守儿童为主，社会上称为“386061 部队”，形成了老人农业、妇女农业、儿童农业，绝大多数没有受过高等教育和正规的职业教育，总体素质偏低。

(二)“等靠要”思想严重，培训进度缓慢

新型职业农民培育本质上是实现农民由“身份”向“职业”身份转换，变“输血”为“造血”的过程，但受传统观念影响，农民群体“等靠要”思想严重。对于农民来说，新型职业农民是一个新鲜东西，对党和政府的宣传动员大多数持观望态度，甚至冷嘲热讽，认为培训既浪费时间，又浪费金钱；有些农民抱着“搭便车”的心理，“守株待兔”不主动，总希望不劳而获，害怕担风险、损利益，看不到长远利益；有些农民即使参加了培训，也是抱着“贪小便宜”的心理，只是为了每天培训的补贴和小礼品，纯粹是打发业余时间和多拿补助，并未认识到参加培训对提高自身素质、增收致富方面的作用。

(三) 方式以灌输为主，培训效果不佳

从实践情况来看，各地新型职业农民培育仍然采用大班制式的集中教学为主，以传统讲授法为主，教师照本宣科，且培训时间不合理，周期偏短，培训方式过于走形式，过于浅层化、表面化。而受农民朋友普遍欢迎的“土专家”“田秀才”现身说法、田间地头“手把手育”、现代化车间实地参观考察等“体验式”接地气的方式，则采用得较少。这种脱离实践、缺少互动的“灌输式”“填鸭式”教学方式，虽然省时省力，但是，农民不易接受，印象不深刻，甚至于心理上反感，导致培训效果不佳。

(四) 内容与实际相脱节，培育质量不高

新型职业农民属性决定了很强的农业相关性，具有较强的个性、专业性，培训内容必须遵行乡土特征、农业生产规律来进行科学规划、顶层设计，但现实中培训内容与农民需求相脱节、与农业生产相脱钩、与乡村乡土相脱离。一是师资水平有限，课

程设置陈旧，内容更新慢。例如，一些机构培训采用的课程、课件，仍然使用几年前，甚至十几年前的教材、软件，教员只是机械地用电脑播放 ppt。二是培训内容针对性、实用性不强。重复培训、低水平培训，培训内容千篇一律，大多数是“大路货”“水货”，满足不了农民个性化需求，农民学不到实用的知识技能。三是部分农民年龄较大，接受力不强，有些人主动学习不够，存在“要我来培训”“要我来学习”的想法，缺课、旷课、请假现象严重。

（五）土地细碎化，产权分散，培训需求不大

近年来，尽管政府先后出台了鼓励农村土地流转、发展规模经营的政策，但由于受传统思想文化观念的束缚，农民恋土情结严重，土地仍然是农民的命根子，是生活保障的最后“一道防线”，所谓“手中有地，心中不慌”。由于土地流转价格偏低（一亩几十元至二百元不等），农民不愿意土地流转，更为重要的，农民担心土地流转后，会失去自己的产权，宁可自家的田地荒芜和粗放经营，也不愿将土地流转出去。另外，境内地形复杂，山地交错，谓之“五分丘陵、四分岗地、一分平原”，土地处于零星分散状态，集中连片难度大，这使得规模经营和机械化作业难以成型，也使新型职业农民“无用武之地”。

（六）思想认识不到位，培训力度不强

从社会层面看，长期的城乡二元结构的存在，农民成为地位低下、收入不稳定、素质差的代名词，受这种固有偏见和落后思想的影响，社会上有些人认为新型职业农民是传统农民的“旧瓶装新酒、换汤不换药、花哨子”，而不是人格有尊严、生活富裕、社会有保障的全新的固定的职业选择。从政府层面来看，认为农民教育培训投入大、工作重、周期长、见效慢，可以“等一等、放一放”，对新型职业农民培育工程的政策把握不准、认识不足，缺乏主动性和前瞻性。从个人层面看，受“重工轻农”传统观念影响，大量有技术的高素质年轻劳动力，选择外出广东、江浙沪、长沙等地打工谋生、买房置业，而选择返乡创业、回乡务工、回乡培训则不易。

（七）缺乏顶层设计，培育机制不健全

一是培训资源分散。新型职业农民培育工程牵扯面广、工程浩大，涉及的职能部门有农业、科技、教育、劳动、人社、扶贫、财政等 10 多个部门，各自为政、条块交叠，“一人一把号、各吹各的调”，未能形成统一的规划和管理，培训资源难以整合。二是境内“带农”“涉农”院校（学校）少，目前县域只有职业学校 1 所，开设涉农专业，面向的是在职学生，目前培训任务只能委托市级的工贸学校和青年农民培训中

心来完成，没有固定的教学基地和稳定的师资队伍，满足不了大规模培训的需要。三是后期跟踪服务不足，对新型职业农民的认定标准模糊、后期管理不当，认定后如何使用，以及后期教育、再培训等问题认识不清，导致新型职业农民证书“含金量”低，长效机制尚未建立。

四、乡村振兴背景下新田县培育新型职业农民的对策

（一）以身份职业化为方向，打造新型职业农民培育的多元主体

1. 培训一批

以当地党委（政府）为主导，以目前境内从事农业生产为主要经济来源的群体为基数，通过村民自愿报名和政府筛选的方式，认真遴选一批素质过硬、经验丰富、具有一定威望的村主干、农村党员、优秀青年农民、致富能手、种养大户等作为培训对象，形成“培训一批学员、带富一方山水”的“火种效应”。

2. 引进一批

紧紧把握当前大学生相对过剩、就业较困难的形势，出台更加优惠、更加灵活的人才政策，与大专院校（特别是农业院校）相对接，引进一批农业院校、大专院校、职业院校的青年学子流向农村或农业企业，作为最佳培育对象，让新生代来种地。另外，退伍军人视野开阔，有较高的文化知识水平，对乡土具有一定的眷恋，亦可作为重点引进对象。

3. 转化一批

打好“乡情牌”“事业牌”“乡愁牌”，引导农业企业负责人、家庭农场主、农民合作社带头人、农业龙头企业骨干、农业职业经理人、外出致富能人、退休老干部、事业单位专业技术人员等新乡贤群体到乡村和企业挂职、兼职、作技术顾问，从而吸引更多的资金、技术、人才向乡村流动，投资农业生产和从事农业管理，回乡创业。

（二）以终身教育为目标，构建新型职业农民培育的长效机制

1. 建立统一的培训平台

成立由科技、农业、教育、财政等多部门组成的农民培育工作领导小组，统筹各类教育培训资源，以农业主管部门、各农业推广服务机构为培训机构，以县职业中专、县委党校、广播大学等为教学场地，投入相应的资金购买必要的桌椅、投影仪、电脑、话筒、音响等电教设备设施，满足培训需求。

2. 成立稳定的师资队伍

根据教学需要选择相关人员授课，组建一支多元的稳定“土洋结合”的教学师资队伍。一是聘请高等农业院校、科研院所和农技推广部门的专家、学者、技术人员作为兼职专业教师；二是根据农业实际，充分吸收本地的党政领导干部、企事业单位领导干部、科技特派员、“土专家”“田秀才”等，作为教育培育的优质教师；三是积极邀请当地的农业企业家、种养大户、先进模范人物、返乡务工经商能人、技术能手等进行“现身说法”。

3. 打造长久的实训基地

在东升农场和远鸿菌业两个市级实践教学基地的基础上，打造以龙家大院、彭梓城、乐大晚村、厦源村、骆铭孙村 5 个传统古村落为农村电商、文化旅游基地，以小源会议旧址、蒋先云故居等为党性教育基地，以云溪欧家村为新农村建设、乡村振兴示范点等现场教学基地，实现“手把手教、面对面学”。

（三）以增强实效为关键，保障新型职业农民培育的实际效果

1. 因地施策，结合本地特色

县内分为北部山区和南部丘陵两类，各个乡镇有其主导产业和种养特色，北部是阳明山余脉，为山地类型，是门楼下乡、金陵镇和骥村镇的一部分，传统上以林业、瓜果、养殖为主；南部丘陵地带是烤烟、水稻、大豆、油茶、柑橘的主产区，且形成了陶岭镇的三味辣椒、新圩镇的水稻、三井镇的大豆基地和枧头等地的烤烟品牌，因而农民教育培训须结合当地实地情况和特色产业来进行。

2. 因人施策，结合学员特征

参培学员的年龄、学历、经验、需求等方面各异，学员特征也是取得培训成效的一个变量。对于年长的农民来说，接受理解能力较差，可以开设一些种养、电商运作等基础性课程；对于年轻的农民来说，可以开设农业新技术推广、农村旅游服务业和电子商务等课程和知识，以提高其综合素质；对于一些具有一定经营经验和生产技术的新型经营主体，培训重点可放在如何进行生产经营、市场销售、品牌建设、信贷融资等内容，掌握各项先进的农业科学技术和经营理念，成为新型职业农民的带头人。

3. 因时施策，结合农业特性

新型职业农民本质上是一种职业农民，是从事农业生产的主体。农业生产具有一定的季节性和专业性，而且各个时期的工作也比较繁重，很多农民反映，他们没有较长的空闲时间参加培训。因此，农民培训工作一是内容要专业化，减少理论课程，注

重实用性，通过现场教学来提高知识水平、农业技术水平和改善其农业生产经营管理能力。二是针对农民没有时间参加培训的问题，培训节点可错开农忙时间，适当缩短培训周期，另外可以采取送教下乡、进村办班和远程教育等形式来完成，使农民在家门口就能接受正规化、系统化的职业培训。

（四）以需求导向为根本，优化新型职业农民培育的课程体系

1. 以农民需求为导向

农民是从事农业生产、农业管理的第一主体，最有发言权，内容设计、课程设置上要遵循农民需求规律和个性特征，必须“接地气”，才能让农民乐于学习、快速掌握。一般而言，农民对种植养殖技术、品种培育、田间管理、现代农业科技方面感兴趣。但是，农民总体素质较低，且具有根深蒂固的“小农”情结，加之群体知识结构、年龄、身份地位上的差异，农民对培训内容的认识也具有一定的差异和局限，这要求主管部门搞好顶层设计，集思广益，统筹规划。

2. 以市场需求为导向

新型职业农民不仅是农业的主体，也是市场的主体，是否具有市场意识，是判定现代农民与传统农民的重要标准。从诸多的实践来看，农民种植养殖没有市场调研的前期谋划、价格预测，缺少基本的市场风险意识，不是根据市场需求来决定生产，而是根据市场价格行情蜂拥而上，农业生产具有很大的随意性和盲目性，往往是“贱价伤农”。新型职业农民培育内容上应着重安排经济学、市场运作、品牌包装、电子商务、现代物流、市场营销、商业保险、资本运作、企业管理等课程，增强农民的市场意识和抵御市场风险的能力，引导农民走市场之路。

3. 以农业需求为导向

农业生产具有很强的专业性、实践性，要改变以理论课程为主的内容设置，除了必要的党性、政策法规课外，课程设计围绕专业特色，重点开设国家农业政策、土地政策、承包制、“一号文件”、土地流转、乡村旅游、乡村振兴战略、创意农业、休闲农业、农业技术等相关课程，让农民了解现代农业的发展趋势、熟悉党的强农惠农政策、掌握现代科技等知识技能。教学形式也尽量安排在田间地头、农业企业（公司），请农业专家现场“传经授业”，解难题、答疑惑。

（五）以科学使用为支撑，保证新型职业农民培育的内生动力

1. 农业上的使用

本地的烤烟、大豆、林木、水稻、蔬菜种植上有一定的历史传统和生产优势，又

加上本地土壤含有的天然硒锶元素，近年来富硒大豆、富硒蔬菜品牌在市场上走俏，深受粤港澳等地的欢迎，也诞生了一批像东升富硒农业公司一样上规模、上档次的龙头企业。引导新型职业农民选择本地特色的烤烟、大豆、蔬菜作为主导农业和特色产业，或者从事乡村旅游、农村电商，或者到农业企业当技术工人，培养一批种养大户、农场主、技术带头人、致富能人、乡村导游等，让新型职业农民在农村的大舞台上“有用武之地”。

2. 政治上的使用

新型职业农民具有强烈的乡土情结，不仅想在农业领域干一番事业，而且具有较强的政治参与意识，也希望在政治上能有所建树。在农村入党、参军方面要大开方便之门，优先考虑党性意识强、作风硬、本领强的新型农民；选择一批纪律强、年龄轻、具有一定知识文化的新型农民充实到村“两委”，作为党的后备干部；在公务员和事业单位招考中，建议降低门槛，为新型职业农民队伍适当设定特定岗位，也可以组织单独的面向新型职业农民群体的考试，选拔优秀人员，充实到干部队伍中来。

3. 企业上的使用

目前，县内工业园形成了以林业、小型机械、特色养殖、电子产业为主的布局，其中林丰林业、南有新田菌业、东升富硒农业、凤神茶油、闽新板材、加一农业等11家企业先后被授予市龙头企业，还引进凯威电子等现代化企业，都面临着缺乏有一定经验、知识的熟练工人、技术工人、管理人才的问题。政府部门应出台鼓励农民进城务工政策，完善工资薪酬、住房保障、小孩就学等方面的配套措施，推荐和引导新型职业农民就地就业、返乡就业或自主创业，作为现代农业企业（公司）的骨干，既解决企业用工不足的现实问题，也是其施展拳脚的平台。

（六）以政府扶持为重点，筑牢新型职业农民培育的保障机制

1. 制定优惠政策

把各项优惠政策与职业农民挂钩绑定，把现有的强农惠农政策和涉农项目向新型职业农民倾斜，在土地流转、金融信贷、农业保险、信息服务、资金支持、社会保障、人才引进、农机购买等方面出台新型职业农民独享的优惠政策，以政府扶持促培育。

2. 设立专项资金

继续加大财政资金的扶持力度，设立专项扶持资金，用于培训中心、培训人员的开销，对于参加新型职业农民培育一律免费。对获得资格认定的新型职业农民发放一次性奖励5000元（市级标准），对获得更高级别证书的新型职业农民可在原来基础上翻倍，一次性发放奖励10000元。

3. 成立专业协会

学习借鉴相关行业的做法，熟悉国家的法律法规，在新型职业农民队伍中成立协会组织，选举出代言人，在新型职业农民培训、经费保障、人才使用、劳动就业、工资待遇、农产品议价等方面维护自己的权益，积极向政府献计献策，使新型职业农民向正规化、组织化发展。

4. 优化社会环境

把传统媒介和现代媒介结合起来，在城镇、农村、道路等醒目的地点张贴宣传栏、海报、条幅，也可运用宣传车、电视网络、手机短信和自媒体等方式进行宣传，每年评选一次新型职业农民成功事迹、先进人物，开展一次致富能手评选表彰活动，举办一次农事节庆活动，培育一批新型农业示范点，让全社会感受到新型职业农民的伟大、体面。

（七）以精准管理为抓手，推动新型职业农民培育的科学规范

1. 完善认证机制

新型职业农民是有门槛的职业，要成立党委领导下的组织部门、人力部门、农业部门、教育部门等多部门参与的认定机构，出台新型职业农民认定管理办法，完善认定程序，由个人自愿申请，当地党委根据学员年龄、学历、知识技能水平、现有产业规模和生产经营收益以及参培的学业成绩、综合素质等进行把关，核实相关信息，认定结果上报相关部门，核准后统一制证、颁证，并在全国联网公示和备案。①

2. 实施动态管理

新型职业农民要“能进能退”“能升能降”。一方面要设立新型职业农民数据库，建立年度考核和晋升制度，对条件符合者，鼓励申请中高级资格证书，进一步加大帮扶力度；另一方面，建立淘汰退出机制，对于不符合条件、无心从事农业工作、考核不合格或有其他违法行为的人员，注销资格证书，取消享受的优惠政策，倒逼新型职业农民自我学习，自我完善。

3. 做好跟踪服务

新型职业培训不能“一培了之”，而是有一个后续的长期跟踪过程，才能避免新型职业培训工程停滞不前或者倒退，确保参培的农民在实践中学以致用、不断成长。一是充分利用“互联网+”技术，通过微信群或QQ群，建立“专家—学员”信息交流平

---

① 农业部科技教育司、中央农业广播电视学校编：《2016年全国新型职业农民发展报告》，中国农业出版社2017年版，第241页。

台，全方位、多手段开展跟踪服务工作。二是组织专家学者、技术专家，打造“流动课堂”，定期到农业现场、生产基地进行答疑解惑，实地指导，让农民成为尊严的职业、让农业成为有奔头的产业。

（八）以“线上线下融合”为契机，创新新型职业农民培育的教学方式

1. 课堂式教学

目前，新型职业农民培训需求大，人数多，而教学资源相对匮乏，课堂式教学仍然是最佳选择。但是，需要进一步完善的地方有：一是邀请和委托有经验、有技术的农业院校的专家、科研机构的技术人员作为专业授课教师，解决师资水平低的问题。二是根据本地发展特色和参训农民的特点，有针对地灵活安排课程，在教学内容上更“接地气。”三是课堂中应注重学员的参与，增强互动性，让学员“说一说”，大家一起讨论、发言、交流技术和经验，互通有无。

2. 实践式教学

目前参与培训的农民自主学习性较差，处于一种“要我学”“被培训”的状态，提不起学习兴趣，达不到效果，原因在于教学过程中缺乏互动性，缺少参与、缺少体验。因此，在设计教学内容和安排课程时，要多多听取学员的意见，农民需要什么、喜欢什么就安排什么。教学点要多安排在农业生产基地、美丽乡村和农业企业（公司），让学员“走一走、看一看”，所谓“耳听为虚，眼见为实”，在实际中学、在比较中学、在反思中学。

3. 在线式教学

新型职业农民的培训是一个动态、可持续的过程，但受到农业生产周期性的影响，以及农村相对封闭、交通不便，传统的线下教学有一定的局限性。因此，可以和大型农业科技公司合作，利用智能手机、手提电脑、平板电脑等打造自主学习和接受再继续教育的移动学习平台（例如隆平高科的“云上智农”），开设“远程课堂”“在线课堂”“空中课堂”，集学习、咨询和服务于一体，引导农民下载学习软件，打通新型农民培育和农业信息化传播“最后一公里”。

欧利仁、汪萍洋均系中共新田县委党校讲师。本文是2020年湖南省党校（行政学院）系统社会科学规划课题结项成果。

新田县湘南农旅文化小镇可持续发展研究

孙冰露　黄海迪

建设顺应时代发展潮流的特色小镇是推进以人为核心城镇化的重要节点创新，也是实施乡村振兴战略的支撑点和着力点。自2016年《关于开展特色小城镇培育工作的通知》提出到2020年建设1000个突出自身特色的小城镇以来，全国各省市纷纷响应，出台各类政策，对特色小镇建设展开大胆探索。截至2018年，全国特色小镇试点403个，省级创建的特色小镇更是多达2000个。在数量剧增的同时，特色小镇建设过程中地产化、空心化、同质化等问题也显现出来。为此，国家层面出台《关于规范推进特色小镇和特色小城镇建设的若干意见》，规范特色小镇持续健康发展。随着政策收紧，特色小镇发展也适度降温，逐步回归理性。

一、特色小镇的相关概念与特征

（一）特色小镇提出与内涵

特色小镇概念最初是由浙江等地于2014年为解决“块状”经济出现的缺乏创新、产业低端、发展方式粗放等问题而提出的。而真正作为一项独立的研究课题则源于配合浙江省特色小镇的规划建设。2015年习近平总书记在考察浙江时充分肯定了其特色小镇的实践经验，指出特色小镇建设对经济转型升级、新型城镇化建设都具有重要意义。自此，特色小镇开启了走向全国的模式。

综合当前政策文件及学术界的研究成果，对于特色小镇并未有明确的定义。在浙江的建设探索中，特色小镇定义为相对于市区，具有明确产业定位、丰富文化内涵、旅游观光和社区居住功能兼备的发展空间平台。住房和城乡建设部则将特色小镇界定为产业特色鲜明、环境和谐宜居、文化特色彰显、设施服务便捷完善、体制机制充满活力的建制镇。不论是非镇非区的功能平台，还是建制镇，均只是特色小镇空间界定的差别，而特色小镇的实质则为具有某类特色元素的聚集区，利用最小的空间资源实现区域生产力最优化布局。特色小镇理念的提出是为解决产业转型升级和推进新型城镇化，因此，特色小镇必须具备两个重要特征：发展特色产业和融合高端要素。通过推进产业功能、文化功能、旅游功能、社区功能的融合，为区域居民创造最佳的物质、精神、文化、生态等环境，发展成为区域经济发展的辐射中心点，其发展的出发点和落脚点就是增进人民福祉，协调区域经济，实现人的全面发展。

（二）农旅文化小镇定义与特征

关于特色小镇的类型，学术界并未给出统一的标准，但基于特色小镇建设的实际需要，学界通常采用特色产业、发展主题、成长路径等标准进行区分。按照产业大致可分为农产品型、制造业型、服务业型。在服务业内部又可分为金融型、创意产业型、旅游型等。随着特色小镇的发展日趋成熟，各行业的融合也不断深入，主导产业+旅游是最常见的特色小镇类型。文旅小镇，顾名思义就是以文旅产业为主导产业的特色小镇。根据旅游产业在小镇发展中的地位，又大致可以分为旅游驱动型和“文旅+产业”双驱型。此类特色小镇一般依托现有的文化旅游资源而建设，同时配置一定比例的商业街、生态旅居等房地产项目来平衡现金流。湘南农旅文化小镇则是以富硒农业为支撑，文旅产业融合发展的特色小镇，属于文旅产业和生态农业双驱动型。

二、特色小镇可持续发展的影响因素分析

（一）特色小镇可持续发展的内涵

“可持续发展”于1987年被首次提出，旨在维护经济发展与生态保护的持久平衡，强调人类可以满足当代人的需求且不损害后代的生存利益。随着时代的进步和发展，可持续发展已经在社会各领域得到广泛应用，并且增加了很多新的内涵。现将可持续发展理念引入到特色小镇建设，主要是为了促进经济社会的发展、提高资源利用率、改善生态环境、提高人民生活水平。特色小镇的可持续性定义为：从规划建设到运营管理，将创新、协调、绿色、开放、共享的新发展理念贯穿整个过程，产业特色突出，文化影响力强，经济社会发展和生态环境保护实现动态平衡。

（二）农旅文化小镇可持续发展的维度分析

特色小镇有别于过去的政策区，要有突出的发展主题，需通过各类政策工具对符合这一主题的资源和要素进行空间组合，新发展理念贯穿始终，体现个性化、主体化、文化创意特色化的地方发展道路，凸显产业强劲、功能融合、形态精美、机制灵活的

特征。理论研究和实践经验表明，坚持以人为本、以产为基，促进人城产融合发展，是特色小镇的成功秘诀。[①] 从特色小镇的概念和特征来看，产业、文化、功能、生态和制度 5 个维度的能力或特色是特色小镇可持续发展的必要条件。

1. 以特色产业为支撑

产业是特色小镇发展的核心，是带动区域经济发展的动力和引擎。依托本地资源禀赋和产业基础，培育特色产业和构建良好的产业生态链是特色小镇实现差别化发展形成特有优势的关键。浙江德清地理信息小镇之所以成为国家发展改革委推广的第一轮全国特色小镇典型，就是在打造新兴产业集聚发展新引擎上探索出了成功经验。秉承“产业+城市+科技”的发展理念，通过产业生态的构建和产业文化挖掘，以及创新有效的政策保障，吸引了一大批地理信息企业入驻，成功将一片城郊荒地打造成中国地理信息产业的高地。

2. 以特色文化为灵魂

在特色小镇这个新型创业创新共同体内部，不同的行动主体如企业主、居民、公司职员、游客等都有自己的利益诉求，如若缺乏关系联结和文化认同，将阻碍各类生产和消费因素的集聚，从而制约特色小镇的可持续发展。因此，特色小镇规划和建设，需要重视新文化凝聚力的培育，以文化为引领，将文化内化于小镇居民之心，外化于小镇建设之形。通过挖掘独特而丰富的文化内涵推动规划理念创新、建筑风格创新、产业业态创新，更好地传承和弘扬优秀传统文化，[②] 培育现代文化，强化小镇居民和外来人口的文化认同感和归属感，提高特色小镇的持久影响力。

3. 以功能融合为主题

特色小镇不同于传统的产业园区或行政区划单元，是连接城市与农村发展的纽带，依据特色小镇的定义，特色小镇建设应以推动产业集聚和功能融合为出发点，实现职住平衡、人产匹配的状态。杭州玉皇山南基金小镇在发展过程中探索出成功经验。小镇所在地块在 2007 年以前是杭州陶瓷品市场的石材初加工区和仓储区。区政府针对仓库、工厂、民房等建筑陈旧、布局散乱、基础设施残破等问题，在 2008 年启动了综合整治工程，一方面对建筑进行翻新改造，另一方面对地段内的景观进行重新规划设计。同时充分挖掘整个玉皇山南的产业、山水、生态、民俗等资源，打造内部丰富的景观层次，实现了区域生产、生活、生态环境的充分融合。

---

① 温振洋：《促进人城产融合发展 厚植特色小镇产业发展根基》，http：//opinion. people. com. cn/n1/2019/0703/c1003-31209425. html，2019 年 7 月 3 日。

② 李强：《用改革创新精神推进特色小镇建设》，http：//dangjian. people. com. cn/n/2015/0826/c117092-27518806. html，2015 年 8 月 26 日。

4. 以生态保护为基础

良好的生态环境是经济发展的底色，也是聚集高端人才和生产要素的必要条件，还是特色小镇中的大众和企业的共同需要。空间资源是特色小镇的载体。在土地约束日益收紧的情况下，过去的方式早已不适应现在的发展。随着土地供给逐渐缩减，特色小镇对土地利用和空间布局提出更高要求。特色小镇务必要在规划上，坚持底线思维，严守生态红线，充分利用现有土地和生态资源，实现立体化、多元化的空间结构布局。

5. 以制度创新为保障

特色小镇是集经济发展和社区服务于一体的创新空间单元，既需要政府的管理和引导，也需要发挥基层自治组织的作用，既要有行政约束又要以市场为主导、企业为主体。因此，特色小镇既要探索一条符合当前行政体制，又要突破现行行政级别的特色发展道路，要求在治理理念、运营开发模式、具体措施等方面进行探索和创新。要为不同类型的人才提供发展平台，鼓励体制机制创新、科技创新、服务创新的多维立体创新体系，为创业人才打造良好的创业环境。

三、湘南农旅文化小镇概况及发展因素分析

（一）湘南农旅文化小镇建设概况

湘南农旅文化小镇位于新田老城区南侧1公里处，规划总建筑面积达70万平方米，以项目主导建设，由央企中农批电商作为投资主体，选取“大项目支撑、小项目扩张”的方式，围绕“农业、旅游、文化、康养”四大主题，以富硒农产、生态旅居产业为核心不断延续和延伸，规划布局翰林文苑、富硒农特商业街、电商孵化总部、现代农批城，重点打造特色农副产品从生产、加工到消费的闭环，规划布局文化体验长廊、滨江风情街、大型购物广场、康旅基地、生态美宅等，以特色餐饮、文旅休闲、生态疗养等丰富消费场景来延长大众消费时间，全方位满足多元化的消费需求，构建农旅共兴、三产融合的产业生态圈。

项目于2018年8月启动，目前第一期工程翰林文苑已基本完工，占地约5.8亩，文化体验长廊也初具雏形，其中商业街区面积达1.24万平方米，当前正在全力加速工程进度。湘南农旅文化小镇第二期工程现代农批城征地工作正在推进中。整个小镇项目的工程工期达八年，计划2026年完工并全面运营使用，目前属于分区域运营状态。在建设结构和空间布局方面，湘南农旅文化小镇高度重视文化的内在价值挖掘，多次深入新田的古村古宅，对新田本土文化进行实地调研、多方考察等，并联合多省份旅

游文化研究院等专业机构，依据湘南特色文化进行规划设计。如在建的翰林文苑及文化体验长廊均以新田历史、建筑等文脉特征为元素，将现代商业与古街老巷、青砖石板融合一体，在翰林文苑中设置了100余平方米的新田人文古韵展览馆、新田进士旗杆石林，文化体验长廊规划锦衣总宪、建文帝文化馆、古戏台等人文景点，凸显湘南文化古韵。

（二）湘南农旅文化小镇发展因素分析

1. 湘南农旅文化小镇发展的优势

硒锶之乡享有盛誉。新田县是典型的农业县，2019年县地区生产总值达93.3亿元，其中农林牧渔业总产值32.9亿元，占比达35.26%。① 全县近千平方千米的土壤中均含有硒元素，其中含量达到丰富标准的土壤面积达六成。此外已勘察发现3处富含锶元素的矿泉水水源地。因富含硒锶资源，新田还被誉为“硒锶之乡”。借助硒锶资源，在品牌创建上也取得一定成效。多个农副产品获得国家级认证，其中“陶岭三味辣椒”获评国家地理标志保护产品，新田大豆获评“中国名优硒产品”，新田罗汉果、石羊醋水豆腐被评为“中国特色硒产品”。秀峰蔬菜、恒丰粮油、宏旺菌业等多家本土企业成为省内外知名富硒农业品牌。新田还被列为“湖南省优质粮油产业发展特色县”“湖南省优质农副产品（蔬菜）供应基地”。这对于发展高端农产品具有得天独厚的优势。

旅游文化资源丰富。包括以有“传统乡村的活化石”之称的龙家大院、彭梓城、谈文溪、河山岩等古民居为代表的古色文化资源，以革命老区及“黄埔三杰”之首蒋先云、抗日名将郑作明、工会先驱萧明等革命先辈为代表的红色文化资源，以有“新田八景”的福音山国家森林公园、素称“小桂林”的古洞石羊、佛道圣地南国武当山、南国第一堡大冠岭古堡、南国第一泉鹅井等为代表的绿色旅游资源。新田历史悠久，人文厚重，境内发现的古遗址达54处之多。历来尊师重教，宋代到清末新田人中进士的就有34人。20世纪60年代，新田人还赢得一代伟人毛泽东“南有新田”的赞誉。新田丰厚的人文景观和自然资源，为新田旅游发展奠定坚实基础。近年来，县旅游产业不断实现新突破，2019年全县全年共接待游客386.9万余人次，实现旅游收入30.5亿元，游客接待人数、旅游收入同比分别增长13.1%、13.9%。②

项目主导活力迸发。中农批电商是我国“三农”领域重要的国有控股企业，是中国供销系统农批市场的服务运营商、信息集成商。目前已签约或在建的涉农现代化流

① 新田县年鉴编纂委员会：《新田年鉴》，团结出版社2019年版，第78页。
② 新田县年鉴编纂委员会：《新田年鉴》，团结出版社2019年版，第69页。

通平台达50余个，具有强大的农产品流通大数据库和丰富的项目运营经验。从国内外项目主导的特色小镇建设成功经验来看，以企业作为投资主体的运作方式，尤其是对于经济基础薄弱的市县，能有效解决建设过程中的投资难问题，同时更好地释放市场活力和企业竞争力。

2. 湘南农旅文化小镇发展的劣势

交通设施建设落后。新田县境内地形复杂，四面环山，境内无铁路、高速、航运，二广高速和许广高速临县而过，湘南农旅文化小镇距离两条高速最近的互通口平田收费站和流峰收费站的距离均超30公里，连接路段为省道，弯多路窄，实际驾驶通行时间一般需要一个小时，交通不便一直是制约新田发展的短板。就湘南农旅文化小镇周边来看，项目位于新田城郊，开发程度整体偏低，基础设施和服务配套基础较差，项目周边的路网配套滞后。项目位于交通干道新嘉公路和公园西路岔路口，其中新嘉公路为二级公路，双向仅两车道，道路过于狭窄，加上县区摩托车、电动车等交通工具占比大，道路通行压力和安全隐患较大。后期随着项目的逐步推进，车流、人流将进一步增加，对周边路网配套的要求将更高。

现代农业基础薄弱。新田县山多地少，大规模种植的条件有限，如以蔬菜产业为代表的农业生产总体规模较大，但连片种植的核心基地所占比重不高，产业集中度不够。全县种植的果蔬品种多，但单品的规模较小，地域特色不明显，农业生产总体价值链短，农业产业价值偏低。现代农业产业化经营发展不平衡不充分，大型龙头企业少，小微企业普遍基础薄弱，在品牌建设、创新能力等方面存在明显短板。农业发展的保障设施不够健全，喷灌、温室大棚等各类新技术的运用程度不高，农业科技化、智能化程度低，导致整体农业发展的效率不高，冷链物流等运输行业的保障能力也较弱。

旅游资源开发不足。虽然近年来加大旅游资源的开发投入，但新田整体旅游业仍然存在规模小、结构单一、产品不精的问题。目前新田仅创建了龙家大院和谈文溪两处3A景区，而且景观内容偏少，游客参与和体验的项目几乎没有。景区周边配套滞后，部分景区连接道路狭窄，缺乏旅游交通专用车。景区饮食文化无特色、旅游产品开发滞后，导致旅游产业链短，制约旅游收入增长。此外，旅游资源整合不足，三色资源和民宿特色未能很好地融合。生态景点自然元素多，但未形成系统的宣传，红色景点的历史元素丰富，但观看的景点少，乡村旅游方面则停留在吃土菜层面，对风俗民情的挖掘较少，而且各景点经营比较分散，连接交通不便利，互动性、互补性不够，未能形成完整的景区路线，导致整体旅游价值不明显。

3. 湘南农旅文化小镇发展的机遇

外部环境多项利好。特色小镇是推动经济结构转型、创新经济发展的重要举措，也是实施乡村振兴战略的支撑点和着力点。在乡村振兴战略背景下，特色小镇的发展迎来良好机遇。国家层面，陆续出台多份文件，为特色小镇高质量发展提供指引。省级层面，湖南省于2019年11月发布了《湖南省支持省级特色产业小镇发展的政策意见（2019—2021年）》，重点采取保障建设用地、提供融资支持、降低企业运营成本、强化改革创新、支持重点项目建设、支持开展联合研发、支持引进高端人才、支持就近就业创业、鼓励特色产业链招商、支持物流电商配套、提高产业开放水平、加强规划指导、支持品牌推广、美化人居环境、加强监督考核共15项政策措施，支持省级小镇发展。2020年4月，湘南农旅文化小镇入选第一批全省文化旅游领域信贷重点支持项目，预计提供融资金额5000万元。省文化和旅游厅高度重视和强有力地支持，将高效快速推进小镇项目建设。随着全民旅游、全域旅游日渐风行，文旅产业也将迎来新发展机遇。

农业基础不断夯实。近年来，新田县狠抓产业扶贫，推进产业项目建设，深入实施“十百千万工程”。截至2018年底，富硒农产品示范基地总面积达9000多公顷。计划到2021年整合投入农业发展资金3亿元，打造500亩以上的高标准产业示范基地15个，30—50亩的村级农业产业示范园上百个，构建“一县一特、一乡一业、一村一品”产业格局。大力推动主要农产品标准化生产，制定了富硒蔬菜、大米等农产品生产标准10种以上，农业生产技术规范和操作规程更加完善。新建国家级农副产品安全检测检验中心，初步构建了覆盖农产品生产、收购、储藏、运输等环节的质量安全追溯体系。这将有效扩大县域农特的产业规模，优化农特的品质，高标准保障小镇的农产品外销供给。随着消费结构的转型升级，高端农副产品的消费需求也日益旺盛，这也将是特色小镇大力发展富硒农业产业的有利时机。

交通设施不断改善，S345新田县城至二广高速宁远保安互通一级公路已正式施工，预计建成后，将实现30分钟内上高速。计划打通叠翠街（北）等6条市政道路，加快构建城区“四纵四横”路网格局。另外县委、县政府正努力争取永清广高铁靠近新田设站、兴永郴赣铁路过境新田并设站。随着项目的推进，新田交通短板将逐渐补齐，有效激发经济发展活力。

4. 湘南农旅文化小镇发展的挑战

特色小镇竞争激烈。近年来，特色小镇在全国如雨后春笋，各种类型的特色小镇近千个，这里面不乏特色小镇存在重地产轻产业、重开发轻管理、重商业轻文化的现象，导致特色小镇特色不明显、发展后劲不足，甚至对生态环境造成不可逆转的破坏。为规范特色小镇健康发展，国家发展改革委于2018年决定对已公布的两批403个全国特色小镇、96个全国运动休闲特色小镇，开展严格测评，实行优胜劣汰。最终，419个“问题小镇”遭淘汰整改，403个“全国特色小镇”被要求更名。这也意味着国家对特色小镇的管理政策在全面收紧，不达标的小镇将被淘汰出局，湘南农旅文化小镇的发展也面临更高要求和挑战。

土地供应相对滞后。项目总规划70万平方米，其中计划建设规模达50万平方米（750亩）。截至目前共两次供地合计102亩，其中2018年供地85亩，且包含园艺场、家具厂及部分民房，2019年供地17亩，含有部分坟地。实际可使用土地不足50亩。土地就成了当前建设最重要的投入要素。随着新田“产业项目建设年”的推进，年落地的高质量工农业投资项目需用地达2000亩，耕地占补平衡压力巨大，年度用地指标也日益紧缺，土地总量供给不足。此外，从项目规划来看，所需用地非可直接用地，均需进行一级开发，由于地上物复杂且对环境要求严苛，存在拆迁成本高、难度大的问题，目前政府和企业正就相关土地的一级开发方案商讨，方案审定到执行的效率也将直接影响到农旅文化小镇的建设进度。

城市品牌建设不足。新田是天然有机硒锶之都，但目前新田城市品牌建设不足。新田最新的宣传片于2018年1月在腾讯视频发布，系统展示了新田的“三色”资源及硒锶物产，但截至目前仅有3万多人次播放，对比央视、省级电视媒体的影响力，品牌推广十分有限。同时，由于拍摄时间距今较长，所宣传的内容不足以表现新田现有的风采。湘南农旅文化小镇旨在打造新田品牌，但目前全县的公共宣导有限，全县共有5块户外电子显示屏，但主要用于政策主题宣传和楼盘商业广告等，县际交会路口均由政府设立了大型广告栏，但通常也仅用于各时段的主题宣传和政策宣传，如“新中国成立70周年”“精准扶贫”等，总体而言，整个新田县城市品牌及农旅文化小镇的宣传较少，城市品牌运营的氛围不够浓郁，对于项目的运作扶持力度较弱。

四、湘南农旅文化小镇可持续发展建议

湘南农旅文化小镇尚处建设初期，需要深度剖析SWOT分析模型，因地制宜、取长补短，探索可持续发展机理。

（一）加强顶层设计和部门联动

特色小镇项目和一般的产业招商项目不同，在项目数量及横向纵向关系上有更高的要求，尤其是三生功能融合方面。这需要政府在引进项目基础上，在项目实施的各个环节科学指引和有效监督。湘南农旅文化小镇以中农批电商为投资主体，要突出企业的主体地位，保障特色小镇的市场化运营。引导企业有效投资，避免项目简单堆砌和碎片化开发，在设计和功能上对标一流、扩大高端供给，激发企业家成长力和人民消费需求。此外，政府在政策落实方面，完善组织领导体系，加强部门联动，将公务

人员、专业人才等资源进一步下沉，加强对小镇建设的专业指导和运营支持。同时建立高效的政务服务系统，进一步简化审批流程，深化审批服务，实行项目决策程序与审批程序并行，采用规划、国土、园林、水利等部门提前介入进行审批等措施，变“串联式”审批为“并联式”审批，缩减审批流程，提高审批效率，加快推进小镇项目建设。

（二）加强产业集聚和结构升级

特色产业是特色小镇存在和发展的物质基础和动力源泉。湘南农旅文化小镇规划主打生态农业和文旅产业，要紧抓中农批电商“百县百品”活动机遇，依托资源禀赋及农副产品加工等条件，支持乡镇企业发挥更大作用，利用富硒农特商业街、现代农批城建立知名的农特产品品牌和优质的供销基地。借助全域旅游发展契机，将特色乡镇建设融入湘南地区旅游业发展的整体布局。联合政府部门和旅游企业开发创意旅游景点项目和特色文创产品，打造精品旅游线路。如围绕“孝文化”“廉思想”，开发国学文化体验活动和廉政文化教学实践等。通过设立创新服务大厅和县旅游集散中心，完善旅游公共设施和服务。同时，依托投资链、创新链、人才链、服务链等要素为产业转型搭建创新平台，围绕产业特色提升招商引资的力度和层次，创业孵化基地积极引导技术、人才、资本等关键要素的集聚，通过示范工程培育本土骨干龙头企业和扶持一批中小型企业。积极承接产业转移，通过产业链、投资商会等多渠道多方式引进关联性强、辐射力强、带动能力强的产业项目，提升产业的集聚度和完善产业链，发展循环经济和高端绿色农业，加快传统产业转型升级。

（三）加强环境保护和功能融合

在土地约束日益收紧的情况下，特色小镇要实现经济与环境、产业与城市、自然与人文的有机融合，就必须探索多样化和多维度的空间布局。建设中的湘南农旅文化小镇必须在建设理念、设计方式方面实现创新，探索多样化的空间结构，防止千篇一律。要以维护生态安全为底线，保存完整的孝文化公园、青云公园及新田河的原始生态环境，并充分挖掘区域内水系、绿廊、公园等生态要素，明确开发强度。同时按照不同产业对密度的要求，高效组合三生要素，以疏密搭配的方式将各种产业功能区进行组合。目前新田河在小镇区域仅有一座连接桥，不利于小镇商业功能区与观光休闲区的融合，需要合理规划和创新设计孝文化公园与特色小镇商业街区的连接纽带。此外，要实现产业发展与社区营造并重，加强基础设施和公共服务设施建设，如不断完善小镇辖区内的教育、医疗、金融、会务、健身等设施，细化功能空间形式，采用整合、叠加及聚集等多种范式，实现资源利用最大化，优化日常出行最小半径，创造生产生活满意的新型社区。

（四）加强品牌管理和区域营销

湘南农旅文化小镇的竞争力来源于通过新田独特的硒锶农产品、古老农耕文化特色形成的区域竞争力，这种竞争力需要经过品牌打造和市场营销才能转化为地区发展能力。小镇尚处于建设初期，主体功能模块还不完善，这就需要加强新田城市品牌建设，强化“南有新田”“硒锶之都”的品牌价值。建议把标准和认证作为区域品牌建设的两大抓手，通过高标准的运用实施，引领区域品牌高质量发展。目前新田已创立区域品牌“南有新田”，对于符合高标准高要求的区域品牌产品进行认证，按照“企业自主申明+第三方认证+政府监督”的思路，形成区域品牌认证模式，并加强入驻子品牌的认定和评估，实行动态管理，优胜劣汰。区域内企业统一使用品牌，确保权威性和有效性。同时将小镇以整体形象进行广告宣传、营销推广、公共关系维护等，通过向外界全方位传递小镇信息，促进公众对小镇的独特认识，提高小镇的知名度。一方面深度挖掘地方资源禀赋和特色文化，兼顾传承保护与市场开发，形成独具特色的小镇名片，加强文化引领，促进文化与产业融合发展。另一方面创新宣传方式，丰富推广渠道。如通过举行高峰论坛、体育赛事、文化活动、商品展销等方式借助融媒体手段扩大宣传，增加小镇项目和城市品牌的推广度。

（五）加强基础配套和运作支持

基础设施方面，一是加快推进小镇路网工程建设，打通镇区断头路，建成循环路网，同时加快推进一级路网建设，提高我县交通运输能力，破解交通瓶颈。二是优化镇区供水、供电、排污、通信等基础设施，由于新田的经济基础较弱，而基础设施建设及生活服务配套等往往具有很强的外部效应，可探索企业主导的综合 PPP 开发模式，企业作为城市运营商的角色，承担土地一级开发、产业发展、公共服务、居民生活服务等，对小镇进行全程的开发、建设和管理，而政府则强化规划引领和要素支持。土地供应方面，一是要盘活存量用地，鼓励充分利用城乡土地增减挂钩、低效用地、集体建设用地、农村宅基地入市等方式盘活存量建设用地资源，及时清理闲置用地，发挥土地最大效益，加大土地储备。二是土地计划单列指标，建立柔性化的绿色供地机制，如允许一定比例的工业用地按照旅游用地要求开发，加快用地报批，使小镇建设具有稳定预期。三是探索成立征地、批地、用地的专项工作组，理顺工作机制，提高工作效率，优先保障重点项目用地。此外，要树立人才是第一资源的发展理念。抓好农村劳动力转移培训、企业员工技能培训，通过税收政策、人才奖励等多种激励措施吸引创新创业及专业技术人才入驻，为小镇可持续发展提供智力保障。企业发展有动力，市场环境有活力是特色小镇持续发展的重要条件。湘南农旅文化小镇能否按期完工、开展市场运营、打造区域品牌等，均离不开政府的运作支持。政府和企业形成合力，高位推动，方可为小镇可持续发展提供有力保障。

孙冰露、黄海迪均系中共新田县委党校讲师。本文是2020年湖南省党校（行政学院）系统社会科学规划课题结项成果。

乡村振兴战略下新田县古村落保护与发展研究

蒋唯恒　彭　勇

一、古村落保护和发展的重要意义

（一）古村落是中华民族千年农耕文明的重要载体

人类文明源远流长，“日出而作，日落而息，掘井而饮，耕田做食”的农耕文明，伴随着文明发展的始终。古村落是农耕文明成长、成熟的一个缩影，承载着源远流长的农耕文明。中国最早的村落距今八千多年，此后乡村一直是中国历史最为悠久的聚落形式，在农耕时代，每一个村都是一个基本的社会单元，也是一个乡村文化的容器。随着现代化经济和城市化进程的飞速发展，中国加快了文明转型，从一个传统的农业国，逐步向一个工业国转化。古老的中国逐步走向现代化，现代文明的发展绝对地挤压着农耕文明，古老的村落开始进一步衰落。目前，保存完好的古村落相对较少，现存的古村落有些也还在走向衰败，如果不加大保护力度，将更难寻觅农耕文明的遗迹。

（二）古村落是中华优秀传统文化的重要组成部分

古村落是先贤们精心设计遗留下的一笔珍贵历史文化遗产，渗透着中国传统“温良恭俭让”“仁义礼智信”的道德教化和礼仪规范，蕴含着各种极具地方特色的民俗风情、手工技艺，承载着深厚的历史文化信息，是民间文化的“博物馆”和乡村文化的“活化石”。党的十九大报告指出：“深入挖掘中华优秀传统文化蕴含的思想观念、人文精神、道德规范，结合时代要求继承创新，让中华文化展现出永久魅力和时代风采。”“落其实者思其树，饮其流者怀其源”，在古村建筑的雕刻、绘画、楹联中，蕴含着向上向善的乡风乡贤信息，是一个丰富的文化谱系。深入挖掘其中所蕴含的优秀思想观念、人文精神、道德规范，并进行新时代创造性传承与转化发展，是我们今天坚定文化自信和培育社会主义核心价值观的内在要求。

（三）古村落是当前农村实现乡村振兴的特殊资源

古村落是我国记载着乡村社会发展的活标本，有其自身特殊的发展优势，具有多重价值。文化价值上，古村落的选址理论中所蕴含的尊重自然、与人和谐的天人合一文化具有高度的生态文化价值，古建筑上精雕细刻的独特花纹所展现的智慧文化对建设美丽的乡村住宅具有现代借鉴意义；社会价值上，古村民遗留下来信息里所包含的邻里关系讲和谐友爱的和合文化、敬天悯人的生态价值观，在乡村治理过程中同样发挥着强基固本铸魂作用；经济价值上，凭借古村落的传统文化资源来发展乡村生态文化旅游，促进产业兴旺。所以，有效利用和合理保护相结合，促使文化底蕴深厚的古村落将原生态的田园风光、纯真的乡村风情与古朴沧桑的历史感完美地结合，成为乡村振兴的“软实力”和“助推器”。

（四）古村落是人们治愈焦躁、留住乡愁的心灵栖息地

家是传统文化最重要的载体之一，古村落传承着中华民族的历史记忆、生产生活智慧、文化艺术结晶和民族地域特色，维系着中华文明的根，寄托着中华各族儿女的乡愁。古村落特别是传统村落是含着“美丽乡愁”的家。碧瓦青砖石板路，小桥流水篱笆墙，在郁郁青山潺潺流水之间，在青砖黛瓦古村之中，行走于小巷条石路上，便是那心中浓浓的“乡愁”。古村落的韵味能治愈久居闹市的浮躁，抚慰生活压力的焦躁，让人心情平静，回归自然。在城市文明、工业文明快速发展、古村落日渐凋零的今天，保持完好的古村落，并没有过时，反而愈发彰显出独到的价值和无穷的魅力。

二、各具特色的古村落是新田的“古色”文化名片

（一）中国历史文化名村、“国家 AAA 级旅游景区”龙家大院

龙家大院位于新田县枧头镇，原名黑砠岭村，始建于宋神宗元丰年间，已有 900 多年历史。2019 年被列为中国历史文化名村，正在申报“国家 AAAA 级景区”。因村民清一色龙姓，均为东汉名贤零陵太守龙述的后裔，故而得名“龙家大院”。

龙家大院整体呈“三堂九井二十四巷四十八栋”的格局，占地面积 45000 平方米。主体 48 栋古民居中，明代建筑约占 20%，清代建筑在 70%以上，一律的青砖黛瓦，砖是清一色的水磨青砖，用白灰掺糯米粉、桐油勾细线，严丝无缝，十分精细。这 48 栋房屋大都依次排列于东西贯穿的四条主巷道上。这四条主巷分别称之为“积善巷”“得

财巷”“得宝巷”“得盛巷”，巷弄中齐整的长条形青石板路面，历经风雨，光滑透亮，形成了一道古村街巷的诱人风景。

雕梁画栋，精美的木雕装饰，是龙家大院最亮眼的文化特色。其门、窗、格扇、门墩柱础、挑檐、吻兽等，无一不精雕细琢，倾注匠心。特别是在主堂屋的门、窗、格扇，花鸟虫鱼，极尽木雕艺术的所有手法，有阴刻、阳刻，雕有凸雕、透雕，其刀工娴熟，线条流畅，造型生动，神态逼真。这些花式各异的雕饰作品，既是一种艺术，更是一种文化，呈现出“龙凤呈祥”“福禄寿喜”“平安富贵”“马上封侯”“五子登科”思想寓意，蕴含了祖辈对于理想生活的追求，美好生活的向往。

一门一对联，突显了龙家大院的另一文化特色。现存对联有128幅，其中“诗礼相传端本务，耕桑以外不关心”和“居同靖节先生宅，家衍零陵太守风”是龙家大院两副最有名的门联。另外，如“进得其门孝悌忠信，出由是户元亨利贞”“数椽安隙地，三雅待良朋”“酒熟喜逢客至，茶多能使诗清”“尽忠尽孝光祖德，力耕力读振家声”“村连幽径拖青黛，门瞰群山拥翠微”等等。这些门联，不仅对仗工整，意境深邃，有很高的文学价值，而且书法绝妙，楷隶行草，体体俱全，是耕读文化的生动写照。

龙家大院历史悠久，左右青山绵延，前后月塘水井连着耕地向前延伸，环境优美。古老的建筑具有原真性，村民的生活习俗和民族风情延续不断。这是一个以原生态村落展示中国农耕社会诸多文化元素的重要物质遗存，是解读中国传统村落的活化石，是湘南具有典型意义的历史文化古村。

（二）“溪沿墙边走，门朝水上开”的传统村落河山岩

河山岩村地处新田县金盆镇，2013年入选中国传统村落名录，于1833年建村，已有180多年的历史，相对于其他的古村落，河山岩建村较晚，也正因为如此，古村整体保存较为完好。河山岩村三面环山，前临田洞，溪水环绕，山水相依，村落左侧有两眼泉水、右侧有一眼泉水，经年不息，奔涌而出，所以，河山岩又名“河三岩”。

河山岩传统村落布局工整，规划合理，设计理念先进。整个古村的布局呈四横七纵的格局，已认定的38栋古民居，房前屋后条石铺路，青石古巷、沟渠环绕，前人把村旁的泉水引入，使泉水贯通全村。在房前屋后的沟渠里即可采摘水草和捕捞鱼虾，整个古村落的建筑就像是镶嵌在流动棋盘上的点点明珠，呈现“溪沿墙边走，门朝水上开”的生动格局。

河山岩村文化底蕴深厚，前人善于用雕刻艺术塑造的人物山川、花鸟虫鱼，来点缀装饰建筑与院落。古村落除传统的窗格雕花之外，最有特色的是石刻和对联。河山岩村的古建筑都是用条石铺底，每栋房屋的门槛和转角多用很宽的条石建成，

房屋四角都有一米见方打磨精致的转角石，特别是大门口的转角石，底部打磨平滑，头部饰有花鸟虫鱼各种图画的雕刻。河山岩古村还是一个对联村，家家户户的门头上都有对联或诗词，现存39副，风格各异，内容丰富，体现着恬淡美好自然悠远的生活意境。

（三）阴阳和谐的传统村落谈文溪

谈文溪传统村落位于新田县三井镇，该村始建于南宋，兴于明清，已经有600多年的历史。建筑风格为明清建筑，建筑技术与装饰风格与龙家大院、河山岩一样，底蕴深厚，其最为显著的特点是阴阳和谐、生殖图腾文化突出。

谈文溪建村讲究阴阳和谐，是典型的“负阴抱阳”。谈文溪古村落依山傍水，村后是后龙山，村西为白砠岭，村东北是青龙山，村前有广阔的田洞，一股清泉从后龙山喷涌而出，经掘渠疏引，环流村前村后，形成了“二溪环抱”的水势格局。且村前有月塘，村左和村后有荷塘，村右有泉水，山环水抱，环境优美，其耕有土，伐有林，饮有水，行有道的谈文溪，是农耕社会的绝佳场所。

（四）“锦衣总宪”“锦衣卫文化”流传的古村落骆铭孙

骆铭孙村最具特色的是骆铭孙牌楼。骆铭孙牌楼由“锦衣总宪”牌楼、“锦衣世家”牌楼、“楚南望簇”牌楼等组成。因其始建于明代，历史悠久，造型美观、设计精巧，特别是其雕刻中，有麒麟、龙凤、珍禽、瑞兽石刻浮雕和各种花纹形象生动的木雕，美观大方，刀法细腻流畅，堪称精雕细镂的图案艺术精品，具有很高的艺术价值和浓郁的民俗文化特色。

骆铭孙牌楼还留存着动人历史故事，给牌楼带来更多的文化元素。据历史考究，骆铭孙村骆氏先祖以诚公，随明太祖征战而亡，其子骆寄保被明成祖朱棣封为千户侯，其后代骆安定、骆运昌等在朝廷历任锦衣卫百户、锦衣卫都指挥使和两任锦衣总宪，其家族被朝廷赐为“楚南望族”，并御赐兴建“锦衣总宪”和“锦衣世家”牌楼各一座，以彰其功，保留至今。这些匾额和牌楼是研究锦衣卫文化的直接依据。

巧的是，骆寄保的母亲就是传说中的“独乳妇人”，名曰“三姑”，是明太子朱允炆在民间寻得的乳母。三姑用独乳同时哺乳太子及儿子骆寄保。朱允炆做了皇帝之后，为了感谢三姑的哺乳之恩，封三姑为“一品夫人”。更有历史价值的考究是，“靖难之变”之后，建文帝朱允炆不知所终，后经福建、广东、广西，辗转到了湖南新田的武当山，此地高山古刹，民风淳朴，又是其乳母的生养地，他决定停留下来，不再漂泊。当时，朝廷见其锐气已尽，便不再追杀，允许他在新田境内安定。这就是“建文帝踪迹新田”的历史由来，今有“大观堡遗址”、谈文溪村“龟”雕、夏源村“龙池”为证，骆明孙村的锦衣卫标志，就是当时锦衣卫看护他的有力佐证。

三、新田古村落保护和发展现状

（一）新田古村落的保护和发展有序推进

1. 强化责任，加强领导

我县历来十分重视对古村落的保护，力度不断加大。2015 年我县就成立了由常务副县长为组长，宣传部部长、副县长、副调研员为副组长，县相关部门负责人为成员的“新田县古村落保护修缮工作领导小组”，认真贯彻落实中央关于传统村落保护的决策部署，制定我县传统村落保护方针和工作计划，制订新的古村落保护利用总体规划方案等。

2. 建档立卡，建章立制

为落实党中央、国务院关于传统村落保护利用工作精神，我县从 2014 年起，对全县古（传统）村落开展立档调查，按照“一村一档”要求，建立了“新田古（传统）村落档案”。对全县 19 个乡镇的 45 个古村落进行了全面调研，收集和整理了各个村落的基本信息，掌握了我县传统村落的数量、种类、分布、价值及生存状态，对古迹的保护和利用进行了规定和广泛宣传。这些工作，对今后古村落的保护和开发起到了很好的促进作用。

3. 积极申报，争取项目

为了加大对古村落的抢救和保护力度，我们主动作为，向上级主管部门进行文化保护单位的申报工作，以列入保护项目。目前，新田县被列入中国传统村落名录 7 个：河山岩村、谈文溪村、龙家大院村、彭梓城村、乐大晚村、厦源村、骆铭孙村。中国历史文化名村 1 个：龙家大院村。省级历史文化名村 10 个：谈文溪村、兰溪村、李仟二村、河山岩村、骆铭孙村、彭梓城村、史家村、厦源村、东山岭村、小源村。全国重点文物保护单位 1 处：龙家大院。省级文物保护单位 14 处：新田文庙、唐家村古井、谈文溪村古建筑群、彭梓城村古井、大冠堡、李氏宗祠、李家大屋、蒋先云故居、小源会议旧址、乐大晚村古建筑群、骆铭孙村古建筑群、河山岩村古民居群、欧家窝村古建筑群、郑作民故居。

4. 统筹资金，逐步落实

近年来，新田县统筹国家重点文物保护、省级文物保护、中国传统村落、美丽乡村建设、中央补助地方文化体育传媒事业发展、非物质文化遗产保护、企业扶持等专项资金，支持传统古村落保护发展。龙家大院保护修缮（一期）工程，投入 1300 万元，已于2017年5月完工，并经市文物处验收合格。二期工程投入2000万正在进行；谈文溪、河山岩传统村落保护修缮工程，分别投入800万元、500万元，目前已编制保护规划等，修缮、保护在逐步落实。

4. 合理规划，综合开发

近年来我县县委、县政府高度重视旅游产业的发展，把全域旅游纳入了新田发展规划的“六大战役”。经过多年的保护开发，新田县“古色”旅游逐步成型，初见成效。龙家大院、谈文溪古建筑群先后被评为“国家AAA级旅游景区”，龙家大院正在申报“国家AAAA级景区”。中央电视台、深圳卫视、湖南经视等多家媒体人对我县龙家大院、谈文溪、骆铭孙村等古村落进行了专题报道，极大地宣传了新田，使得“南有新田”享誉全国，吸引了全国各地游客前来摄影、观光，接待游客人数逐年上升。

（二）新田古村落的保护和发展问题不容小觑

1. 群众对古村落、古建筑的保护意识依然欠缺

古村落是重要的历史文化遗存，其一草一木、一石一碑都携带着历史、民族的信息，寄托着人们的思想感情，而长期生活在村落中的村民，其保护意识却很欠缺。在调研时发现，一些碑刻等文物依然暴露在路边，任凭日晒雨淋。另外，村民对现代生活方式和品质的追求，促使其对原住宅改、扩建的愿望日益增强，而在改、扩建中，或采用新材料，或采取现代风格，或改变原有结构，破坏了古村落古建筑的风格。还有因建房用地批地政策等方面的原因，有的村民在旧址上“拆旧建新”，或因古街古巷狭窄不平，生活不便，有的村民直接用水泥覆盖，这些现代建筑破坏了村落古风古貌，影响了村落整体风格、布局、色调协调和视觉审美效果。村民新建住房后，旧房被废弃、闲置或挪用，不少旧房变成了猪圈鸡舍，一些村民不认为住了几百年的老房子值得花钱费力去保护，而任由其损毁、倒塌，即便认识到了其价值，也因自身势单力薄无力改变这种现状。

2. 缺乏维护的古村落、古建筑老化衰败加快加剧

由于保护意识、保护措施、维修资金等诸多原因，衰败是当前多数传统村落面临的残酷现实。首先，自然衰败呈加速之势。以砖木结构为主的古建筑，无人住的老旧房，长期受雨水、白蚁等侵蚀，自然老化、损毁、倒塌现象十分普遍。其次，“空心村”“空巢村”渐多。一些古村落由于村民向村外搬迁，特别是年轻一代许多举家搬迁到城镇，或外出打工，古民居入住率不高，大部分已被废弃，少部分住着老人和妇女，变成“空心村”“空巢村”，这些都加剧了古村落的衰败。

3. 古村落、古建筑修复维护资金缺口大

新田县古民居古建筑数量多、规模大，维修需要十分庞大的资金，而当前县、镇政府显然无力承担，村民和村集体更加没有能力解决。近年来，虽各级对文化遗产的保护越来越重视，专项经费逐年增多，我县也争取到了一些项目资金，但面对数量众多的古建筑群，仍是杯水车薪，使得众多古民居古建筑，因缺乏经费而得不到保护和修缮。而且，由于收益预期低，开发公司对投资维修的积极性也普遍不高。

4. 古建筑修复难度大，修旧难以“如旧”

在修缮和维护古村落的过程中，由于多种因素，使得古村落、古建筑修旧难以“如旧”，难以呈现原来的风貌。一是技术原因。比如古建筑中雕刻精美、形态各异的窗花、装饰，遗失或毁损后，如今很难有原来的雕刻技艺让它恢复如初。二是理念不足。比如谈文溪村环村水渠的重新修建，采用粗糙简单的混凝土修缮，让水在高深、僵硬的水渠中流淌，水草无处长，鱼虾无处依，失去了自然、生态的风貌，简直就是对原生态的一种破坏，失去了美感。三是急于求成，粗制滥造，简单地用现在的技术修缮。

5. 古村落的资源优势在乡村振兴中的带动效应不明显

乡村振兴战略是党的十九大提出的战略目标，乡村振兴是我们当前和今后长期的工作重心和重点。古村落是我国记载着乡村社会发展的活标本，有其自身特殊的发展优势，具有多重价值，理应成为乡村振兴的“软实力”和“助推器”。可是，从目前来看，我县只有农家大院村因为争取的项目资金较多，加上合理的规划建设，古村落对乡村振兴起到了很好的带动和促进作用。在其他的古村落所在村，由于普遍缺乏资金维护，缺乏管理团队和整体规划，古村落的资源优势在乡村振兴中的带动效应不明显。

四、进一步保护和发展新田县古村落的具体措施

（一）古村落保护和发展的总体思路

1. 古村落的保护和发展融入全县乡村振兴的总体部署

根据我县乡村振兴和美丽乡村建设总体部署，按照“完整保护，适度改造，合理利用，传承发展”的基本要求，建立健全系统化的古村落保护开发规划、政策体系和工作保障机制，通过充分保护古村落、古民居、古建筑和民俗文化等历史文化遗迹遗存，深入发掘传统农耕文化、山水文化和人居文化，传承优秀传统文化，美化村庄人居环境，发展特色生态经济，把历史文化底蕴深厚的古村落培育成为传统文明和现代

化文明有机融合的特色文化村。

2. 擦亮新田的“古色”文化名片，助力乡村振兴战略的实施

古迹、古村里蕴含着丰富的文化内涵，我们要发挥优势，取其精华，助力人民群众美好生活的建设。龙家大院、何山岩村雕梁画栋的古建筑文化，谈文溪村的阴阳和谐文化，骆铭孙村“建文帝踪迹新田”的故事及锦衣卫文化，蒋先云故居里有蒋先云对党忠诚的红色故事，小源会议旧址里有“实事求是，勇往直前”的红色精神，郑作民故居里有抗日英烈郑作民的故事，东山岭村有七祖活佛秀峰禅师的故事，等等。这都是我们新田“古色”里蕴含的鲜活的文化内涵，是新田闪亮的文化名片。

我们要按照“有优美的山水风光，有深厚的文化底蕴，有独特的人文景观，有特色的产业支撑，有发展潜力，有实体运作和规范管理”等“六有”条件，建设好古村落，让人们在青山绿水之间休闲养生之时，追寻古人足迹，发思古之幽情，感受今日昔日的文化氛围。通过新田故事，融入文化品牌，助力乡村振兴战略的实施。

（二）古村落保护和发展的基本原则

1. 坚持保护与开发、继承与发展并重的原则

古村落是历史与现实交融的具有生气与活力的生命体，具有其自身独特的发展规律。要科学把握古村落保护与开发、继承与发展的关系，必须在加强保护的同时，积极探索科学合理的开发建设，因地制宜地挖掘古村落的历史人文价值、旅游价值、建筑价值和考古价值，在古村落保护开发与村民现实利益诉求间找到共鸣点，才能形成良性循环，促进古村落可持续发展。

2. 坚持物质文化保护、非物质文化遗产同步的原则

保护开发古村落，具有鲜明历史特征和地域个性的古建筑、历史遗址等物质文化是重点，但同样不能忽视对各类民俗、民族语言、民间文学、美术、音乐、舞蹈、曲艺、医药和各种传统技艺等非物质文化的关注。通过对古村落蕴含的丰富人文精神和文化内涵挖掘、整理，更好地发挥民间传统文化在乡村振兴中的独特作用。

3. 坚持分级保护、因地制宜的原则

我县古村落分布较广，地域条件各具特色。在古村落保护开发上，不能一刀切，应依据保护价值大小、完整程度等采取不同等级的保护开发措施；同时，对于古村落特色文化的挖掘，要遵循“一村一特”“一村一策”的工作思路，根据古村落自身历史文化积淀、发展空间、村庄布局、基础设施等选择多样化的发展路径，避免同质化。

4. 坚持政府主导、社会参与的原则

古村落的保护发展必须形成合力，建立起有效的古村落保护开发联动机制。在资

金层面，要建立“政府主导、群众主体、社会参与、合力共建”的古村落保护开发资金筹措机制，形成政府资金、民间资金共同投入的良好局面。在加强政府投入的同时，要激发古村落现有居民传承传统文化的自觉性；鼓励历史、文化、建筑和旅游界的专家学者和实际工作者共同成立古村落保护组织，为古村落保护提供各种力量。

（三）古村落保护和发展的具体措施和建议

1. 夯实组织基础，落实村镇县三级责任机制

古村落保护和特色文化村建设是一项综合性、系统性工程，必须依靠各方合力推进。县委、县政府要把古村落保护和特色文化村建设工作摆上重要位置，纳入本县国民经济和社会发展、乡村振兴总体目标。古村落所在的乡镇、村是古村落保护和特色文化村建设的实施主体，古村落较多的乡镇还要设立相应的保护管理机构，切实加强古村落文物古迹、古树名木、河道水系、地貌遗迹等资源的保护与日常管理，做好具体保护开发项目的实施。为强化责任，将古村落保护纳入地方政绩考核中，在制度上建立保护责任追究机制，以防止在保护开发古村落过程中出现短视和急功近利的行为。

2. 加大宣传力度，提升群众保护意识

古民居的保护和利用离不开“人”，离不开与村落血脉相连的主人。从小抓起，将古村落的历史沿革知识纳入当地的乡土教材体系中，建立传统文化教育基地，组织中小学生定期到实地学习参观，加深对当地文化的认知和热爱，耳濡目染树立起保护意识。相关职能部门要积极利用各种途径宣传古村落的历史价值和相关保护政策措施，组织开展相关教育和培训活动，营造保护开发古村落、建设特色文化村的良好氛围。做好当地居民的思想宣传工作，增强古民居村民的保护意识。组织村民参与古村落的保护开发活动，增强属地村民保护古村落的自觉性，增强“自己的宝贝自己爱”的意识，引领村民主动加入保护队伍中来。

3. 多措并举，多管齐下破解资金难题

一是通过向国家、省、市争取古村落保护和发展项目专项资金及县财政预算资金，不断加大政府财政资金的投入力度。各级要安排古村落保护开发、特色文化村建设的专项经费，除设立文化遗产保护专项资金外，今后，可在乡村振兴专项资金中增加相应的项目经费，用于特色文化村的培育建设。二是进一步拓宽保护资金渠道。在发挥政府资金主渠道作用的同时，制定相关激励政策，动员、鼓励企业家、社会团体和社会各界人士积极参与，如可建立“古村落保护基金”，向社会、企业募集资金用于特色文化村保护；也可试点采取股份制的形式，通过村民将其所有的古建筑租赁或入股，

并吸收社会资金入股，共同参与特色文化村的保护、经营和收益。

4. 传统与现代技术相结合做到修旧“如旧”

一是在修缮古建筑的时候，要用好精雕细琢等传统技艺，使古建筑恢复如初，再用现代科技手段“做旧”，从而达到修旧“如旧”的目的。二是古村落的传统街巷风貌整治和立面改造方案，应符合“自然、生态、美观”的传统风格，杜绝简单粗糙的水泥硬化，并组织公示；古村落内村民新建、改建、扩建房屋，应做到与传统历史风貌相协调，古村落重点保护区内与风貌不协调的原有建筑，应当逐步整治或拆除。三是用科技手段保护古民居。古村落的保护要与时俱进，保护层面上要向数字化保护迈进。现在完全可以借助现代科技手段对古民居的每一幢古建筑的建筑进行数据采集与整理，形成系统科学的数据库，建立古村落建筑数据管理服务平台。如访谈古民居的年老知情人，通过影像、文字等完整记录古民居的发展沿革等形成历史参考资料，建立古村落数字化博物馆。现在浙江仙居高迁村作为古村落数字化保护试点，已经走在全国前列，值得学习借鉴。

5. 探索多种“古村落+”发展模式，助推乡村振兴

乡村振兴，美丽乡村建设，要充分利用古村落自身的历史文化积淀和秀丽的自然山水风光，按照保护为主、合理布局、适度开发的思路，形成古村落保护开发的良性循环。在定位上，要因地制宜、突出特色，着眼于纯朴的自然生态环境、独特的传统民居和文化；在形式上，探索多种“古村落+”发展模式，将村民的利益与古村落的保护发展联系在一起，促进当地农村经济发展和农民增收，助推乡村振兴。

一是“古村落+旅游”景点式发展模式。这也是以乌镇（东栅）为代表的传统的古村落发展模式。龙家大院、谈文溪古建筑群因为已经是“国家AAA级旅游景区”，基础条件较好，在已有的基础上做好周边环境美化、古村落如诗如画“如旧”的景点建设，通过发展旅游业助推乡村振兴。

二是“古村落+特色文化产业”产业型发展模式。蒋先云故居、小源会议旧址利用红色故事，打造红色文化学习教育基地，郑作民故居打造爱国主义教育基地，骆铭孙村打造成“锦衣卫文化”体验基地，河山岩村打造成“硒锶豆腐”产业基地。

三是“古村落+康养”生活体验型发展模式。这也是目前古村落新兴的发展模式，安徽碧山村、贵州西江千户苗寨就是这种发展模式的典型代表，发展势头良好。碧水蓝天、绿水青山是新田县最突出的资源优势，同时，我县又是“原生态富硒之乡”，有名的“长寿之乡”，具备发展康养业的有利条件，建设“南有新田·绿色养生”生态旅游示范县，也是我县的旅游发展目标。“活佛故里”东山岭村、风景秀丽的兰溪村、东升村、千马坪民俗村等，都是生活体验型发展模式的绝佳场所。

总之，“乡村振兴既要塑形，也要铸魂”。几千年的农耕文明孕育出数不尽的美丽古镇古村落。它们既是传统农耕文化的根脉，也是凝固的历史和文化，更是守望乡愁的精神家园，是乡村振兴的“魂”，在当前实施乡村振兴战略的过程中，一定要保护和利用好古村落的资源优势，使之成为乡村振兴的“软实力”和“助推器”，铸好乡村振兴的“魂”。

蒋唯恒系中共新田县委党校高级讲师；彭勇系中共新田县委党校讲师。本文是2021年湖南省党校（行政学院）系统社会科学规划课题结项成果。

廉政治理现代化视域下
永州“廉实力”建设的路径研究

黄海迪　陈桐生

随着全面从严治党的纵深发展，廉政治理现代化的推进，“清廉中国”建设已成为国家战略。本文基于“廉实力”概念，应用于地方廉政治理现代化的具体实践中，并提出永州以各县区清廉建设的实践和独具地方特色廉政文化资源为“廉实力”建设的理论和实践支撑，以抓好净化永州政治生态、优化永州经济生态、厚植永州“廉文化”、重塑永州社会生态四方面工作为路径，以实现风清气正氛围、公平公正形象、崇清尚廉风尚、清朗向上社会风气的清廉永州为目标，将清廉建设成为永州独特的“竞争力”。

一、“廉实力”的提出

“廉，清也。”“政者，正也。”廉政即清正之政治。“治”从一条水的本义引申为有效治理，“理”本义是沿着玉石纹路切割，引申出按照事物内在规律做事。“治理”而非“管理”理念的提出，指向着现代化的转型。廉政治理本质上是权力治理的科学性、廉洁性、高效性、现代性，它旨在坚守民主法治与廉洁公正的价值维度，构建以中国共产党为领导核心的多元主体合作共治的廉政治理格局，让权力在阳光下运行，实现权力“善治”。

美国政治学家约瑟夫·奈曾提出了“软实力”概念。值得注意的是，中国古代哲人有“软实力”的类似表达，如老子的“以柔克刚”、孔子的“柔远人”、孙子的“不战而屈人之兵”等文化思想理念，两者都可表达为制度、文化、价值观等综合形成的治理势能和强大吸引力。基于中西方文化思想背景，有学者提出“企业廉实力”的概念，指出“企业以‘廉’作为经营者个人决策、组织管理和企业经营活动的核心理念和基本准则，进而合理调动自身资源在长期竞争中处于优势地位的能力”①，从企业的

---

① 黄宝荣、佘廉：《国有企业的廉实力及其风险分析》，《中国行政管理》2009 年第 10 期。

视角延伸至党的执政来看“廉实力”，推进廉政治理，加强“廉实力”建设，也是推进全面从严治党的有力抓手。

因为实现廉政治理现代化，本质是权力善治，如何让权力公正透明有序高效运行，服务于人民。通过法律制度控权，内心信仰敬权，廉政文化导权，社会力量束权，现代公民督权，形成依法秉公用权。政府公职人员带头坚决执行廉政制度，带动多元主体参与廉政治理，形成权力治理的有效合力，从源头治理腐败的不断“变异”，产生有力的治理势能，形成“廉实力”。

二、“廉实力”建设的核心目标

（一）政府清廉

马克思提出的“廉价政府”理论。所谓廉价政府，就是减政以降低政府运行成本，“瘦身”政府，使得政府精炼有力。而政府的廉政，也体现在政府的廉洁与透明。中国共产党按照马克思主义政党理论致力于建设清廉政府，厉行廉洁政治，从早期江西瑞金苏维埃政府为严明廉洁纪律枪决谢步升到党的十八大以来，以习近平同志为核心的党中央以上率下，厉行中央八项规定，反腐败斗争取得压倒性胜利，党风政风清风习习，党在建设廉洁政府上不忘初心，慎终如始加强党的纯洁性与先进性建设。

上行下效，上级权力者，如果为他人设置规定而自己不遵守，政府公职人员自身率先腐败，这是特权，特权最终会削弱党的领导力和政府公信力以及执行力。“对公众来说，最不能容忍的莫过于政府在社会规则和公共政策制定过程中因为自身的行为不轨，追逐自身特殊经济利益，导致公平正义的丧失。”①

（二）干部廉明

干部廉明既是“廉实力”建设的关键要素，又是实现廉政治理的核心目标，它要求党员干部首先做到廉洁自律，不依仗公器和职权“寻租”谋得私利，始终坚守党的先进性和纯洁性原则，清正廉洁有担当。谁有更多机会腐败？领导干部。因为“领导干部是政党与政府组织的代表，手中掌握着大量的公共资源，稍不注意就有可能谋取私利，因此，对于领导干部来说，第一要务是保持清正廉洁”②。

干部廉明，清白做事，干净做人，也是维系干部政治生命的底线。干部腐败首先是丧失理想信念开始，正如病毒能以自身变异的方式进行结构重组变化升级，更换入

---

① 汪玉凯：《社会呼唤公平正义廉洁有为的政府》，《中共天津市委党校学报》2017 年第 2 期。

② 覃正爱：《论朱镕基的人格魅力》，《理论视野》2016 年第 9 期。

侵人体的方式一样，贪腐的思想也在发生着内在的突变，更替对异域入侵方式，不打预防针，不增强免疫力，不增强抗体，就会面临被“围猎”腐蚀的危险，因而干部要廉明，要不断提高政治免疫力，离不开政治监督，也离不开外部民众的民主监督，加强构筑对干部的全面有效监督体系，这既是对党的干部宝贵资源的保护，也是做到“权为民所用”的基本前提。

（三）社会廉洁

人的廉洁价值观念、行为方式深受他所处的社会关系以及社会环境的综合影响。因而构建一个清洁的社会大氛围，对于廉政治理现代化建设必不可缺。在一个廉洁有序的社会环境中，个体公民容易形成廉洁的思想观念，而后才有公正的政治参与意识与规范的行为方式。社会众多公民的廉洁意识的形成使公民能通过网络、政府平台建设、人大代表建议等政治参与渠道进入政府民主监督和廉政治理，这将进一步壮大“阳光政治”的社会力量。我们知道，只有构建一个不再靠关系支撑而崇尚公正廉洁的公民社会才能为有效遏制住官僚主义和形式主义提供社会基础。积极推动廉洁社会的全面构建，是实现廉政治理现代化的重要路径。

（四）企业廉直

市场经济从某种意义上说是交换经济，交换源于信任，没有信任基础，市场经济不能健康发展，中国特色社会主义市场经济也是建立在诚信的基础上。企业是市场经济的能动主体，企业负责人的诚信道德人品是否过关，直接影响着生产服务产品是否规范。市场经济是诚信经济，市场也会回报拥有诚信品格的企业和经营者。例如同仁堂，以其“炮制虽繁必不敢省人工，品味虽贵必不敢减物力”诚信经营理念，成为它保持长青的关键所在。市场经济也是法治经济，企业首先要遵守法制和市场法则，而非经营政商关系牟利，一个制售假冒伪劣产品的企业最终会受到市场法则严厉的惩罚而淘汰，坚守用“企业的廉实力”制衡资本之“恶”是企业经营壮大的基石。

（五）公民廉诚

预防腐败发生与公民的责任意识、权利意识、公共廉洁意识提升密切相关。公民与政府的双方互动、监督、合作，协商治理社会不公问题，增强治理效能，赢得民心。民心是最大的政治。廉政治理的建立和巩固，需要公民廉洁规范的价值观和信仰的支持，需要要求公开透明清廉的公民政治文化意识支撑。所谓“人民有信仰，国家有力量”。托克维尔认为，按照对政治制度的贡献等级，在环境、法制和民情中间，“自然环境不如法制，而法制又不如民情……最佳的地理位置和最好的法制，没有民情的支持也不能维护一个政体；但民情却能减缓最不利的地理环境和最坏的法制的影响”。可见，培育公民廉洁的政治文化，提升国民的民主素养和法治意识对我国政治法治运行有重大影响力。因而，大数据时代的反腐倡廉亟须培育壮大高素质“网民”的公共意识和群众监督力量。

三、“廉实力”建设的生成逻辑

（一）满足人民美好生活需要的“必需品”

党的十九大报告提出：“中国特色社会主义进入新时代，我国社会主要矛盾已经转化为人民日益增长的美好生活需要和不平衡不充分的发展之间的矛盾。”“人民美好生活需要日益广泛，不仅对物质文化生活提出了更高要求，而且在民主、法治、公平、正义、安全、环境等方面的要求日益增长。”加强“廉实力”建设以助推清廉中国和清廉社会，不仅仅是国家战略层面的要求，更是人民美好生活所必需。为贯彻落实党的十九大精神，为了更好满足人民在廉洁政治、社会公平等方面日益增长的需要，为了更好推动人的全面发展，“廉实力”研究与建设已成为新时代重大课题。

（二）推动永州经济社会发展的“廉动力”

一个地区的经济发展，离不开它所在的政治社会文化发展环境。推进“廉实力”建设，推进廉洁治理和反腐败斗争，根除腐败黑恶势力的土壤，持续不断地加强党风政风作风建设，充分营造党委、政府各部门的内部廉洁环境，才能为经济发展提供良好的营商环境和清朗的发展空间。社会经济发展的活力和动力，有赖于政治生态的积极改善和营商环境的优化。因而抓好“廉实力”建设，竭力形成“亲清”政商关系，更能发挥出市场在资源配置中的决定性作用，从而推动经济的高质量发展。

（三）提升永州地区清廉形象的“主抓手”

永州是周敦颐等历史文化名人的故乡，具有历史悠久的“廉基因”，沉淀了优秀而丰富的廉政文化资源。加强“廉实力”，不仅有利于继承发扬优秀传统廉政文化，更是提升永州清廉形象名片的抓手。2021 年，湖南纪委在积极推进清廉湖南建设过程中，坚持问题导向，查处了永州三个县委书记，如何将反腐成果转化成清廉永州建设，永州市委开展了以案促改活动，不断擦亮清廉永州的“名片”。

（四）开拓党风廉政建设的“新维度”

腐败侵害人民利益，是人民的公敌。克服消极腐败，在反腐反贪反浪费的同时，积极倡导党的廉洁风尚，增强党风的正气、元气，保持党的清廉政治本色，以正气压倒邪气，是新时代党风廉政建设的要旨。而加强“廉实力”建设，回应了新时代党建的需要，也回应了加快推进清廉湖南建设的要求。永州是国家历史文化名城，本身就具有丰富的廉政文化资源，岳麓书院的“吾道南来，原是濂溪一脉”，是永州历史“廉文化”的高度和深度，中国共产党创始人之一李达，无产阶级革命家陶铸、江华、萧明等诞生于此，北伐战争烈士蒋先云，革命烈士陈为人、何宝珍等众多为国家民族进步事业而牺牲个人的红色文化人物，化为“廉实力”建设的不竭精神动力。

四、永州“廉实力”建设的独特优势

思想是行动的先导，先进文化和正面观念能够产生吸引力、软实力，先进的文化观念对文化主体行为产生正向作用。而专制腐败的观念是社会发展进步的桎梏。习近平总书记指出：“研究我国反腐倡廉历史，了解我国古代廉政文化，考察我国历史上反腐倡廉的成败得失，可以给人以深刻启迪，有利于我们运用历史智慧推进反腐倡廉建设。”[①] 这为新时代深入挖掘传统廉政文化精髓推进廉政治理提供了基本遵循。永州是道德廉政文化重要发源地，我们要敬重永州厚重历史文化，坚定永州廉政文化自信，从本身具有“廉文化”中汲取其本体的精神力量，有利于形成“廉敬力”。并结合现代文明公平正义的核心价值，对优秀传统“廉文化”进行现代性转化与时代性发展，讲好永州“清廉故事”，推进现代“廉文化”治理。

（一）中华道德文明始祖舜帝“道德为先”文化

德不配位，必有祸。舜帝是中华道德文化的始祖。舜帝“象以典刑”“惩四凶”“选贤任能”，在政治权力运行中，兼用德治与法治两种治理手段，推行德主刑辅的伦理化政治，儒家创始人孔子称“巍巍乎！舜、禹之有天下也而不与焉。”舜帝一心为公，无私奉公，在踏上“南巡”之路之时，终因勤政积劳成疾，“崩于苍梧之野，葬于江南九嶷”，舜帝所创立的“道德为先”的道德文化影响中华文明深远。

（二）唐代柳宗元“吏为民役”的先进思想

柳宗元改革失败被贬永州十年之久，留下多篇经典名篇，在政治上他提出了“吏为民役”具有超越时代性的先进思想。他在永州为政，公正无私，他以《牛赋》和《瓶赋》坚定表达学习牛的“利满天下”和瓶子的“清白可鉴”。他写的《蝜蝂传》，是一篇生动表达过于贪心而自缚的政治反讽寓言。曲笔描绘贪官们“日思高其位，大

---

① 《习近平谈治国理政》第1卷，外文出版社2018年版，第390页。

其禄”，贪多名利，德不配位，自取灭亡。

（三）宋明理学周敦颐“廉洁为上”文化

周敦颐是理学鼻祖，也是“廉洁为上”的生命践行者。他生活崇尚素朴，“芋蔬可卒岁，绢布是衣食”，在价值观上，践行“君子以道充为贵，身安为富”的安贫乐道孔颜学说。他的经典名篇《爱莲说》借“出淤泥而不染，濯清涟而不妖”莲花的高洁生命形态蕴含着做人为官要清正自介的思想，成为湖湘文化中“廉文化”的思想源泉。《爱莲说》之外的另外一篇《拙赋》，用精炼而内涵丰富的文字告诉我们，从政治文化层面上说，拙政，也是廉政。为官做事，要规矩务实从政，这就是一种“廉实力”。

他在《拙赋》只有40字用“拙”的思想阐明了他“上下安顺，风清弊绝”的政治清明期许。纵横历史，他的“拙者”从政思想与柳宗元的《乞巧文》殊途同归，共同表达了为政要清正规矩、为人要拙诚廉洁的价值取向。后来影响二程、王阳明、曾国藩、谭嗣同、毛泽东等人的思想，成为湖湘文化中务实求真的重要源头，至今仍然是对治国理政具有借鉴价值的宝贵政治文化遗产。

（四）陶铸、李达等红色革命文化基因

永州是革命老区，革命先烈留下了丰富而动人的红色文化，文化中蕴含着为党和人民无私奉献和廉洁奉公的崇高精神和先进价值观，例如陶铸的“松树”的刚直风骨和“心底无私天地宽”的宽阔胸襟，李达的“始终为共产主义而战”坚定信仰，成为培育和激励着一代代共产党人的精神资源。传承吸收革命家陶铸、李达等人物及事迹留下的红色文化，充分挖掘蕴含其中的精神品质信仰，“发挥其文化的功能和效用，通过文化熏陶、思想政治教育等方式方法，要求全党树立马克思主义信仰和全社会弘扬社会主义核心价值观等廉政文化信仰。……通过信仰对人生价值观的影响，使其主动约束自己的一言一行，对规范领导干部的从政活动具有重要的意义”①。这也是新时代廉洁文化建设的迫切要求。

五、“廉实力”建设的基本路径

（一）净化政治生态，营造永州风清气正氛围

从历史经验看，一个政治生态多由于“潜规则”“关系学”盛行等导致结党营私，

---

① 陈平其：《廉政文化建设的信仰培育与制度规范》，《湖湘论坛》2018年第2期。

虚伪肮脏，以私害公，政治生态污浊。所以政治生态的净化需要站在以文化人的高度培育构建“知行合一”的坦诚互信党内政治文化，坚持公道正派、真诚厚道、谦卑自律等价值观，坚决反对搞两面派和反对“七个有之”。这种倡导清正廉洁、实事求是等党内政治文化，是党的领导力的灵魂所在。习近平总书记深刻指出强调：“政治生态好，人心就顺、正气就足；政治生态不好，就会人心涣散、弊病丛生。”

1. 坚定马克思主义信仰，纵深推进全面从严治党

中国共产党是马克思主义政党，必然坚持以马克思主义为指导思想，坚持中国特色社会主义理想信念，是我们的精神伟力源泉。同时，作为勇于自我革命的马克思主义政党，打铁必须自身硬，坚定马克思主义的信仰，从内心的信仰敬畏人民赋予的权力，这是实现廉政的“源动力”。从内心深处敬仰人民赋予的权力，把权力运用到造福人民群众身上，不以权柄谋个人私利，这是共产党员的权力观。中国共产党章程规定，中国共产党党员永远是劳动人民的普通一员。除了法律和政策规定范围内的个人利益和工作职权以外，所有共产党员都不得谋求任何私利和特权。在党还面临“四大考验”和“四大危险”新形势下，坚定党的初心和马克思主义信仰，是确保党不变质、不变色、不变味的磐石，是树立起立党为公廉洁用权的稳固力量。

2. 坚持以人民为中心思想，提升政府廉洁治理效能

我国是人民当家作主的社会主义国家，国家机构是围绕以人民为中心的发展思想而设置的，只有坚持人民至上，秉公用权，依法用权，为政清廉，才能提高政府公信力，防止“塔西托”陷阱。我们的机构和制度设置皆有，关键是执行，人性和人心是不确定的，人变了，人心不正，机构和制度运行能否彰显设立的初心而不致“制度失灵”？以推进政治体制改革，在实质上让权力关在制度的笼子里，让人民民主本位逐渐回归到位，这是实现政治清明的要旨所在。“一个国家的国家廉政体系主要是由有助于建构一个诚信、透明和负责的政府的主要制度和行动者构成，透明国际提出的国家廉政体系就好比一座大厦。”①

作为现代民主国家的中国，要提升政府廉洁治理效能，关键还是树立以人民为中心思想，扎扎实实地以制度编织好权力规范运行的笼子，构建中国式廉政体系“大厦”以牢牢稳固党的执政地位。

3. 严格执行廉政法规制度，打造清正勤勉干部队伍

客观说，人很难彻底战胜人性深处的私念。可以在一部分时间里抑制或者感化一部分人的私心，但不能在所有时间里消除所有人的私心。对人性恶的抑制，必须依仗

---

① 张少臣，李春成：《基于透明国际数据的国家廉政体系研究》，《甘肃行政学院学报》2013 年 6 期。

廉政法治制度的刚性力量。法治的一个不变命题在于对权力的限制。坚持法治，依法行政，是反腐倡廉的强有力武器。没有民主法治，腐败难以制止。

法治控权就是把廉政法规制度认真贯彻到反腐败斗争中的各个领域，围绕授权、用权、制权等环节推动廉政制度的系统集成与落实施行，提高廉政法规制度的执行力，没有硬实的执行力，再好的廉政法规制度起不到有效制约作用。而执行廉政法规制度，在于抓住“关键少数”，重在加强和改进对党政“一把手”用权制约，对其形成多维度强有力的监督，在于在有效的监督下领导干部从自身做起，提高有法必依、违法必究的执行力，以身作则，带头引领，这是增强党的领导力的关键一步。领导力，首先在于身正为范，干部自身树立标杆，以上率下的政治担当和清廉修为，形成廉生威、廉风习习的示范引领效应。

（二）优化经济生态，树立永州公平公正形象

政治生态的净化，离不开经济生态的优化。经济生态建设与政治生态建设具有正相关性。“廉实力”建设，从某种意义上说，是作为道德文化精神要素建设，能有效提高组织的战斗力和凝聚力，降低社会生产成本，进而对企业或者组织产生治理优势。反过来，进一步优化经济生态，厘清政企关系，有利于树立永州公平公正形象和清新的营商环境，推动永州经济高质量发展。

1. 围绕高质量发展，持续优化营商环境

高质量发展是看得见的硬实力结果，营商环境是看不见的软实力助推。一个地区要引进优质资本实现快速高质量经济发展，离不开营商环境净化优化的铺垫工作，这对于政府服务质量高低和公务员公正廉洁高效作风十分重要。党员干部恪守“为人民服务”的人民立场，树立为人民服务的责任意识和廉洁作风，促进公务员形象全面提升，赢得市场主体和投资商的由衷认同赏识，进而项目才能落地生根。“廉实力”建设，就是要提供企业适宜的成长环境。市场主体是政府服务绩效最直接的评价者，让企业能说实话、敢说真话，把企业真正当作衣食父母，对营商环境的改进具有深远作用。地方政府要出台有效措施保障企业成为营商环境建设的评价者和受益者。例如永州江永出台《关于实行优化营商环境“八个一律”硬性措施的通知》以增强营商环境软实力，2022 年 1 月，江永获得“中国营商环境百佳示范县市”荣誉。

2. 抓住监督公权力，推动政企健康发展

政府维持经济发展秩序和招引优良资本发展经济的过程中，如果公权力不加以有效监督和规范运用，就容易导致权力的“寻租”，出现腐败。因而既要发挥领导干部运

用权力发展经济，也要对权力加强制约和监督，让权力在正确轨道规范运行而不“出轨”。这需要从现代权力运作规律出发，按照决策权、执行权、监督权既相互制约又相互协调的原则配置与运行权力，推动纪委监委与党委权力形成平行制约监督关系，以此减少腐败发生。积极推进党务公开科学化、规范化与制度化是实现政企关系健康发展的基础条件。公开的目的是强化权力机制的免疫监督，将权力置于阳光之下，接受民众的监督，从制度上遏制腐败。另外，随着科技发展和技术升级，互联网大数据监督的科技力量也在被积极利用。例如永州江华瑶族自治县 2017 年开始大数据监督探索，近年来，通过创设智慧纪检监察平台，利用信息技术推动监督执纪，规避人情案件，使得监督工作上了新台阶。

3. 守好政商交往底线，构建亲清政商关系

企业是经济发展的主体。政府干预企业权限过大，支配资源多，企业为了谋利，选择腐败“寻租”违规经营的生存策略，这容易与政府官员形成胶着的利益交易关系。国务院出台的《关于全面实行行政许可事项清单管理的通知》从“权力清单”入手，深化“放管服”改革，旨在规范行政权力运行、改善营商环境。

党的十八大开展反腐败斗争以来，从查处的案例上看，受贿落马官员往往伴随着行贿的企业主，腐败企业主背后也牵带着官员权力“寻租”，利用公权力变现牟利，形成肮脏的政商关系，发生腐败。要厘清政商关系，改革这种“勾肩搭背”的政商关系，首先要使掌握公权力的人员约束住自己的手脚。“尊崇党章，严格执行新形势下党内政治生活的若干准则，增强党内政治生活的政治性、时代性、原则性、战斗性，自觉抵制商品交易原则对党内生活的侵蚀。”从企业来说，遵守宪法法规，依法依规诚信经营，不越法律法规“防火墙”，守好政商交往“隔离带”不过界，才是长久发展之道。

（三）厚植清廉文化，引领永州崇清尚廉风尚

1. 保护传承文化，涵养永州廉政文化资源生态

文化，以文化人，廉洁文化是廉政治理的基石。中华文明发展过程中形成了具有鲜明特点的情感政治，继承发扬廉耻守道、敬仰家国情怀的中国优秀政治文化，是中国特色社会主义政治制度文化所传承发扬的。我国历史上，历朝历代的统治者为了维护自己的统治地位，都高度重视道德教育，特别是为政者的道德教育。我们要坚持古为今用，推陈出新，使之成为新形势下加强反腐倡廉教育和廉政文化教育的重要资源。“廉洁道县”的创新实践，从县级层面为全省乃至全国开展廉洁建设提供了可推广、可借鉴的样本。从周敦颐的出淤泥而不染的清风廉正、清介自守到新田一代廉吏王鼎铭，

廉洁下士，躬身笃行，舍身护民，都是永州廉政文化的代表人物的人格力量体现，保护传承清廉文化，敬仰清正人格，涵养永州廉政文化资源生态，为“廉实力”建设提供“廉动力”。

2. 挖掘文化价值，形成永州廉政文化理论形态

文化自信，是最根本的自信。文化反腐，以廉文化清风化人，善于借鉴人类政治文明成果，挖掘和提炼本地区廉政文化价值和廉学理论，以先进的廉洁理念引领社会风尚，以正气洗涤人心。“廉政文化对党员发挥着陶冶情操、模塑人格、增强党性、稳固信仰的功能；对政党发挥着规范路径、激浊扬清、展示形象、凝聚力量、自觉自省的功能；对社会发挥滋养民众、引领风尚、净化风气、导向主流的功能。”① 周敦颐“廉学”的代表作品《爱莲说》与《拙赋》，都传达出中华优秀传统文化的“廉耻，士君子之大节”的君子之风，启示着干部要如君子，树立清廉的现代权力观，并忠诚践行廉政的价值观。

对于身处权力系统的领导干部，需要时刻以“廉文化”筑牢心理防线，不断增强自身政治免疫力，以廉洁为本，以廉政文化理论提升干净做事与清白做人境界，为党和人民事业而奋斗。从宏观上说，需要按照习近平新时代中国特色社会主义思想，根据永州廉政文化优势，融入创设“廉政学”，培育专业政治人才，构建“廉学”理论体系，用廉政理论培训教育党员干部。

3. 创新文化宣传，提升永州廉政教育实效作用

廉政文化宣传首先从政府做起，有效治理“语言腐败”，形成简约清新的学风会风文风。另外，开展清廉文化资源的宣传，让民众近距离感知并接受廉政意识。一是增强清廉阵地建设，强化正面宣传。道州濂溪书院为纪念周敦颐而建，2017 年恢复重建，现在修建成具有警示教育性和文化观赏性的廉政文化教育基地，是研究和传播“廉文化”的平台和阵地。新田县也依托孝文化公园的“孝德”土壤，培育廉洁基因，以桥梁通家风，携廉洁入幽径，廉事传美德、孝廉相辉映等板块为载体，打造廉政文化主题公园。讲好中国“廉政故事”。例如“半鸭知县”“杨震拒金”、讲好本地廉政故事，例如王鼎铭“约法三章”，龙家大院，八德之乡、太守遗风等。二是永州积极推进“镜鉴”以案促改与以案明纪的警示教育。一个县区一把手腐败，给这个地区经济社会发展环境带来难以估计的负面影响。2021 年，永州市委在全市范围内集中开展“镜鉴”以案促改警示教育活动，全市各地各单位因地制宜，多措并举，大力开展警示教育活动。截至 2021 年 4 月 20 日，全市 2.6 万余名党员干部参加警示教育，撰写学习心得体会 4100 余篇，部分文章刊发在“清廉永州”公众号，让全社会看到了永州市委改善永

① 汪洋：《习近平党内政治文化思想研究》，中共中央党校出版社 2018 年版，第 432 页。

州社会经济发展环境的决心和力度。

4. 构建全面的廉洁教育环境

一是廉洁教育从娃娃抓起，注重家庭教育，从小养成廉洁的习惯，将这种习惯慢慢内化为内心的价值观，转化为廉洁的行为方式。“家庭是一个人最初的也是永远的学校。周恩来的祖父和外祖父都是学者型县官，浓郁的文化氛围氤氲着他的童年时光。他曾说他有三个母亲，生母、嗣母和乳母。生母和嗣母作为大家闺秀，饱读诗书，早早便教他修齐治平的道理。生母有一次中了大奖，竟然用奖金修了一条路，这件事在周恩来幼小的心灵留下了烙印。乳母则是善良的穷人，时常带他到乡下玩，民众的痛苦和无助引起了他深深的同情。”① 可见，家庭廉洁品行教育对人的影响至深的。二是创新学校德育阵地建设，把清廉文化教育融入德育教育教学全过程。把“廉文化”建设融入新时代师德师风建设，营造教书育人的廉洁文化环境。加强社会公众监督和推进教育的有效治理，集中惩治教育系统公职人员违规违纪以及变着“花样”搞教育腐败等不正之风，以正教风。三是积极倡导绿色环保生活方式，树立廉洁是一种生活方式的生活理念。构建一种清正廉洁、绿色健康的生活方式。

（四）重塑社会生态，构筑清朗向上社会风气

社会生态，是宏观生态，社会生态的清朗氛围，对“政治人”用权具有正面的导向作用。党的十八大以来，以习近平同志为核心的党中央对全党的正风肃纪，可以明显感知到社会不正之风也得到有效治理，赢得全体人民和社会各界的拥戴。以党的自我革命引领社会革命，以自身的清廉引领社会清朗风气。积极推动清廉永州化风成俗，从而涵养永州社会更加充盈的清气、更加浓厚的社会正气，让清正廉洁成为永州社会各界的“廉风尚”，从而夯实“廉实力”建设的社会基础。更为重要的是“廉实力”建设更要着眼于进一步改善全社会创业创新的动力机制，正向激励，重用廉能人才，优化绩效考核机制，廉而能为，廉而有为，带动社会形成积极上进的干事创业氛围。

1. 培育“清廉细胞”，统筹推进清廉单元建设

以建设清廉单元为载体。高度重视“廉实力”建设，需要从宏观上系统构建，从微观上着力推动。把“廉实力”建设积极有效融合到各行业业务工作中，并在培育“清廉细胞”中，凝聚人心，产生战斗力。积极推介清廉单元的典型，精准宣传，以点带面式将清廉永州建设向各个系统纵深推进。比如新田清廉乡村建设的典型——新田

① 习骅：《周恩来之谜》，《学习时报》2018 年 3 月 9 日第 7 版。

陶岭镇周家村，作为濂溪一脉，该村注重村民的思想道德建设和廉政文化建设，通过深入挖掘本村廉政文化资源，对村内遗存的古建筑进行本色修旧，建立了以《爱莲说》为结构主体、以廉政文化为主题的新田首个爱莲公园，廉政文化依托载体得以有效传承，该村的“清廉细胞”得以充分激活。

2. 筑牢清廉根基，深入开展廉洁家庭家教家风建设

修身齐家治国平天下。修身，首先是管理自身的欲望能力，学会知足，守好底线，打退“糖弹”的进攻关键在于炼就金刚不坏之身，养成一身浩然正气，有了自身硬气骨气，“齐家”才有了主心骨。家风建设还是从严以修身出发，防止“围猎”者“糖衣炮弹”的进攻，不断增强政治免疫力。以身作则教育身边人，树立起清廉家风，清廉齐家成为为官从政必须涵养的领导力。

要从家庭建设筑牢廉洁根基，可以通过文明家庭的评比等活动，奖励星级廉洁家庭；支持激励清廉类型文艺作品的家庭创作，开展清廉家风宣教活动，让以廉为荣的“廉思维”在家庭中培植发育；积极推动“廉文化”资源开放共享，推动廉洁文化进家庭等活动，构建清廉永州建设的廉洁家教环境。

3. 推动“诚信永州”，构建社会信用体系

建设“清廉永州”，就要构建“诚信永州”，推进永州诚信治理体系建设，这是一项基于社会发展需要的、基础性且宏大的工程。其更多指向的是，优化社会公共领域治理所能达成的普遍诚信人文环境和制度环境。

公民的私德与公德密不可分。私人谎言可能只是公共道德治理缺位的产物，社会上出现的假冒伪劣产品不过是公共诚信治理缺失的延伸。倡导诚信文化，在诚信文化价值观基础上构建全社会诚信的治理体系，这是永州“廉实力”建设的着力点。

现代权力观的正确树立在于公务人员在宪法法律内，维护自身权利，而非利用权力得到非正当利益。想通过权力得到好处，这就不是正念，就是产生当官发财、谋不义之财的念头，不是正确的权力观。所以廉政治理，思想根源上是坚定理想信念，树立清廉的政治道德观。所谓“官德正，则民风淳；官德毁，则民风降”，说明干部清廉之德的重要性。从某种意义上说，廉政建设，还是在于强力推动自身廉洁建设，勇于自我革命，革自己的贪腐的念头，从思想上筑牢防线，行动上自觉约束自己的权力行为。客观地说，这还很艰巨、很困难。

“公生明，廉生威。”“廉实力”建设就是要构建不敢腐的“廉慑力”，不能腐的“廉正力”，不想腐的“廉动力”，以法治刚性制度执行力为硬实力，以廉政思想文化建设为软实力，共同构筑“廉实力”建设两大主线。当然，“廉实力”建设，离不开社会民众监督和外部力量的推动。推动公民积极参与廉政建设和公共政策监督实施，

推动廉政治理的国际合作，增强外部推动力量，共同打好反腐败斗争。伴随整个社会多元力量增强，确立起一套向社会开放的有效机制，培育壮大社会公众的监督力量以有效制约政府权力，从而跳出“历史周期率”。

黄海迪、陈桐生均系中共新田县委党校讲师。本文是2022年湖南省党校（行政学院）系统社会科学规划课题结项成果。

乡村振兴中推进全过程人民民主研究

唐潇 郑飞

一、乡村振兴与全过程人民民主

（一）乡村振兴

乡村振兴战略是习近平总书记于2017年10月18日在党的十九大报告中提出的战略。“产业兴旺、生态宜居、乡风文明、治理有效、生活富裕”，这是实施乡村振兴战略的总要求。习近平总书记指出：“民族要复兴，乡村必振兴。”我国人民日益增长的美好生活需要和不平衡不充分的发展之间的矛盾在乡村最为突出，全面建成社会主义现代化强国，最艰巨最繁重的任务在农村，最广泛最深厚的基础在农村，最大的潜力和后劲也在农村。

实施乡村振兴战略，是解决新时代我国社会主要矛盾、实现“两个一百年”奋斗目标和中华民族伟大复兴的中国梦的必然要求，具有重大现实意义和深远历史意义。

（二）全过程人民民主

2021年10月，习近平总书记在中央人大工作会议上发表重要讲话指出：“我国全过程人民民主实现了过程民主和成果民主、程序民主和实质民主、直接民主和间接民主、人民民主和国家意志相统一，是全链条、全方位、全覆盖的民主，是最广泛、最真实、最管用的社会主义民主。”全过程人民民主的根本保障是中国共产党的领导，制度载体是人民代表大会制度，重要形式是协商民主，重要体现是基层民主。

党的二十大报告指出：“保证人民依法实行民主选举、民主协商、民主决策、民主管理、民主监督，发挥人民群众积极性、主动性、创造性，巩固和发展生动活泼、安定团结的政治局面。”

（三）全过程人民民主对乡村振兴的重大意义

乡村振兴，农民是主体。在乡村振兴中充分发挥农民主体作用的过程，就是全过程人民民主一场广泛、深刻、生动、鲜活的实践。只有让农民全过程参与、充分表达意见、凝聚强大力量，乡村振兴战略才能在中国广阔的农村地区落地生根、开花结果。

1. 全过程人民民主有利于集中资源、选准方向，实现产业兴旺有路子

产业兴旺是乡村振兴的基石。发展现代农业是产业兴旺的必经之路。如何发展现代农业，则取决于当地的资源和条件，尤其是资源能否有效集中和产业发展方向是否精准，这直接关系到产业发展的规模效益和可持续性。众所周知，农村最大的资源就是土地资源，我国农村绝大多数的土地资源都掌握在农民手中，村级集体的土地资源极少。因此，在乡村发展产业必须做好土地流转这篇大文章。在乡村推进全过程人民民主，一方面，能够把产业发展的话语权完全交到农民自己手中，变“要我做”为“我要做”，让农民以主人翁的姿态自发做好土地流转，有效集中土地资源，扎实推进产业的发展。另一方面，由于农民最了解自己的土地适合发展什么样的产业，让农民全程参与民主管理、民主监督，能够充分发挥农民的积极性、主动性、创造性，更能选准适合本地实际的产业发展方向，实现产业的可持续发展。所以，在乡村推进全过程人民民主，能够有效集中资源、选准产业方向，实现产业兴旺有路子。

2. 全过程人民民主有利于提高认识、统一意志，实现生态宜居有保障

生态宜居是乡村振兴的保证。以尊重自然、保护自然、顺应自然的生态文明理念实现人与自然和谐共生，需要保留乡土气息、保存乡村风貌、保护乡村生态系统、治理乡村环境污染，让乡村人居环境变得更加美丽。在乡村推进全过程人民民主，一方面，可以提高村民对生态宜居的认识水平，使全体村民充分认识到生态文明理念的重要性，为乡村实现人与自然和谐共生提供思想保障。另一方面，可以让全体村民统一意志，统一行动，让村民自觉采取有效措施，积极开展人居环境整治，美化村庄，提高村容整洁程度，大力完善村内水、电、路、讯等硬件基础设施。因地制宜、因村施策，最大程度保护村庄自然环境，真正做好人与自然和谐共生、融为一体，实现生态宜居有保障。

3. 全过程人民民主有利于文化传承、崇尚美德，实现乡风文明有支撑

乡村文明是乡村振兴的灵魂。十里不同风，百里不同俗。乡村文化往往以乡村风俗的形式进行传承与创新。而乡风文明建设的重点则在于乡村文化的建设，它既包含了大力弘扬社会主义核心价值观，严格遵守村规民约、红白理事会、道德评议会、村民议事会、禁毒禁赌会等规则约定，也包含了弘扬尊老爱幼、邻里互助、诚实守信等

传统美德。俗话说一方水土养一方人，乡村文化离不开乡土气息，更离不开在这乡土养育下成长的一代又一代人民，人民在乡土发展、创造出当地特有的文化，这些带有浓厚乡土气息的文化则需要当地人代代相传，生生不息。在乡村推进全过程人民民主，能够尊重人民的主体性，践行以人民为中心的发展思想，充分发挥乡村人民传承文化的积极性、主动性、创造性，让当地人成为文化传承、崇尚美德的主力军，实现乡风文明有支撑。

4. 全过程人民民主有利于遇事找法、依规治村，实现治理有效有良策

治理有效是乡村振兴的核心。治理是否有效直接关系到乡村振兴战略的实施效果。因此，要健全以自治为基础、法治为保障、德治为补充的“三治融合”乡村治理体系，努力提高乡村治理能力和治理水平。法治能为基层治理提供根本保障，加强法治则能更好地维护村民利益，促进村“两委”干部履职为民，有效制约乡村公共权力。在乡村推进全过程人民民主，既能让人民全程参与乡村社会治理，通过民主协商制定出符合村情实际的治理规则，也能让人民养成规则习惯，提升法治意识，让人民在面对各种矛盾纠纷、复杂问题时能够自觉依靠规则和法律处理问题，形成遇事找法、依规治村的新风尚，实现治理有效有良策

5. 全过程人民民主有利于科学规划、求真务实，实现生活富裕可持续

生活富裕是乡村振兴的目标。实施乡村振兴战略的根本出发点和最终落脚点在于生活富裕，农村广大群众对美好生活的向往和需求在于生活富裕。生活富裕既要通过增加农民收入来保障物质生活，也要通过完善基础设施来改善生活条件，还要通过城乡基本公共服务均等化来提升服务供给。在乡村推进全过程人民民主，具有广泛性、真实性，让农民当家作主，既能按照农民真实意图制定村庄规划，也能按照农民生产状况完善基础设施，还能按照农民实际需求提供服务供给，做到科学规划、求真务实，不断增加农民收入，缩小城乡居民贫富差距，提高农民的获得感、幸福感、安全感，让广大乡村人民享受国家改革发展红利，实现生活富裕可持续。

二、在乡村振兴中推进全过程人民民主存在的主要问题

本文结合实际调研，对在乡村振兴中推进全过程人民民主存在的主要问题进行分析并归纳为三个维度，一是治理维度：引领缺位，二是价值维度：认识偏差，三是实践维度：制度失效。

（一）治理维度：引领缺位

东西南北中，党是领导一切的。在乡村振兴中推进全过程人民民主的根本保障是

坚持中国共产党的领导。然而，有些地区在推进全过程人民民主的过程中，由于党的引领缺位，致使治理效果不理想。

1. 村党组织存在软弱涣散现象

上面千条线，下面一根针。基层党组织是贯彻落实党的理论政策、路线方针、各种任务的战斗堡垒，是党的神经末梢。基层党组织如此重要，为何还是会出现软弱涣散现象？一是在党组织建设上，既没有加强对党的理论政策学习，尤其是对习近平新时代中国特色社会主义思想的学习，也没有认真执行“三会一课”制度，对党员教育管理比较松懈，更没有积极发展年轻党员和大力培养村级后备力量，致使基层党组织的凝聚力、号召力不强，影响全过程人民民主的推进。二是在示范引领上，既存在党组织书记因个人能力欠缺无法胜任工作而消极懈怠的情形，也存在党组织书记因个人私欲膨胀，公器私用，损害人民群众利益的情形，还存在党组织书记回避监督，不愿主动请人来监督，脱离群众路线，致使群众参与度不高、信任度不强，从而难以推进全过程人民民主。三是在基层政权稳固上，既有因宗教宗族势力强大而直接或间接干扰渗透基层政权的乡村，也有因资源或历史原因而受到利益集团影响基层政权的乡村，致使基层党组织的组织力和执行力不强，从而影响全过程人民民主的推进。

2. 基层党内民主形式大于实质

党的二十大报告中强调“基层民主是全过程人民民主的重要体现”。基层民主直接反映民众的利益诉求，是民众参与基层自治的重要途径。然而在基层民主的实践过程中存在形式大于实质的问题，这究竟是什么原因造成的呢？一方面，由于我国实行垂直化管理体制，乡镇政府管理与村民自治存在冲突。乡镇、村都认为反正是为了村民好，加上很多时候时间紧、任务重，就自作主张，并没有让村民充分参与进来，有时即使让部分群众参与民主协商、民主决策，也仅仅只是以拍照留痕为主，匆忙决策，只重结果不重过程，致使基层民主变成了一种形式民主。另一方面，村党组织与村自治组织存在冲突。比较明显的就是村级组织制定的“一约四会”，由于制定过程存在不公开、不透明等现象，加上村规民约的执行者及道德评议会、村民议事会、红白理事会、禁毒禁赌会的主要负责人基本上都是由村“两委”干部兼任的，普通民众虽然可以通过自治组织来表达自己的意愿，但能否得到重视往往取决于村“两委”干部的态度，致使基层民主缺少民主实质。

3. 部分基层党员干部脱离群众

伟大领袖毛主席曾说过：“我们共产党人好比种子，人民好比土地。我们到了一个地方，就要同那里的人民结合起来，在人民中间生根、开花。”① 习近平总书记指出党执政后最大的危险就是脱离群众。那为何仍有部分基层干部脱离群众呢？一方面，面对上级各部门下达繁重的工作考核任务，有些基层干部整天都要报送各类资料、表格、数据等，有些工作甚至还需要加班加点才能勉强完成，忙完工作就已经很累了，根本无法再抽出时间走到群众身边，了解群众各种急难愁盼的问题。另一方面，有些基层干部作风懒散、感情淡薄、能力欠缺、斤斤计较，主观上还认为自己是干部，要比普通群众高一等，刻意与群众保持一定的距离，甚至在开展各类入户走访活动时，因下乡成本高而选择以打电话的方式来代替与群众面对面的交流。

（二）价值维度：认识偏差

实践决定认识，认识对实践具有反作用。由于长期缺乏民主实践，对民主不了解，从而产生了认识偏差。对民主的认识偏差又会进一步影响民主的实践。

1. 公民意识淡薄不识民主

民主为何物？中国封建社会存在了两千多年，封建传统思想对我国公民的意识仍有一定程度的影响，越是落后偏远地区受封建思想的影响越大。较为明显的例子便是在有些农村地区，群众认为村“两委”干部是官员，而不是人民的公仆，甚至认为只要自己安分守己，不被官员欺压就行了，压根就没有了解民主的想法，甚至有少数民众还担心民主会给自己带来麻烦。民主有何用？有些人认为民主是否有用要看民主对自己是否有利，只要对自己有利就是民主有用，对自己不利就是民主无用。比较典型的则是有些公民表示清楚自己享有民主的权利，也曾积极参与过民主选举、民主协商、民主管理、民主监督等民主实践，但往往以自己的意图能否实现，对自己是否有利为衡量标准，在自己私利受损的情况下，则认为不民主。

2. 宗族观念固化抵触民主

一方面，虽然随着现代化的不断发展，在我国受宗族观念影响的人越来越少，但是仍有部分民众由于个人势单力薄，以贴上宗族标签、得到宗族庇护为荣。这类人群在外不再称呼自己的名字，而是说自己是某个家族的人，常常把家族里或地位显赫或德高望重或事业有成的那些人挂在嘴边，说自己与这些人的亲属关系，以此来炫耀自己。这类人群往往只顾家族利益，不顾村级集体利益，对基层民主更是嗤之以鼻。另一方面，随着经济纽带的建立和固化，例如打印之乡的新化县，小吃之乡的沙县，这类经济体的发展模式基本上都是以血缘关系为纽带的家族抱团式发展，内部分工明确，外部高度统一。很多时候，他们明知是不对的，但为了与家族里的多数人保持一致，

---

① 《毛泽东选集》第4卷，人民出版社1991年版，第1162页。

为了自己的经济利益不受损失，不得不抵触民主。

3. 局外旁观心态远离民主

局外旁观心态是一种将自己置身事外的社会心理。在基层民主实践中主要指“事不关己高高挂起”和“我也无能为力”两种心态。一方面，由于普遍存在“多一事不如少一事”的社会心理，尤其是在与自己切身利益无直接关联的情况下，贸然发表意见或采取行动，会产生“枪打出头鸟”的心理暗示，这类人群缺乏独立思考，没有自己的判断，总是跟着别人随声附和、人云亦云，甚至还宣称自己是随大溜的，这实质上就是一种“事不关己高高挂起”的心态，致使自己主动远离民主。另一方面，由于胆小懦弱的性格使然，不仅担心自己的想法或意见得不到大家的认可，甚至害怕自己的想法或意见遭到别人的反对，而自己又没有反驳或辩解的勇气，久而久之，沉默便成了一种常态。虽然有时候被要求谈点想法或说点什么，往往也只是简单说上一两句无关痛痒的话，内心深处却在反复告诫自己“我也无能为力”。

（三）实践维度：制度失效

制度建设是党的建设的一项基础性工程。笔者认为，在乡村振兴中推进全过程人民民主制度失效的主要原因包括制度建设、制度理解、制度执行三个方面。

1. 规范科学高效制定制度不多

法无禁止即可为，这对制度来说也同样适用。制度往往决定人的态度，制度对人的行为能够起到引导、规范、约束的作用。在乡村振兴中推进全过程人民民主，民主协商、民主决策、民主管理、民主监督等制度保障是前提。首先，规范制定的制度更能起到示范引导作用，例如村民民主管理制度，不仅能让群众明确自己享有哪些民主权利，还能以制度形式明确应以哪种方式参与民主实践，是对群众民主权利的一种制度保障。其次，科学制定的制度更能符合村情民意，既注重制度制定过程的客观性、公正性、公开性，也注重民众的参与性、协商性、决策性，因而更加具有可操作性。再次，高效制定的制度既能节省时间，也能提高制度效能。如何才能做到高效呢？不仅需要有能力有水平的民众积极参与，还需要充分调研，广泛征求群众意见。例如面对森林防火、疫情防控等特殊紧急任务时，能否高效制定相关管理制度成为解决问题的关键。然而由于各种原因，村级组织在制定制度上面的确存在着不够规范、不够科学、不够高效等问题。

2. 耐心细心用心讲解制度不够

制度只有在人民群众心里扎根，才能达到预期效果。在乡村振兴中推进全过程人民民主，如果要让人民群众充分理解制度，那么制度讲解则是不可或缺的重点工作。

众所周知，乡村的年轻人大多外出发展，长期在乡村居住的大多是老年人和孩子。老年人普遍文化水平较低、身体状况较差，对制度的理解存在一定的难度。例如向高龄健忘的人群讲解村级民主选举管理制度时，则需要基层干部有足够的耐心，不厌其烦，多次讲解，让这类人群明白自己享有民主选举权，从而积极参与民主选举；向文化水平低、理解能力差的人群讲解村级民主监督管理制度时，则需要基层干部足够细心，既要逐字逐句讲解制度内容，又要突出重点，讲清难点，让这类人群明白自己享有民主监督权，从而积极参与民主监督；向农务繁忙或不愿外出的人群讲解村级民主协商、民主决策管理制度时，则需要基层干部用心用情，创新讲解方式，深入田间地头，播放小喇叭等，以通俗易懂、接地气的语言宣讲制度，让这类人群明白自己享有民主协商、民主决策权，从而积极参与村级事务的民主协商、民主决策。然而，由于基层干部数量有限、素质参差不齐、工作任务繁重等各种原因，很难做到耐心细心用心地向人民群众讲解制度。

3. 严肃认真公道执行制度不力

制度的生命力在于执行。只有严格按照制度执行，才能更好地尊重制度、保护制度，从而实现制度效能的目标。在乡村振兴中推进全过程人民民主，制度执行是核心。首先，制度有没有效力，取决于对待制度的态度。例如村级组织生活会管理制度，如果认为这个制度只是写在纸上、挂在墙上的宣传、迎检资料，那么这个制度就形同虚设、成为摆设。因此，只有严肃对待制度，把制度当作武器，才能发挥制度的效能。其次，共产党人最讲认真两个字，制度执行也应如此。例如在推行丧事简办、喜事不办等移风易俗新规时，需要认真对照，切不可主观臆断是否符合制度或违反制度，否则制度会因此失真失效，甚至沦为笑谈。再次，制度执行一定要公道、公正，不可偏废，制度执行要做到对事不对人，例如村级制定的森林防火管理制度、临时救助申请管理制度等，执行者不可以有优亲厚友的错误认识，更不可以因人而异，厚此薄彼。然而，由于基层干部没有端正对待制度的态度，主观臆断，存有私心，致使严肃认真公道执行制度的力度不够。

三、大力推进全过程人民民主，助力乡村振兴

（一）坚持党的领导，建强组织，激发乡村振兴民力

习近平总书记提出：“要加强和改进党对农村基层工作的全面领导，提高农村基层组织建设质量，为乡村全面振兴提供坚强政治和组织保证。”① 只有始终坚持党的领导，

① 《习近平谈治国理政》第 4 卷，外文出版社 2022 年版，第 60 页。

建强基层党组织，才能激发广大人民群众推进乡村振兴的强大力量。

1. 加强基层党建

基层党建是基层治理的核心，起到关键作用，基层党支部是实现乡村振兴战略的战斗堡垒。一是基层党支部要完善自身建设。强化党的理论政策文件学习，尤其是加强对习近平新时代中国特色社会主义思想的学习。同时认真执行“三会一课”制度，严格党的组织生活，加强党员教育管理，高质量开展主题党日活动，积极发展年轻党员，培养村级后备力量。同时，充分保障党员的各项权利，鼓励党员充分行使民主监督的权利，以党内民主带动村内民主。二是基层党支部要健全各类组织。对村级各类组织的健全和人员配备要把好关，选对人，对各类组织的工作要分工明确、责任到人，要充分发扬民主，尽力扩大参与范围，协商充分，确保工作有人管、有人干、干得好，对各类组织的运行要公开透明，公正合法，确保村级各类组织在党的领导下开展工作。三是基层党支部要引领乡村治理。基层村党支部要统筹协调乡村治理各项工作，积极推进全过程人民民主，使各项工作有序稳健开展。同时，积极开展民主评议，建立各类组织负责人和村“两委”干部向基层党支部述职报告制度，对述职情况开展评议，形成年度工作总结报告和下年度工作规划，有效促进乡村治理。

2. 走好群众路线

群众路线是党的生命线和根本工作路线，做好群众工作是践行新时代党的群众路线的重要保证。一是把群众路线走深。始终坚持以民为本的理念，践行全心全意为人民服务的宗旨。基层干部走街串巷，进村入户，上山下田，把群众反映的急难愁盼的问题收集上来，鼓励民众积极参与民主协商、民主决策，让民众充分享受到民主权利。二是把群众路线走实。要了解群众的真实想法和实际需求，打开村级民主的大门，让民众积极参与村民自治，对村级各项事务能够做到敢说、能说、想说，让民众可以自由表达自己的诉求。同时要把干部服务群众、联系群众、走访群众的工作作为民众对干部评价的重要指标，让民众充分行使民主监督的权利。三是把群众路线走宽。根据时代发展的变化，走好网上群众路线是走宽群众路线的重要途径，建设 QQ 群、微信群，开设电子邮箱、公众号、视频号、抖音直播等线上平台，走好新时代的网上群众路线，丰富民众参与基层民主实践的形式，提升民众民主实践的参与度。

3. 推动“三治融合”

党的十九大报告指出：“加强农村基层基础工作，健全自治、法治、德治相结合的乡村治理体系。”一是提高自治约束力。本着共商共建共享的原则，广大村民积极参与村民自治，为推动乡村振兴战略的实施建言献策，出心出力，通过民主协商、民主讨论，制定村规民约，成立红白理事会、村民议事会、道德评议会、禁毒禁赌会等村民自治组织，通过提高民众的参与度，不断提高自治约束力，以此来激发民众践行全过程人民民主的内生动力。二是提高法治威慑力。通过新时代文明实践站、政策理论宣讲室、法制宣传栏等平台营造浓厚民主法治的氛围，使全过程人民民主理念深入人心，基层干部依法行使职权，民众依法维护自身利益，大家共同遵守法律规定，维护法律威严。同时健全民主制度，落实“四议两公开”“三重一大”等民主决策、民主管理机制，全面开展党务村务财务公开工作，增强村民法治意识，不断提高法治威慑力。三是提高德治感染力。弘扬传统美德，评选“孝义之星”“五好家庭”，挖掘历史文化内涵，建设“村史馆”“文化书屋”等文化场所，开展“感党恩、跟党走”“读家训、传家风”活动，倡导“守望相助”“扶危济困”等文明新风，持续营造德治氛围，不断提高德治感染力，夯实全过程人民民主的道德基础。

只有坚持党的领导，加强基层党建，建强基层党组织，走好新时代党的群众路线，积极推进“三治融合”乡村治理体系建设，才能激发亿万民众的强大力量，从而更好地推进全过程人民民主，有效助力乡村振兴的发展。

（二）畅通民意征集，明确诉求，汇集乡村振兴民智

人民群众是历史的创造者，人民群众的实践是最丰富最生动的实践，人民群众中蕴藏着巨大的智慧和力量。习近平总书记始终把人民放在心中最高的位置，强调“要尊重人民首创精神，甘当人民群众小学生”①。畅通民意是人民民主的生动体现，明确群众诉求是解决民生难题的关键。因此，要充分畅通民意征集，明确人民群众的诉求，汇集人民群众的无穷智慧助力乡村振兴的发展。

1.“邀约制”会议把民意请进来

一是召开乡村振兴月例会。根据上级工作要求和当月重点工作，结合本村实际，广泛邀请村内老党员、群众代表、致富能手、技术专家、监督委员会代表等参加乡村振兴月例会，每月底发布次月乡村振兴月例会计划，明确会议议题及拟召开时间，让参会人员有足够的时间商讨议题，提高会议效率，会议议定事项明确责任人及完成时限，并进行公示，接受群众监督。二是召开乡村振兴座谈会。按照季度召开乡村振兴座谈会，出席座谈会的人员可以根据座谈会需要有针对性地邀请本村村民代表及各行各业专家人才，例如完善村规民约座谈会可以邀请法律专家，早稻生产座谈会可以邀请农业方面的专家，集众人之智解众人之困。三是召开乡村振兴屋场恳谈会。几把凳子围成一圈，中间摆放一张圆桌，大家利用农忙闲暇之余，坐在一起拉家常、聊经验、

① 习近平：《论坚持人民当家作主》，中央文献出版社2021年版，第121页。

谈发展，不为屋场恳谈会设定预期目标，只以大家是否畅所欲言、是否感觉惬意为恳谈会目的。例如针对整治人居环境、大操大办，推进移风易俗等顽固问题时，通过屋场恳谈会的方式往往能起到很好的效果。通过“邀约制”会议把民意请进来，不仅是保障民众的民主协商、民主决策权利，更是推进全过程人民民主的具体体现，能够有效助力乡村振兴的发展。

2.“入户制”走访把民意记下来

“脚步为亲”是流传在广大农村地区的一句俗语，它不仅体现了广大干部深入一线、密切联系群众的工作作风，更是干群关系融洽的生动体现。一是宣传政策记录民意。政策宣传到户到人是基层自治的一项重点工作，政策宣传越深入越细致，人民群众的获得感、幸福感、安全感也会越来越高。在入户宣传政策的时候，尊重人民群众主人翁地位，让人民当家作主，往往能够听到人民群众内心真实的声音。二是结对走访记录民意。开展党员干部结对联系、结对帮扶活动，结对帮扶人入户走访要做到五必记，即生活困难必记、致富难题必记、邻里纠纷必记、意见建议必记、信访问题必记，真正做到以民为本、人民至上，更好推进全过程人民民主。三是调解纠纷记录民意。村民矛盾纠纷主要集中在邻里纠纷、土地相邻权、土地承包、身体伤害等方面。基层干部在入户调解矛盾纠纷时，既要坚持实事求是的原则，客观公正处理矛盾纠纷，又要掌握一定的方法和技巧，晓之以理动之以情化解矛盾纠纷，更要把村民的意见认真记录下来，将意见内容转化为实际行动，让民众积极参与民主管理、民主监督，更好推进全过程人民民主，助力乡村振兴的发展。

3.“意见箱”投递把民意收起来

随着广大人民群众民主意识的不断增强，参政议政的积极性日益提高，需要科学设置意见箱，畅通民意表达的渠道。一是设立固定意见箱。在村活动中心和各自然村、组分别设置固定意见箱，专人负责定期开箱整理村民的意见，并将村民的意见及时提交村级各类会议讨论、审议，对促进发展、解决实际问题的意见给予一定的奖励并公开表彰，营造充分表达民意的良好氛围，让民众愿意参与全过程人民民主实践。二是设立网络意见箱。利用互联网等网络平台，设立村支书意见箱等网络意见箱，网络意见箱具有不受时间、地域限制的特点，可以随时随地投放。对于在家不方便投递固定意见箱或在外的村民，则能通过投递网络意见箱的方式表达自己的意愿或建议，让民众能够参与全过程人民民主实践。三是设立活动意见箱。这里所指的活动意见箱是指由村级党组织指定的、专门负责上门收集村民意见的人。活动意见箱可以是基层干部，也可以是党员，还可以是热心的群众，人员不必固定，让民众方便参与全过程人民民主实践。

只有坚持人民主体地位，畅通民众意见表达渠道，主动征集民众意见，充分发挥基层民主的积极作用，才能汇集亿万民众的智慧，从而更好地推进全过程人民民主，有效助力乡村振兴的发展。

（三）加强协商，形成共识，凝聚乡村振兴民心

毛泽东强调："国事是国家的公事，不是一党一派的私事。"① 社会主义协商民主是中国共产党和中国人民的伟大创造，是中国特色社会主义民主政治的特有形式和独特优势。因此，要加强基层协商民主，形成发展共识，凝聚起乡村振兴的强大民心。

1. 协商主体多元化

农村基层协商主体主要包括村"两委"、村民自治组织、农村精英这三个方面。要想推动基层协商民主，则必须推动这三类主体积极参与民主协商。一是做好村"两委"民主协商。村"两委"民主协商是基层协商的核心力量，对其他协商主体发挥引导作用。因此，要想做好基层协商民主，就必须首先做好村"两委"的协商民主。要大力鼓励、支持村"两委"干部积极参与民主协商，参与协商的全过程，杜绝村支书搞一言堂、独断专行等破坏民主的行为。二是做好村民自治组织民主协商。村民自治组织作为农村社会的基层民主形式，有着不可替代的作用。在乡村振兴建设中，村民自治组织能够融洽干群关系，增强农村社会的凝聚力，有效推进全过程人民民主。因此，要高度重视并发挥村民自治组织协商民主的积极作用。三是做好农村精英民主协商。农村精英主要包括政治精英，如现任或离任的村"两委"干部，他们往往是能对本村起到领导、管理、整合作用的人，在群众中具有较高的威望；经济精英，如致富带头人、合作社发起人、种植养殖大户、私营企业主等；社会精英，如人品、经验让人信服的乡贤、医生、教师等。因此，农村精英积极主动参与基层民主协商能够带动民众积极参与全过程人民民主实践，有力推动乡村振兴的发展。

2. 协商机制灵活化

民主协商机制是一种民主的体现，也是实现基层自治的一种管理方式，它的本质是通过民主方式解决问题，既需民主协商参与者各抒己见、求同存异，寻求最大公约数，也需要建立一个开放又包容的协商舞台。一是建立问答式民主协商机制。采用填空题方式设计基层民主协商主题，在留足的空白处画上横线，让民主协商主体自由表达自己的建议或想法，根据自己的协商意愿填写具体内容，不设置标准答案，让基层民主协商活起来、丰富起来。二是建立选择式民主协商机制。采用选择题方式设计基层民主协商主题，在题型上可设置单选题或多选题，根据本村实际对每个协商主题预

① 《毛泽东选集》第3卷，人民出版社1991年版，第809页。

设4个选择项，每个选择项均有明确的民生工作或基层自治指向，让基层民主协商发挥指南针的积极作用。三是建立开放式民主协商机制。采用陈述题方式设计基层民主协商主题，这类陈述题主要目的是总结经验、提升亮点。让协商主体根据过往的经历或自身体会，充分发表对协商主题的看法、经验及做法，而实现思维的碰撞，产生智慧的火花。

3. 协商形式多样化

基层民主协商形式具有多样性，在基层民主协商实践中主要有公共政策听证会、公民评议会、村民代表会三种形式。一是推行公共政策听证会。其实质就是以听证会的方式听取人民群众的意见，如水电的提价、村庄的规划等事关民生的公共决策，让各利益相关方的主体或代表参与听证会，充分发表各自的意见，通过对话和协商，最终达成决策共识，有力推动民主协商、民主决策落地落实。二是推行村民评议会。村民评议会可以对村“两委”干部或村民自治组织主要责任人的履职能力和工作绩效进行评议，根据其评职报告和平时工作实绩，综合评议，能够有效促进基层干部不断提升履职能力。村民评议会还可以对是否符合享受或退出民生政策条件的村民进行集中评议，如低保户和监测户的纳入与退出，有力推动民主管理、民主监督深入人心。三是推行村民代表大会。在行政村，村民代表大会是村民自治的最高权力机关，能够发挥社会功能，制定社会规范。村民代表会的协商主题广泛不受限制，可以涉及乡村振兴战略的实施、推行移风易俗、村庄规划等多个方面，有力推进全过程人民民主实践。

只有坚持民主协商，推动协商主体多元化、协商机制灵活化、协商方式多样化，才能凝聚亿万民众的民心，从而更好地推进全过程人民民主，有效助力乡村振兴的发展。

(四) 依靠民主决策，催生善治，促进乡村振兴民建

习近平总书记强调：“人民民主是一种全过程的民主，所有的重大立法决策都是依照程序、经过民主酝酿，通过科学决策、民主决策产生的。”① 民主决策是人民当家作主的重要体现，依靠民主决策能够催生善治，带动全体村民共同促进乡村振兴的建设。

1. 以民为本，民事民议

以民为本是我国政治观的根本核心，即把人民的利益放在第一位。中国共产党自成立之初，就把为中国人民谋幸福、为中华民族谋复兴作为初心和使命。始终坚持人民至上、生命至上的理念，党章中全心全意为人民服务的宗旨，都是以民为本的真实

① 习近平：《论坚持人民当家作主》，中央文献出版社2021年版，第303页。

写照，在基层坚持以民为本，最重要的一条便是民事民议，大家的事大家商量着办。简而言之，就是以人民为主体，由人民来决策。在推进乡村振兴过程中，广泛征求群众意见，本村乡村振兴的重点工作是什么？怎么干？产业发展选择什么方向，采取什么运作模式？“一约四会”怎么定？如何执行？村级集体经济如何发展、分配、使用？总而言之，干什么群众来提议，怎么干理事会来商议，能不能干村民代表大会来审议，干得好不好群众来评议，让人民群众真正当家作主，从而大力推进全过程人民民主。

2. 利益联结，休戚与共

习近平总书记长久以来致力于推动构建人类命运共同体，在农村也应构建村民命运共同体。那么如何才能构建村民命运共同体呢？建立利益联结机制，让全体村民休戚与共，这不失为一种现实而有效的选择。一是发展家庭农场。按照现代农业规模化、专业化、标准化的发展要求，引导农业使用先进农业技术和现代生产要素，以股份制公司为农业生产经营主体，有效提高农业现代化经营水平。二是规范农民合作社。按照“生态环保、绿色健康、持续发展、做精做优”的要求，加快发展农民专业合作社，积极推动现有合作社转型发展，引导合作社与销售市场建立长期产销合作关系，加强与同类合作社之间的交流与联合。三是鼓励农户投资入股。让农户充分享受产业发展成果，获得产业分红收益。同时为农户提供多种入股方式，如土地流转入股、资金入股、技术入股、劳动力入股、生产资料入股等。建立民众与家庭农场、合作社的利益联结机制，鼓励农户投资入股，有利于提升民众民主参与的积极性，更好地推进全过程人民民主，助力乡村振兴的发展。

3. 民主集中，公开透明

民主集中制是我国国家组织形式和活动方式的基本原则，在农村推进全过程人民民主，必须坚持民主集中、公开透明。一是实行村集体领导制度。按照集体领导、民主集中、会议决定的原则，决定村党组织和村内重大事务，村内所有重大决策，必须由村集体讨论决定。同时要发挥村“两委”班子的集体智慧，做到科学决策、民主决策，防止“一言堂”现象。二是贯彻民主集中制原则。正确处理村集体领导与村干部个人分工负责的关系，正确处理村党组织和党员个人、村“两委”干部和党员的关系，牢固树立民主集中制的思想观念。三是推进村级事务阳光公开。全面落实党务村务财务公开制度，通过公开栏、微信群等方式定期向党员和人民群众进行公开，利用“村村响”“小喇叭”等创新公开方式，搭建线上沟通交流反馈平台，充分保障农民群众的知情权和建议权，提升全过程人民民主的公信力。

只有坚持民主决策，以民为本、民事民议，建立利益联结机制，做到民主集中、公开透明，才能加快实现“共商共建共享”乡村治理发展模式，从而更好地推进全过程人民民主，有效助力乡村振兴的发展。

（五）发扬民主监督，保障效能，推动乡村振兴民享

民主监督是实现党对乡村振兴战略全面领导的重要支撑。民主监督有利于巩固和发挥基层党组织在乡村治理中的战斗堡垒作用，能够保障监督效能，推动乡村振兴成果由全体人民共享。

1. 良性自治，完善村级监督

推进村级事务民主监督，是基层良性自治的鲜明特色，能够保障农民群众的监督权。一是建立健全村务监督委员会。加强对村“两委”干部特别是村党总支部书记的监督管理，加强对财务管理、项目建设、村务决策等重大村级事项的监督管理，加强对党务村务财务公开制度落实情况的监督管理。二是整理小微权利清单。将涉及村级事务的政策规定整理归纳，形成村级办理事项的总条数，并明确指出哪些是村级直办，哪些是村级代办的事项，对村级权力内容全部公开，明确村“两委”干部的权力界线，让村级权力运行更加阳光、透明。三是前置监委会监督权。将事后被动监督转变为事前、事中主动监督，确保监督效果，建立监督委员会监督权前置管理制度，充分保障村民权益。

2. 积极履职，强化上级监督

村委会组织法规定，乡镇政府对村民委员会的工作给予指导、支持和帮助，乡镇纪委往往负责对村“两委”干部权力的监督和约束。通过强化上级监督，能够有效提升村“两委”干部积极履职的本领。一是加强民主教育，营造民主氛围。乡镇纪委要充分认识到民主思想教育的重要性作用，引导村干部想问题、办事情要与民主相联系，告诫村干部不民主容易出问题，使村干部充分认识到民主的好处。二是抓好村务规范，强化民主管理。严格落实村级财务管理办法，制定村级财务管理流程，完善村级民主协商、民主决策、民主管理、民主监督等各项制度，将村级权力关进制度的笼子，防止权力私用、滥用。三是重视民主实践，加强民主监督。积极引导村级开展民主选举、民主协商、民主决策、民主管理、民主监督等民主实践，采用“四不两直”方式对村“两委”干部、党员、民众参与民主实践的情况进行检查，监督、规范村级民主实践，确保村级更好地推进全过程人民民主。

3. 主动公开，支持社会监督

村民委员会积极主动将村级党务、村务、财务向社会公开，接受社会各界的全面监督。通过社会公开监督，倒逼村级更好地推进全过程人民民主。一是加强群众民主监督。建立信息公开制度，定期公开信息，为群众民主监督提供制度保障。同时重视

群众反映的问题，及时核实并处理，不断拓宽群众民主监督的渠道和途径，不断提高群众的民主监督效果。二是加强两代表一委员民主监督。根据乡镇实际，可以设立乡村振兴“两代表一委员”民主监督室，赋予“两代表一委员”乡村振兴民主监督员新身份，让“两代表一委员”深入基层一线，到田间地头、农户家里了解最真实的村情民意，更好地推进全过程人民民主，助力乡村振兴的发展。三是加强新闻媒体监督。新闻媒体在我国反腐败斗争中一直都发挥着巨大的作用，如“表叔”“房婶”等典型腐败案例的查处。随着农村网络设施的完善、智能手机的普及、自媒体的不断发展，新闻媒体也必将在我国基层治理中发挥出越来越大的民主监督作用。

只有坚持民主监督，不断完善村级监督，强化上级监督，支持社会监督，才能保障基层民主实践的效能，从而更好地推进全过程人民民主，有效助力乡村振兴的发展。

唐潇系中共新田县委党校讲师；郑飞系新田县委党校副校长。本文是2023年湖南省党校（行政学院）系统社会科学规划课题结项成果。

加快“三区四地”建设 闯出新田县高质量发展新路子

雷湘婷　李海龙

新田县“三区四地”战略定位的提出，既是响应国家乡村振兴与县域经济高质量发展政策的实践探索，也是立足湖南省战略布局、破解本地发展瓶颈的创新举措。“三区”以融入粤港澳大湾区引领区、湘南承接产业转移示范区、对接东盟开放合作先行区为核心，构建开发协同新格局；“四地”聚焦创新创业投资“热地”、硒锶品牌产品“基地”、休闲康养探秘“胜地”、生态文明宜居“福地”建设，推动产业升级与生态赋能双向发力，为高质量发展注入强劲动能。

一、新田县域经济社会取得长足发展

（一）基础概况及分析

1. 基础概况

新田县位于湖南省南部。全县共辖 13 个乡镇（街道）、237 个行政村（居委会、社区），总面积 1022.4 平方公里。截至 2022 年，总人口 45 万人，党员 20170 人，已脱贫户 20462 户 79203 人，监测户 687 户 1921 人。历史上，新田是屯兵的地方，明朝万历二年（1574 年），设新田营。崇祯十二年（1639 年），新田由宁远、祁阳、桂阳等县划地设立，山水田林路的完整性、系统性、丰厚性先天不足，被称为是“山不成脉、水不成系、田不成洞、路不成网、树不成林、地下无矿”的县域，由于矿产、林木和水等资源相对贫乏，人均耕地有限和交通拥堵，新田长期处于贫困状态。1994 年，它被列为“八七”国家扶贫计划中的贫困县。2002 年，国务院被列为扶贫开发重点县，2011 年被列为脱贫开发重点县。

2. 资源条件

截至 2020 年，新田县已有树种 88 科、106 属、800 余种。常见的有杉、棕榈、楠木、柳杉等14种。有草类124种。2016年，新田县建有自然环境保护区1个，自然环境保护区面积达3333公顷。全县造林面积2480公顷，全年完成造林验收合格面积2480公顷，完成封山育林面积1668公顷，退耕还林100公顷。全县森林覆盖率达55.6%，比2015年提高0.1%。

（二）新田县县域发展现状

1. 综合实力稳步提升

2022年，地区主要经济指标稳步增长。1—11月，规模工业增加值同比增长8.7%，增速居全市第二位。固定资产投资同比增长11.5%，增幅居全市第五位。社会消费品零售总额为3557亿美元。

2022年新增规模企业入统10家，净增10家，完成率排全市第二。和祥润新材料有限公司荣获第二届永州市市长质量奖。2023年，将培育专精特新“小巨人”企业5家。继续跟进新煜田特种陶瓷制品、晟新如泰聚乳酸改性材料及制品研发团队、德润产业园博士工作站和湖南鲁丽林木研究所等科技创新团队落户，完成创建省级以上创新平台1家以上。

2022年共签22个项目，总投资67.24亿元，鲁丽木业完成投资18.8亿元，其中亿元以上项目12个，5亿元以上项目5个，10亿元以上项目2个。标准厂房完成建设面积11万平方米，引进镁鑫、芃亚、芯锂镁、信继善等8家企业进驻新能源产业园，一主一业基本成型。下阶段，将全力抓好湖南鲁丽绿色新材料科技产业园和新材料新能源产业园2个百亿产业园区重点项目建设，力促德润新材料、新煜田等企业实现年产值过10亿元以上。

2022年新田县科学布局多个特色农业产业片，加快建设“五好”园区，核定产业开发区面积423.64公顷，11.8万平方米的新能源产业园标准厂房竣工即引进6家企业入驻，镁鑫新能源项目签约仅5个月就投产达效。新田县整合财政涉农资金11541万元，带动社会资本2亿多元，建成农业产业示范片区25个、集体经济示范村29个、村级集体经济产业基地59个。建立完善集体资产保值增值机制，县财政按不高于项目投资总额50%的比例投入村级产业基地建设，然后转化为村集体的股份，村集体每年按不低于财政投入的4%分红。仅此一项，全县村级集体经济每年增收300多万元，潭田村和云溪欧家两个村发展村级集体经济做法入选全省100个典型案例。

2. 产业发展来势向好

（1）新能源产业。目前，新田拥有新材料新能源企业8家，总产值约28亿元，投资金额约 30 亿元，代表企业有林源电力、鼎瑞科技等项目，全面建成后将实现产值达 60 亿元，带动用工 800 人，创利税 1.2 亿元。新田新能源产业主要集中式光伏、风能发电和锂电池产业，产业链条不长，缺乏龙头企业，优势核心企业集聚带动力不强，作为主导型产业，还需要进一步加大相关上下游企业引进。

（2）新材料产业。目前，有企业 12 家，投资金额 40 亿元，建有纳米胶黏、可降解材料、高密度超薄紫外固化聚氨酯等 3 条产业链，代表企业有和祥润、德润产业园、普瑞达、晟鑫如泰、新视野等企业。全县新材料产业企业全面建成后将实现产值达 120 亿元，带动用工约 2000 人，创利税 3 亿元。新材料产业吸引核已经初步建设完成，能够有效带动产业延链、强链，目前需要的是在产业工人培育、发展上下功夫。

（3）硒锶资源加工产业。目前，有企业 8 家，投资金额 20 亿元，建有硒锶农产品精深加工产业链，代表企业有恒丰米业、达利粮油、永丰米业、聚源食品等，每年加工销售大米 20 万吨，销售额达 6 亿元。

（4）农林产品加工等特色产业。新田县农林产品加工企业 355 家（省市级农业产业化龙头企业 34 家，国家、省级林业产业化龙头企业 9 家），实现销售收入 124.3 亿元。新田县重点聚焦三类 500 强企业、行业领军企业招商引资，带动农林企业抱团入驻、集群发展，形成几何效应。2021 年以来，全县签约农林产品加工企业 19 家，总投资达 84.4 亿元。通过引进中国企业 500 强鲁丽集团，新签的鲁丽绿色新材料科技产业园项目，被列为省级重点项目，计划在新投资 60 亿元，建设 2×80 万立方米刨花板、生物质发电、木材加工、木制品交易中心、仓储物流等项目，配套办公楼、宿舍及研发中心（产业），将带动新田林工产业集聚发展，实现产值达 100 亿元以上，创利税达到 8 亿元。同时在现有木业产业基础上，通过鲁丽自投和招商引资的方式，扩大建设新的现代家居产业园，总投资 40 亿元以上。引入中国企业 500 强中林集团，建立 10 万亩国家储备林和 10 万亩油茶林示范基地，打造全国预防火灾发生先进基础设施建设示范项目，争创全国油茶种植示范基地县。

2022 年 1 月，鲁丽集团与新田县政府签订了招商引资投资合同，成立湖南鲁丽绿色新材料科技产业园。项目以当地丰富的竹木资源、枝丫材等生物为原料，采用国际领先的德国迪芬巴赫连续平压生产线，生产无醛环保、力学强度高、固碳的定向结构板等产品，建成后将成为全国最大最强的刨花板生产基地之一、资源综合利用效能最高的样板工程以及人造板制造业与现代信息技术结合的示范窗口。项目投产后可实现年销售收入 110 亿元，利税 8 亿元，直接带动当地林农增收，促进当地竹木加工产业发展，间接带动上下游产业链，具有良好的经济效益和社会效益。

3. 城乡面貌焕发新颜

共同推进新型城镇化和乡村振兴，城市面积扩大到 16 平方公里，城镇化水平达到

48.8%。目前，19个旧城区的改造工作正在如火如荼进行。铺设施工断头路，进行排水改造，继续完善城市基础设施。突出沿S323、S215、S282、X042、G234、高速连接线等6个特色产业与美丽乡村结合示范带建设，枧头镇入选省级全域美丽乡村示范镇、黄沙溪村获评省级美丽乡村、潭田村被评为省级特色精品乡村。开展农村人居环境整治提升五年行动。被评为湖南省农村人居环境整治提升先进县、湖南省耕地抛荒治理先进县，周家村被评为湖南省乡村治理示范村，新增城镇就业、农村劳动力转移就业超额完成任务。

（1）改革开放不断深化。新田县坚持以习近平新时代中国特色社会主义思想为指导，2022年以来，新田县以“十项重点改革”为牵引，重点领域改革纵深推进。农村小规模学校优化提质“新田经验”在全国深入推介。坚持向南向海向外开放发展，引进“湘商回归”项目23个，新注册湘商企业数排全市第一。新引进“三类500强”企业4家，数量排全市第二。利用外资554万美元，排全市第二。预计全年完成进出口额30亿元，同比增长60%。持续加大科技创新，积极鼓励和引导企业申报高企、科企，加快科技成果转移转化，预计全年完成研发费用1.61亿元，科企入库有望突破90家，任务完成率超21%。

（2）民生福祉全面改善。新田的村集体经济主要来源有4个方面：一是产业带动收益。主要以特色产业发展为引领，通过盘活村级闲置资产，因地制宜，村企联建，村集体经济得到新变化。例如，骥村镇乌下村和黄公塘村按照“支部+专业合作社+扶贫车间+农户”的模式，建设了蔬菜产业基地和红薯加工厂，对接长沙大型超市，每年为集体增收10万余元；枧头镇新夏荣村将110余亩集体荒地改建为标准化农田，建立烟稻轮作示范产业示范基地，用于集体发展精细化农业，为村集体增收10万元；陶岭镇仁岗村实行“公司+基地+农户”生产经营模式，引导群众流转荒山土地共1740亩，例如，新隆镇野乐村临近镇中心，在镇集市和中学旁村集体有一块300平方米的闲置建设用地，村里利用中央扶持的50万元建设加工厂房，每年租金收益3万元左右；门楼下瑶族乡门楼下村利用50万元扶持资金将村里闲置场地建成商用店面13间，以每年3000—5000元/间的价格出租，年增收3万—5万元。主要把集体资金入股相关经济实体或合作社，依托龙头企业，在保证本金安全的情况下，集体从中分红，推动集体增收。

（3）党的建设纵深推进。新田县各级党组织把党的二十大精神学习宣传作为主要主线，坚决贯彻党中央和省、市、县的决策部署，补短板，着力夯实基础、夯实服务。将其转化为组织优势和能源开发。

一是全面扛牢政治建设旗帜。把政治建设放在首位，把学习宣传和贯彻党的二十大精神作为首要政治任务，真诚团结党员、干部和人才的思想和行动，弘扬党的二十大精神，教育引导广大党员干部。深刻认识“两个确立”的决定性意义，坚决做到“两个维护”。党（工）委书记应当对基层党的建设工作进行审查，并制定县委、党（党组）和基层党组织基层党建工作责任清单。运用新田智慧党建在线调度督导三大抓手，坚持“逐村督导、逐月落实、逐支部过关”举措，全面压紧压实各级抓基层党建工作责任。30 名县领导带头联系 26 个乡村振兴重点帮扶村、15 个示范创建村、13 个抓党建促乡村振兴示范点。

二是全力保障社会发展大局。坚持以组织工作服务中心大局，党的指挥棒挥向哪里，党员干部就出现在哪里，党旗在森林防灭火、疫情防控、乡村振兴、项目建设等基层一线高高飘扬，基层党组织战斗堡垒作用和党员先锋模范作用更加凸显，广大党员干部干事创业激情全面点燃，“南有新田”精神在大战大考中得到进一步传承和弘扬。推行“党建+网格”，建立 800 个微网格、6570 名网格员的管理运行体系。全面推行“党群连心、五个到户”行动，通过“书记包村、干部包片、党员包户”，推动 1.4 万名党员在网格亮身份、亮岗位、亮作为，争当“党员标兵”。围绕乡村振兴、早稻生产、环境整治等重点任务，5376 名干部职工结对帮扶或联系 19730 户 68742 人，解决群众急难愁盼问题 3.85 万个。

三是着力擦亮党建品牌。坚持以群众需求为导向，在基层公共服务、集体经济发展、党组织书记培育、流动党员管理、“小个专”党建等领域大胆探索，走出了新田路径。全市乡村振兴重点工作现场推进会、非公党建现场会和基层公共服务优化提质现场推进会在新田召开，党组织书记“大比武”工作做法入选国家治理（基层党建）创新经验案例，县个私协会“小个专”党建入选全省两新党建典型案例，被推荐为全国个私协会系统先进单位。

四是切实抓好分析研判，真抓实干勇争先。坚持以真抓实干来争取各项工作创先争优。对季度经济指标、“八项重点”和关于贯彻落实中央、省稳经济一揽子政策工作落实情况，及时做好对比分析研究，确保各项指标向上提升。按照“每半月一调度、每月一分析”的要求，对影响 GDP 增长的 41 个基础指标、高质量发展综合绩效的 63 项指标和稳经济的 33 项量化指标深入分析，理清指标现状与预期目标差距，与其他县区比较差距，找准长板，补齐短板。

二、新田县域经济发展问题分析

（一）县域经济结构不优，项目带动能力不强

总体而言，新田县域经济产业规模小、经济总量小、结构不合理、发展水平低。截至 2022 年，新田县二次产业的结构比重为 30：29：41。在三次产业结构中，第一产

业量大不优，第三产业量小质低，第三产业比重较小，是典型的农业弱县、工业弱县，并且各个产业的内部结构也不合理。

（二）交通、土地、资金等要素制约难以缓解

新田县产业开发区占地 5.08 平方公里，目前已基本开发完毕。2021 年，省政府已批复新田县的“三线一单”范围，但由于调区扩区程序复杂，短时间内难以调整，造成企业供地异常困难，目前园区基本无地可供。需要在盘活存量用地、低效用地的情况下，加快产业开发区的调区扩区工作，确保在承接产业转移、推动新田高质量发展中有地可用。一方面，表现在乡村基本公共服务和基础设施建设有待完善。部分乡镇存在教育基础设施落后、医疗服务体系分不均、脱贫攻坚缺少带动能力强的支柱产业，企业参与扶贫开发的积极性有待进一步提高。农村各类养老服务基础设施建设、特困人员供养机构、城乡社会救助体系有待进一步完善。另一方面，表现在资金保障方面。实施乡村振兴战略主要依赖政府将公共资源优先投向农业农村，引导社会资本、工商资本参与新农村建设的积极性不高。农业产业是一个弱质产业，生产周期长，回报见效慢，比较效益低，企业投资进入难。农业项目面临融资难问题。

（三）城乡发展不平衡，乡村振兴任务仍然十分繁重

相比城市与工业，农业农村对 GDP 和财政收入贡献较小，农业农村工作难度大，需要的投入也大，而政绩见效慢。2020 年新田县实现生产总值 620.8 亿元，同比增长 8.2%，第一产业增加值仅为 47 亿元，占比 7.6%，同比增长 4.7%，第二产业增加值 371.6 亿元，占比 59.8%，同比增长 10.1%，可见新田县的经济增长主要靠第二产业来拉动。但新田县政府的工作重心仍在工业和城市建设，在资源统筹上、在工作推动上，仍未将农业农村放在重要位置，“说起来重要，做起来次要，忙起来不要”现象较为突出，各项投入难以满足农村和农民群众的需求。从过去的发展中看，新田县城规模快速扩张，2016—2020 年该县户籍人口城镇化率由 33%提高到 48.3%，部分农村受城镇化影响，大量土地被征地，部分村拆迁，虽部分农户得到征地补偿或者拆迁补偿，但大部分农户没有实际获益。同时，新田县政府在推进乡村振兴中，仍以落实上级安排为主，主动谋划、推进工作的积极性不高，缺乏有效的制度约束，导致工作推进不力。

（四）干部思想不够解放，干事创业办法不多

部分干部思想观念较为落后，工作停留在上级指令化层次，传达政策停留在形式

化层次，嘴上随心所欲地说说，口上敷衍了事地应应、手上不切实际地干干，被动且不情愿地去服务群众，把自己的工作当成负担和麻烦。另一方面，部分干部存在严重的“利己主义”和“家族”思想，体现在国家的惠民政策优先考虑到自身，再考虑家族血缘关系的亲属，最后才想到群众，这些思想直接影响了乡村振兴战略的实施。此外，互联网的快速发展，新媒体逐渐走入生活，成为生活的一个重要组成部分。然而，调查和访谈新田县部分干部发现，大多数干部不能有效地利用新媒体工具。如在街道办每个村都设立远程教育学习基地，很多干部甚至不懂设备的开关处，维护设备、利用设备更是无稽之谈，所学习的思想教育内容也多是上级指定要求学习的内容。还有部分干部思想存在惰性，嫌弃新软件操作步骤烦琐，内心排斥这种形式的培训教育，导致无法有效地运用新载体接受乡村振兴的新举措。

三、新田县推进“三区四地”振兴战略的路径

（一）一心一意抓发展，打造创新创业投资“热地”

1. 牵牢项目建设“牛鼻子”，全面壮大实体经济

新田县牢固树立项目为王的工作理念，坚持一切围绕项目转、一切围绕项目干。2022 年新增规模企业入统 10 家，净增 10 家，完成率排全市第二，共签 22 个项目，总投资 67.24 亿元，鲁丽木业完成投资 18.8 亿元，其中亿元以上项目 12 个，5 亿元以上项目 5 个，10 亿元以上项目 2 个。标准厂房完成建设面积 11 万平方米，引进镁鑫、芃亚、芯锂镁、信继善等 8 家企业进驻新能源产业园，一主一特基本成型。下阶段，将全力抓好湖南鲁丽绿色新材料科技产业园和新材料新能源产业园 2 个百亿产业园区重点项目建设，力促德润新材料、新煜田等企业实现年产值过 10 亿元以上。经济发展关键靠产业，产业发展关键靠项目。新田县把高质量发展作为主攻方向，把产业链培育作为第一支撑，牢牢抓住项目建设这个“牛鼻子”，强力实行产业链式招商，2023 年将奋力打造“新能源新材料产业集群”“现代家居板材集群”，实现产业发展“攀高、升级、进位”。

2. 建强“五好”园区“主阵地”，全力提升园区质效

新田县聚焦创建任务，着力提质攻坚，以冲锋冲刺状态开局开战，紧紧围绕“五好”园区创建，拉高标杆、对标对表、奋勇争先，着力打造“五好”园区创建争先进位的示范，围绕“提质攻坚、升级换挡、创先进位”三大目标，加快建设“五好”园区。坚持抓好产业开发区规划编制、体制创新、设施配套、要素保障、企业培育等重

点工作。强化产业开发区经济服务职能和协调调度职权，探索建立“小管委会、大公司”的管理机制，让产业开发区轻装上阵。按照“产城融合”理念，推动工业项目在产业开发区聚集，不断完善配套设施，将县产业开发区打造成承接产业转移示范区，力争成功创建省级高新园区和“五好”园区。全力推进薪酬激励制度改革，激发园区干部职工的干事激情。加大“五好”园区创建工作的督察通报，推动“五好”园区创建工作取得新的更大成效。

3. 突出服务大局“先行区”，全心优化营商环境

围绕推进“三区四地”建设，深化拓展“一件事一次办”“一枚印章管审批”“极简审批”改革，大力推行园区建设项目“洽谈即服务”“签约即供地”“开工即配套”“竣工即办证”改革，努力让新田产业开发区成为政府服务更高效、干部作为更担当、法治保障更有力、经济生态更健康的投资沃土。全面开展“践约守信”“政企交流主题日”和服务工业企业（项目）活动，坚持“现场工作法”和“五定工作措施”精准服务企业和项目，扑下身子为企业排忧解难。优化营商环境是一项基础性、系统性工程，任重而道远。未来，新田县将从国之大者、省之大计、市之要事的高度，敢作敢为、善作善为，助力社会经济发展跑出加速度。

4. 夯实要素保障“硬支撑”，全速推动创新突破

新田以各类保障到位助推创新发展，积极主动真抓实干。一是用好机制保障。着力激发干事创业活力，用好绩效考核“指挥棒”，推动考人和考事贯通融合，构建“人事相结合”的立体考核评价体系。围绕经济增长、技术创新、环境可持续发展优化、风险防范、安全生产创新和重点民生，以及招商引资和建设项目，开展“六战”，抢拆土地，稳定和保护民族投诉，全面开展优化营商环境工作。二是用活资金保障。深入规划配套项目，力争进入国家和省“笼子”“盘子”“钱袋子”项目规划政策。三是强化措施保障。坚持加强项目规划、现场工作实践、工作项目实施、盘点准备、盘点责任制，推动项目建设加快推进。第四，优化环境安全。持续优化营商环境，深化权力下放、管理一体化、服务优化改革。深化创新园区营商环境评价，采取专项行动“缓解效应”和“落地见效”。认真落实“十项措施”和“十项禁令”。五是坚持创先争优。旗帜鲜明地倡导创先争优，在全国全省全市的大视野下找准“标杆”，敢于与强者比拼、与快者赛跑，干就干最好、争就争一流，努力在常规性工作上做得更好更快，在开创性工作上率先探索出成功经验。六是强化工作保障。根据各主体的职责和资源优势，将相关任务和责任以“台账式”合理地分解给项目建设指挥部、沿线乡镇党委、政府、各级各部门及有关单位。同时，通过宣传引导广大群众自觉增强主人翁意识，积极配合和主动支持项目建设。

（二）一往直前树品牌，打造硒锶品牌产品“基地”

1. 以特色资源为依托，写好硒锶产品文章

2011 年，湖南省地球物理地球化学调查所在土壤调查评估中，在新田发现了富硒土壤。富硒土壤具有三个特征。

一是分布范围广。全县 1022. 4 平方千米土壤的硒含量适量指标都达到 0. 2mg/kg 以上，其中 615. 1 平方千米的土壤含硒量达 0. 4mg/kg，属富硒土壤，占全县总面积的 60. 18%。二是土壤无污染。新田县域内无化工、冶炼等重金属污染企业，是名副其实的原生态富硒区域。三是农产品营养价值高。大豆样品检测发现，新田五月黄大豆蛋白质含量达 49. 12%，硒含量 0. 16mg/kg，高于富硒大豆硒含量 0. 1mg/kg 的标准。湖南省地球物理地球化学勘察院在新田采集的 59 个水稻样品中，富硒样品有 22 个，单样硒含量最高达 0. 17mg/kg。

新田县坚持立足硒锶资源优势，从品牌打造出发、以提升效益为要、在成果共享落脚，推动硒锶产业量质同升。

目前从全国、全省范围来看，富硒地区、富硒产品日渐增多，各地都有不同的宣传营销方式，相关富硒产品的标准机制也各不相同，富硒产品的检测和鉴定机制也不健全，导致市场上鱼龙混杂的现象比较突出，相关产品中硒含量超标或不达标情况普遍存在，严重阻碍了富硒产业的健康发展。为了规范、帮助富硒地区公平、公正、快速、高质量发展富硒产业，建议全省根据实际情况，出台相关政策，努力实现农民增收、农业增效、人民增寿“三增”效应。

突出土壤富硒数据认定的权威性，以及富硒产品天然无污染的特点和防癌抗衰老的功效，依托国家卫生县城、“中国天然氧吧”县、“长寿之乡”等美誉，讲好硒锶故事，打响硒锶品牌，扩大知名度和影响力。推广“永州之野”“硒锶新田”农业区域公用品牌，全年新增“两品一标”数量 5 个以上，重点申报“新田菜心”“新田大米”等国家地理商标认证。推动、帮助企业进行硒锶检测、有机认证，打造 5—10 个具有标志性的特色农产品品牌。引进更多有潜力的农业开发企业，实施骨干龙头企业“培优倍增”计划，推动新田大米、新田大豆、陶岭三味辣椒等特色优势产业精深加工产业链建设，实现前端向原料基地延伸，后端向精深加工拓展，提高硒锶产品的竞争力与附加值。

2. 以产业融合为基础，擦亮乡村振兴底色

以产业融合为基础，擦亮乡村振兴底色，符合共同富裕的经济发展要求。让农业农村发展由单纯的产量提升到农产品生产质量的升级转变，实现农村土地粮食

产能提升和农产品经济效益的提升。乡村经济振兴的全面实现，需注重农业的现代化发展，探索挖掘农产品的品牌效应，延长产业链，整合现有资源，调动一切积极因素为农民本地就业和创业营造良好环境，提升中国农产品价值含量，增加出口，拓宽对外开放新格局。以前的新田县，曾是一个纯农业县，在历届党支部前赴后继的努力下，坚持发展集体经济，坚持共同富裕，走上了一条一二三产业融合发展道路。

3. 以环境整治为抓手，建设美丽宜居乡村

全域化推进，打造有温度的和美乡村。按照“县级抓总、部门牵头、乡村推进”原则，尊重村民自愿原则，保持乡村固有的历史、文化、风俗、风貌等，统筹推进美丽乡村建设。在2021—2023年间，创建乡村振兴与美丽乡村建设结合示范片6个，每年集中建设特色示范村36个。目前已打造72个省、市、县级特色示范村，带动全县农村人居整治工作纵深推进，把美丽“盆景”扩成区域性亮丽风景。

精准化推进，打造有颜值的和美乡村。采取“一拆二改三清四化”措施，系统推进农村居民点环境修复。在“一拆”期间，拆除了1.9万余座空心房，达到了“空心房”基本为零。“二改”改厕、改水一体化推进。全县拆除老化厕所1.5万座，新建农村公厕122座，新建无害化生活厕所1.5万个，让农村面貌焕然一新。“四化”实现了污水管理、道路管理、绿化和农村景观改善。

将新田县列为生态补偿机制试点县，结合乡村振兴，在政策、项目、资金方面给予重点倾斜和支持，建立长远、稳定的生态补偿机制。二是提高相关补偿标准。比如2022年新田县国家级公益林补偿面积23.6336万亩，省级公益林补偿面积4.1861万亩，补偿标准只有15.5元/亩。三是建议省财政考虑增加新田县生态环境转移支付资金分配在生态环境保护领域的预算份额。新田县自2010年被认定为南岭山地森林及生物多样性生态功能区以来，通过扎实推动生态环境质量考核工作落实，11年共为县财政争取到生态转移支付资金6.6亿元。2021年国家给新田的生态转移支付资金已达8000万元/年，但是配置在生态环境保护领域的资金却不多。为了能构成国家追加新田县生态转移支付资金的必要条件，省委、省政府应予以关心。根据“谁受益、谁补偿”的原则和新田县得天独厚的森林资源优势（森林覆盖率为56.15%），积极协调争取碳排放交易市场机制，将生态优势转变为经济优势。

（三）一体推进兴文旅，打造休闲康养探秘“胜地”

1. 厚植底蕴，打造文旅产业高地

突出农旅融合发展，大力发展农业新业态，加快推进潭田、肥源水库、小岗旺通

等地休闲观光农业，龙家大院、谈文溪等乡村旅游，金陵千马坪等森林康养旅游，推动田园变公园、农产品变商品、农区变景区，打造农村产业融合发展示范区、乡村休闲旅游集聚区。突出联农带农促增收。积极探索“园区+龙头企业（合作社）+基地+脱贫户”的模式，稳步推进产业发展利益联结方式转变，即由原来主要帮扶贫困户向主要帮扶村集体和监测户转变。坚持文旅融合发展，大力实施文化精品带动工程，赋予文旅景点更深厚的文化内涵，让游客看到景色的同时启迪思想、收获感悟。着力挖掘龙家大院背后的廉洁文化精髓；充分利用小源会议旧址、“红军长征首胜之城”等红色资源，以及“建文帝踪迹新田”“锦衣卫世家”等史实探秘，树立文旅品牌，以红色之魂、绿色之景、古色之韵推动文旅产业蓬勃发展。

2. 激发业态，盘活文旅一池清水

加快推进与战略投资者合作，围绕龙家大院、红色小源、东升农场等景区基地，打造研学探秘旅行的“新田品牌”，推进蒋先云故居、小源会议旧址、翰林山景区提质升级，争创国家3A级旅游景区，提高A级旅游景区的数量和质量。加强文旅项目包装开发建设，围绕吃、住、行、游、购、娱等要素配套建设，完善一体化文旅服务。支持骥村、金陵等乡镇发展休闲度假游，争创5星级、4星级休闲农庄2个以上。大力发展网红经济和直播带货，力争农产品线上交易额突破2.5亿元。不断拉长拓宽服务链条和范围，立足辐射县市周边、拓展大湾区市场，推动新田文旅从“过境游”向“过夜游”转变，打造粤港澳休闲度假“后花园”。

3. 扩大宣传，讲好文旅融合故事

抓好旅游宣传形象视频制作，扩大文旅营销。高水准筹办蒋先云革命实践和弘扬伟大建党精神学术研讨会、永州市红色文化旅游节等大型活动，大力支持新田花灯、瑶家坐歌堂等民俗文化活动；以全省旅游发展大会为契机，积极开展新田文旅推介活动；整合媒介资源，强化外宣营销，深度开发“三色”旅游资源，着力构建“一心二轴四块”全域旅游发展格局，重点突出以福音山“福文化”为核心的北部祈福康养板块、以建文帝“新田迷踪”为核心的西部古堡探秘板块、以骆铭孙村“锦衣卫世家”为核心的西南部古村寻源板块、以“红军长征首胜之城”为核心的东部红色追忆板块建设，吸引游客走进新田，极大提升了新田美誉度和影响力。休闲康养探秘“胜地”作为“三区四地”发展定位的重要组成部分，写入中国共产党新田县第十三次代表大会报告。

（四）一以贯之惠民生，打造生态文明宜居“福地”

1. 抢抓发展机遇，巩固绿色发展优势

新田县立足区域富硒特色优势，深化产业结构调整，加大财政投入力度，全力推进现代农业产业园区建设，取得显著成效。县财政局、县农业农村局、县乡村振兴局联合成立农业产业园区建设工作组，明确责任单位、工作任务和责任，加强项目监管，有效掌握了项目利益沟通机制的落实情况，维护了村集体和被监督个人的合法权益。启动湖南省森林城市建设，继续大规模绿化，重点建设高速生态互联走廊。全面推进资源节约集约利用，广泛开展绿色机构、绿色家庭、绿色社区等活动。有序推进碳中和活动，扎实推进“能源革命”，系统推进风能、太阳能等新能源项目发展，大力发展林业经济、生态保护等新型产业。

2. 优化空间布局，做大做强县城中心

新田县按照“东控西优，南北拓展”的总体开发思路，推进以县城为中心的新型城镇化。按照“产城融合”的理念，将产业项目向产业开发区推进，不断完善医疗、教育、生活配套，努力打造“南部产城融合新城”。同时，加快双胜河风光带建设，加快打通“断头路”，推动老旧小区改造，推动人口、资源要素尽可能聚集到县城。

第一时间组建高规格项目指挥部，统筹领导县内各部门协调联动，形成合力。积极向国、省、市自然资源、林业等部门汇报沟通配合，以全力推动项目，迅速完成项目规划选址、用地预审、环评、水保、地灾、矿压等专项评估及批复。狠抓征地拆迁。召开两条一级公路建设动员大会，启动项目征地拆迁和建设工作，将项目沿线乡镇的书记、镇长和村支书、主任请到大会现场，通过责任分解促使乡镇党委、政府和村支两委发挥自身天然的优势，加速完成项目征地拆迁。

3. 凝心聚力办事，提升民生保障水平

近年来，新田县不断推进“放管服”改革，努力实现职能转变，提高服务质量和效率，为企业和市民解决燃眉之急，取得良好成效。县级公共服务部门有统一的服务目标、服务规则和服务礼仪要求。窗口实现了“一人综合受理、后台并行审批、单窗口快速审批”的高效审批流程。加强应急救援体系建设，全面加强安全生产管理。继续推进平安建设，做好城市社会治理现代化和三大重点任务示范，充分发挥“一站式”矛盾协调中心作用，妥善满足群众合理诉求。要推进恶势力常态化惩治，严厉打击各类犯罪活动，科学准确开展常态化防控工作，使人民群众的获得感、幸福感、安全感更加充分和有保障。

本文基于“产业兴旺、生态宜居、文明风尚、治理有效、生活富裕”的总体要求，遵循“五个振兴”路径方略。深入分析了新田县乡村整体发展现状及问题，为新田县全面实施乡村振兴战略路径提供了对策建议，或可对其实现乡村振兴起到现实指导意义。此外，与前人的研究成果相比而言，本文不仅关注乡村振兴战略某个理论点或者实践方向的探讨，更加注重理论与实际的具体结合、全面结合，着重强调了理论的实践指导作用。

雷湘婷系中共新田县委党校教师；李海龙系中共新田县委全面深化改革领导小组办公室专职副主任。本文是2023年湖南省党校（行政学院）系统社会科学规划课题结项成果。

构建现代农业体系视角下新田蔬菜产业高质量发展的路径研究

孙冰露　陈桐生

习近平总书记多次强调，农业的根本出路在于现代化；没有农业现代化，国家现代化是不完整、不全面、不牢固的。党的十九大报告指出，我国经济已经由高速增长阶段转向高质量发展阶段，必须坚持质量第一、效率优先，推动经济发展质量变革。农业是立国之本，农业高质量发展不仅是经济高质量发展的基础，也是经济高质量发展的关键。随着“十四五”时期全面建设社会主义现代化国家新征程的开启，加快农业农村现代化进入重要战略机遇期，《“十四五”推进农业农村现代化规划》也明确提出“三个提升、三个建设、一个衔接”的重要任务，其中“三个提升”指“提升粮食等重要农产品供给保障水平”“提升农业质量效益和竞争力”“提升产业链供应链现代化水平”。这与从构建现代农业三大体系的角度来推进农业现代化进程正相吻合。

“菜篮子”工程是一项重要的民生工程，更是一项民心工程。新田县作为典型的农业县，土壤富含硒锶微量元素，具有发展特色种养的天然优势。近年来，新田县充分发挥自身优势，借着粤港澳大湾区发展东风，蔬菜产业发展势头正劲。然而在规模化、标准化、绿色化方面还存在短板与弱项，特色产业的效益亟待提升。故本文选取新田县特色产业——蔬菜产业作为研究对象，高质量发展为研究方向，构建现代农业体系为研究角度，以期为新田蔬菜产业高质量发展提供有益参考。

一、文献综述及分析框架

（一）现代农业体系的内涵

习近平总书记多次强调要以构建现代农业体系为抓手，加快推进农业现代化。明确加快构建现代农业“三大体系”为现代农业建设的重点任务，也是新时期我国现代农业发展的重要路径。

现代农业产业体系是各种利用农业资源为消费者提供农产品和服务的产业组成的

一个有机整体，涉及每个产业的状况（纵向延伸）和产业之间的关系（横向拓展），是现代农业整体素质和竞争力的显著体现，主要受市场需求、资源状况和技术水平的影响。现代农业生产体系是利用现代化的生产要素、科技化的生产手段以及规模化的生产方式，转变农业要素的投入方式，推进农业生产从资源依赖向科技驱动转变，通过提高劳动生产率、土地产出率和资源利用率，不断增强农业综合生产能力和抗风险能力，从而从根本上改造传统农业，是现代农业生产力发展水平的集中体现。现代农业经营体系则是将现代农业经营主体、组织方式、服务模式有机结合，通过体制机制创新、经营主体和服务主体培育、职业农民队伍建设等手段不断提高农业经营集约化、组织化和产业化水平，是现代农业市场化水平的显著标志。

（二）农业高质量发展的内涵与特征

党的二十大报告明确指出，实现高质量发展是中国式现代化的一项本质要求。农业是国民经济发展的基本盘，是稳民心、安天下的战略产业，农业的高质量发展对于实现现代化宏伟目标至关重要。农业高质量发展是经济高质量发展的重要内容，因此，契合经济高质量发展所倡导的“创新、协调、绿色、开放、共享”新发展理念，实现发展动力、质量、效率变革是农业高质量发展的必然要求。同时，农业仅是国民经济的一个部分，其高质量发展的内涵又有其特殊性，从单一产业来看，农业高质量发展还应该从产品质量、产业质量、生态质量等方面来考量。综合来看，农业高质量发展主要具备高标准的农业产品、高效益的农业产业、高效完备的生产经营体系和高品质的国际竞争力四个方面本质特征。

（三）现代农业体系与农业高质量发展的逻辑关系和联结

在以农业高质量发展推进农业现代化的进程中，现代农业三大体系建设即有机统一不可或缺，又相互区别各有侧重。农业产业体系主要通过产业结构调整、产业布局优化和产业链延长与增值，重点解决农业资源要素配置和农产品供给效率提高的问题。构建现代农业产业体系的关键是在综合各地区的资源禀赋和市场需求的基础上，选取合适的特色产业，并不断优化产品结构、产业结构和布局，加强产业链的延长和升级，促进一二三产业融合，同时注重农业价值和功能深度挖掘与开发，不断培育新产业、新业态，实现农业产业发展的经济、社会、生态效益的综合提升。现代农业生产体系则是通过现代科学技术运用转变农业发展方式和农业要素投入方式，突出抓好农业生产效率和农业综合生产能力建设。构建现代农业生产体系的重点是利用科技创新与农业信息化，推动种养业向规模化、标准化、智能化、绿色化、品牌化方向发展，实现粮经饲统筹、种养加一体、农林牧渔结合，增加绿色优质产品供给。同时，降低农业生产成本，增强产业发展抗风险能力。现代农业经营体系具有主体多元、融合发展、利益共享的综合特征。建设现代农业经营体系的重点是发展多种形式的适度规模经营，培育新型农业经营主体，优化“新型农业经营主体+农业化”的组织方式，构建公益性服务与经营性服务相结合、专项服务与综合服务相协调的新型农业社会化服务体系，不断提高农业经营的集约化、产业化和社会化水平，从而节约生产成本，增加经营效益。从三者关系来看，农业产业体系和生产体系着重现代农业生产力和生产效率提升，农业经营体系则着重创新农业经营模式，促进农业经营效益的增长。三者之间有机联系，相辅相成。

结合农业高质量发展的内涵来看，构建现代农业体系，最终目的是高效生产、优化供给、增长收益。这与高质量发展要求的转变经济增长方式，推动发展的质量变革、效率变革、动力变革不谋而合。当前，随着社会主要矛盾变化，消费不断升级，多元优质的供给压力凸显。同时由于资源和环境的约束，绿色智能化生产需求也不断增强。此外，市场变化和竞争日趋激烈，农业经营效益稳步增长的难度也不断增大。因此，构建现代农业体系是农业高质量发展的必然选择。

二、新田县蔬菜产业构建现代农业体系概况

（一）新田县蔬菜产业发展现状

近年来，新田县以硒锶资源为依托，抢抓粤港澳大湾区建设机遇，坚持差异化发展、特色化赶超，大力发展富硒蔬菜产业，推动乡村全面振兴，取得了明显成效。截至 2022 年底，全县建成优质蔬菜供应基地 6. 5 万亩，蔬菜常年播种面积超 22 万亩，产量超 33 万吨，年产值达 25. 8 亿元（包括外县基地）。成功创建省市级蔬菜特色产业园 20 个，建成 17 个粤港澳大湾区“菜篮子”基地。

（二）新田县蔬菜产业现代农业体系建设的主要措施

1. 坚持因地制宜，特色产业园基本建成

新田县境内有富硒土壤 615 平方千米，占全县土地总面积的六成以上，是全省唯一公开认定的无污染富硒县、“原生态富硒食品基地县”。近年来，按照“一县一特、一乡一业、一村一品”发展思路，打造了以中山叶类蔬菜、骥村红皮萝卜、陶岭三味辣椒和新圩食用菌为特色的 4 个蔬菜专业镇（街道），每个乡镇（街道）培育了 5 个以上蔬菜专业村；食用菌产业方面，上线三条菌包生产线，年产菌包能力可达到 7000 万包，建设了 27 个菌包、香菇生产车间 3. 9 万平方米；在 30 个种植香菇和木耳基地建设 600 个大棚，种植面积达 5000 亩，销售鲜香菇 4000 吨、干香菇 100 吨万斤、干木耳

250吨，销售收入7000万元。实施了“东升农场总部搬迁”工程，成立了以蔬菜产业为主的产供销加于一体的农业“产业中心”。

2. 加强要素投入，现代化种植逐步推行

新田县将富硒蔬菜作为“一县一特”产业，相继出台了《新田县推进蔬菜产业融入粤港澳大湾区工作方案》《关于推进农业绿色发展高质高效实施方案》等文件，全方位建设粤港澳大湾区“菜篮子”基地。按照“一个产业、一名县级领导、一个牵头部门”原则，建立联席会议制、目标责任制、层层分包制、督导检查制、奖惩考核制等五项工作机制。强化资金保障，财政整合涉农资金60%以上用于支持农业产业发展，如2021年整合的1.55亿元财政涉农资金中用于农业生产发展资金达1.04亿元，占比67.1%，其中用于支持优势特色农业产业发展和农业产业基地建设的资金达3040万元。并积极争取中央和省市相关项目，撬动社会投入和金融部门贷款投入。建成了一批现代农业生产基地，全程机械化、水肥一体化等栽培技术得到大面积推广，其中化肥减量达40%，有机肥替代化肥35%以上。同时，着力搭建科研合作平台，依托湖南农大、华南农大和湖南省农科院蔬菜研究所等科研院校，建立了一支现代农业技术研发团队。选派科技特派员80名，每年推广蔬菜技术30多项、引进蔬菜品种50多种、培训种植大户3000多户。加强技术推广应用，对推广诱蛾灯、黄板诱蚜、性诱剂等生物防治、理化诱控技术，县财政予以补贴。重点完善蔬菜种植环节绿色蔬菜品种生产标准，完善蔬菜绿色生产技术操作规程12个，制定蔬菜地方标准2个。健全农产品质量安全监管体系，依托互联网技术，实现蔬菜生产、加工、流通全过程监管和溯源。近年出口蔬菜未出现一次农产品质量安全事故，成功创建“国家级出口食品农产品质量安全示范区”，农产品例行监测合格率达98%以上。香港食环署连续5年对新田蔬菜出口基地生产环境和蔬菜产品抽检，全部合格。①

3. 瞄准市场需求，规模化经营初有成效

为有效提高农业产业化经营效益，新田县制定《产业振兴三年行动计划》，大力培育和发展龙头企业、专业合作组织等新型经营主体，积极探索“龙头企业+园区+基地（合作社）+农户”模式，采用捆绑式发展、订单式联结、项目契约式分红等模式，强化企带村、村带民，实现集体增效、村民增收，推动资源变资产、资金变股金、农民变股东。依托31家省市级农业产业化龙头企业，带动发展农业企业345家、农民合作社859个、种养大户611户、家庭农场215家。引进广东东升农场、湖南远鸿现代农业、湖南华昌城等龙头企业，带动特色农业向规模化、标准化、绿色化转变，推动新

① 新田县农村局：《新田：用好用活“四字诀”赋能蔬菜产业高质量发展》，http：//www.yzcity.gov.cn/nyw/0203/202211/5ae9d9af8f374b49b9d2771bdd95c5e6.shtml，2022年11月22日。

田蔬菜产业由初加工向精深加工转型升级。如陶岭镇建有周家、富上、刘何等村的千亩辣椒连片基地，有仁岗、周家两个县级辣椒深加工产业园，三味辣椒合作社 6 家。骥村镇建有黄栗山、乌下等村的千亩红皮萝卜连片基地。同时，加快“硒锶新田”农业区域公用品牌培育推广，扶持企业培育产品品牌，大大提高了农产品的附加值。目前，全县已建成 20 余个电商销售服务平台，开辟山姆会员店、盒马鲜生等销售点 300 多个，富硒蔬菜销往上海、长沙、武汉、南昌等大中城市高端商超，常年供应的蔬菜品种每天达 50 多种，真正实现了“买全国、卖全国”。

三、新田县蔬菜产业高质量发展面临的困境

（一）产业结构不优，现代产业体系仍需加强

1. 产业链条短且狭窄

现阶段，新田蔬菜产业发展还处于初级阶段，产业环节少，农业“接二连三”不足，与农业产业配套衔接的加工、流通、餐饮服务业等未能同步协调发展，尤其是精深加工滞后。蔬菜加工企业和营销企业缺乏，带动整体蔬菜产业发展的能力较弱。目前绝大部分满足于鲜销卖原料，以销售原料或初加工产品为主，少部分是低水平腌渍加工和脱水加工，而精深加工企业规模普遍不大，农产品的价值增值极为有限。比如骥村红皮萝卜基本是在收获之时直接销售给广东的蔬菜中间商。以湖南远鸿现代农业龙头企业为牵引的食用菌产业，也是主要回收种植基地的干木耳再批发销售给浙江、福建以及辽宁等地的蔬菜中间商。2022 年远鸿公司销售干木耳达百万斤，但仅有 10%通过初步分拣和包装作为精品木耳销售，而 90%则是无分拣直接批发销售。

2. 产业形态多元不足

虽然部分农业企业对农旅结合模式进行了有益探索，但总体来看融合层次普遍不高，有的仅限于农业观光采摘，项目较为单一。特别是在产业基础链条短且松的情况下，蔬菜产业与其他产业间的融合也极为有限，导致农业与旅游、文化、教育等产业间融合方面效能不明显。如以惠峰生态农庄为代表的 4 星级以上休闲农庄，经营模式是集餐饮、民宿、农业观光、垂钓等于一体的农旅综合体，但不论餐饮还是观光景点，特色都不够突出。再如龙泉镇潭田村，依托荷园、向日葵花海和果蔬采摘园发展乡村旅游，吸引了一些游客，由于景区是开放式，且游园线路短，实际带来的经济效益十分有限。相比而言，临县桂阳依靠核心种植面积 300 余亩的樱花园，通过樱花展、国潮文化展、汉服时装秀和趣味互动、网红打卡等形式吸引游人无数，赏樱时节每天接待游客上万人次，据统计，2021 年樱花旅游节期间，桂阳樱花园共接待游客 10 万人

次，实现旅游综合收入近300万元。

3. 产业布局散而不聚

近年，新田县通过“一县一特、一乡一业、一村一品”发展思路调动了各村镇发展乡村产业的热情，取得一定成效，但与此同时也凸显了问题。目前全县共有备案农业产业园31个，其中千亩以上只有9个，不少农业产业园四处分散，未能实现集聚集群发展。特别是“一村一品”政策下，各镇各村在农特产品选择上也出现了各自为战、同质竞争的局面。如红皮萝卜，在骥村黄栗山、乌下有规模化种植基地，但在其他乡镇如新隆、金盆也有一些种植大户分散经营，在缺乏龙头企业牵引的情况下，红皮萝卜产业发展的产前、产中、产后脱节，出现“好产不好卖”“高产不增收”的现象，从而陷入规模型的发展模式，很难实现质量效益型转变。

（二）科技引领不强，现代生产体系仍需巩固

1. 蔬菜生产粗而不精

当前，蔬菜种植还是依托传统经验，即便是上规模的种植基地，劳动力基本为农村的妇女和老人，多数未接受过专业技术系统培训，对现代农业发展的新知识、新技术和新方法掌握不够，与产业发展所需的新型农民素质要求还有较大差距。如红皮萝卜种植的施肥环节，基本是依靠种植经验，从而产品在口感、色泽等方面的不稳定性高。在种植条件上，基于成本考虑，大棚种植还未完全普及，蔬菜种植受气候影响较大，抵御自然灾害能力较弱，同时蔬菜的供应也相应受到制约。如木耳种植，采摘期正遇春雨时节，雨水时间长，木耳则容易溃烂，如采用大棚种植，则雨水期风险可控，但专业大棚造价5万/个，较高的成本使得大棚一时难以普及。目前蔬菜种植基本普及的是滴灌技术。

2. 蔬菜供给多而欠优

当前，新田蔬菜种植的品种类别上还是以低档菜居多而高档菜偏少，普通的品种多而特色的品种少。如陶岭三味辣椒，因具有其独特的“甜、香、辣”三味而得名，然而在实际种植过程中，受制于土壤、气候等自然条件，非陶岭镇产区的辣椒或者是种在陶岭镇的其他苗种的辣椒品质和口感就会大打折扣，这就严重影响了优质产品的产量。近年来，新田县陶岭三味辣椒种植面积始终保持在0.3万亩左右，全年鲜辣椒总产量也只有0.75万吨。此外，由于蔬菜生产方式粗放，导致蔬菜成品的品相品质也是参差不齐。如红皮萝卜种植，截至目前种子的优劣或者适应性还未能真正确定。有经验的种植大户的红皮萝卜相比合作社聘人种植的红皮萝卜口感要好一些。萝卜种植由于缺乏规范化流程，导致产出的红皮萝卜品相不一，整体质量难保障。

3. 生产服务少且不力

农业属于投资大、投资收益回报时间长的产业。然而由于金融保障服务不足，贷款担保体系尚未健全，信用贷款期限短、额度小，抵押贷款审批时间长、抵押率低，农业企业普遍缺少资产抵押物，农业项目见效慢、风险大，致使商业银行放贷谨慎，抽贷、压贷和断贷现象普遍，农业企业较难获得金融机构贷款支持。同时，财政投入稳定增长机制不够健全，近三年统筹整合财政涉农资金投入“一县一特”现代农业产业园建设分别为4021万元、2400万元、1980万元，资金投入也在逐年递减。此外，冷链设施不足，物流成本较高，难以形成标准化生产销售流程，企业冷藏储存单打独斗，外销冷链运输相对不便。据调查了解，近几年，县委、县政府每年整合一定资金，补贴支持物流企业发展农村物流运输，但对农产品生产企业产品外销物流没有建立补贴机制，物流成本相对较高，企业缺乏竞争力。调研还了解到虽然每个村均有派驻科技指导员，但实际工作中，科技指导员因多种原因更多注重粮油或是烤烟等主要作物的技术推广，对于特定作物种植的指导较少。

（三）市场化水平不高，现代经营体系仍需提升

1. 经营主体多而不强

一方面企业的经营效益不高。虽然目前全县共有农业龙头企业33家，其中省级7家、市级26家，但企业经营质态不占优势，国家级农业龙头企业还是空白。由于农业企业普遍投入大、见效慢，不少龙头企业运营效益不够理想，一些小微企业运行更加艰难，2021年新田有5家企业退出市级龙头企业行列。各级合作社更是基础薄弱，经营上还处于探索阶段，实质与种植大户区别不大。另一方面企业抗御风险能力偏弱。目前农业企业以传统种养加工业居多，基地设施化水平不高，产业链条偏短，不具备核心竞争力，不掌握行业话语权，易受自然灾害、价格波动、政策变动的影响，抵御自然、市场和政策风险能力偏弱。此外，农业企业和产业园区普遍缺少各类高水平的经营管理和科技研发人才，企业和产业发展缺少强有力的科技支撑。如远鸿科技现代产业园以食用菌包的研发培育为主，由于缺乏市场营销管理方面的人才，优质农产品的品牌营销效能未能有效发挥。红皮萝卜的生产经营方面，虽然以合作社形式经营，但合作社管理更多由村支书兼任，由于缺乏必要的市场经营经验，导致整体市场化水平不高。

2. 蔬菜品牌少且不响

一方面品牌优势彰显不力。目前“硒锶新田·甜在心田”农业区域公共品牌只对绿锶缘农业发展公司、富尹种养专业合作社、五月豆香食品公司、东山家庭农场、亿

华农业发展公司等五家企业进行了授权，真正在产品外包装上使用的只有绿锶缘和富尹两家。同时，由于没有统一的硒锶品牌管理机制，市场上各类硒锶概念产品多达数十种，众多中小品牌混杂发展，已形成品牌的产业同质产品多，全县农产品加工企业300余家，其中取得食品生产许可证的只有23家。蔬菜方面，除东升农场外，县内还有从事蔬菜购销的专业户近40户，蔬菜品质鱼龙混杂，产业优势没能很好地转化为市场效益，一定程度上影响了新田硒锶品牌的形象和声誉。另一方面，产品市场开拓乏力。除东升农场蔬菜产品、远鸿科技食用菌产品销售市场比较稳定外，其他企业产品销路都比较窄，以销定产对基地发展拉力不足。因受气候因素制约，为了满足市场需求，蔬菜产业必须错季生产，东升农场新田基地规模受限，不得不在宁夏和贵州等地创办基地，对本地蔬菜产业发展的拉动作用有限。

3. 种植农户劳而少得

当前农业经营主体与农户之间衔接还不够紧密，合作意识还不够强烈。一方面，农业经营主体带动农户发展的能力还比较弱，由于利益联结机制不紧密，大部分龙头企业没有与农户形成“利益共享、风险共担”的机制，企业与农户之间主要是土地流转和订单买卖关系，合作不充分且合作层次较低，农民增收空间较小。另一方面，农业经营主体在农产品的加工、销售等环节方面的专业化分工合作还不深入，没有建立长期稳定的合作关系。在产业链条不完善的情况下，如遇市场变动或自然环境风险，可能导致农产品滞销，农产者利益损失。如2022年红皮萝卜受疫情影响，因交通不畅无法外销，加上红皮萝卜加工业发展不成熟，积压的萝卜只得低价销售，导致种植农户利益损失。

四、新田县蔬菜产业高质量发展的路径

（一）优化产业结构，健全现代产业体系

1. 大力发展精深加工，夯实产业融合基础

针对新田存在蔬菜产业链条短且狭窄，精深加工农企规模普遍不大，蔬菜产品的价值增值极为有限的问题，一是推动蔬菜产业走向高端化。引导企业着眼长远，做强产业链，扩大原材料供应基地，走种养加工一体化路子。例如骥村镇黄栗山的红皮萝卜，发展精深加工，研发不受季节影响的罐头系列，提升产业档次，增加农业产值。新圩镇食用菌木耳产业进一步细分市场，实行差异化市场战略，研发木耳高端产品，面向高档市场做精做特。二是积极开展补齐农产品加工短板行动，把富硒蔬菜产品精深加工作为蔬菜产业发展的重要抓手和突破口，重点开发陶岭三味辣椒、农丰源农业

秋葵面等加工项目。要拓宽农产品增值空间，需要延伸产业链，尽量把延长产业链的增值收益、就业岗位留在农村。依托新引进的酱康聚源公司预制食品项目产业链条长、产品种类多、市场前景好、销售渠道广的优势，做大预制食品产业，做强覆盖果蔬、辣椒等产业的预制食品全产业链。三是加快培育龙头企业。积极培育东升、恒丰、三箭、远鸿、绿锶缘、顺源、亿华、金盆湖、聚源等一批具有一定基础和规模、技术含量高、市场前景好、竞争力强的新型富硒产品加工企业发展壮大，培养一批具有战略开拓能力和现代经营管理水平的农业企业家。

2. 积极拓展产业功能，发展新产业新业态

“微笑曲线”原理也告诉我们，要使得蔬菜产业有更多的价值空间，必须注重蔬菜产业多功能性，只有拓展产业功能，才能发展出新业态，衍生新价值。一是推动蔬菜产业与二、三产业融合。在蔬菜食物保障功能基础上拓展出休闲旅游功能、生态保育功能以及传统文化传承功能。例如陶岭辣椒，不仅可以拓展出辣椒酱，还可以发展酱菜文化，研究辣椒酱的起源、分野，列入乡村文化陈列馆供游客大众参观。这就是以蔬菜产业为基础，依托蔬菜发展成农产品加工业、服务业的多功能开发融合的局面。“多功能开发是延长产业链、提升价值链的关键，但应忌重复，突出特色；忌一般，打造品牌；忌孤立，串点成线；忌陈旧，创新业态。”① 二是蔬菜产业与文旅产业融合。围绕做好“绿色、古色、红色”三色文章，坚持蔬菜产业和乡村旅游融合发展，支持引导陶岭三味辣椒、中山秀峰蔬菜等农业产业园、家庭农场，寻找旅游与农业的最佳结合点，就能走出一条“人有我有，我有人无”依托特色农业发展特色旅游的新路子。借鉴宁乡市的湘都农业生态园和金太阳农庄的发展模式，一个突出观光娱乐休闲度假，一个突出生态农业。我县也可根据本地的旅游资源和蔬菜产业资源结合，如在菜园环境宜人的地方，既提供旅游服务，又提供研学观光。尝农民自产自制的特色蔬菜产品，通过放松心情、体验生活从而达到修身养性的功效。走出“农旅结合、以农促旅、以旅强农”之融合发展路子，打造几个集农产品生产加工、休闲观光、科普体验、特色产品销售等为一体的农旅融合田园观光综合体，以蔬菜产业为基点开拓多种业态。对接农村电子商务平台，发展产地直销、网络直销等新兴流通业态。

3. 优化特色产业布局，提升产业集群效益

布局影响格局，市场的分工越来越细化，需要优化产业布局，各种蔬菜资源合作，相互借力，才能产生产业集群效益。从全省的视角来看，新田属于大湘南区域。“大湘南区域蔬菜产业发展要瞄准粤港澳市场，以茄果类、豆类、瓜菜类、薯芋类蔬菜为主，

---

① 刘奇：《农村三产融合：如何融，怎样合》，《中国发展观察》2019 年第 5 期。

扩大外销、特色化品种生产。”① 因而聚焦优化本地产业布局，从三个方面来提升产业集群效益。一是利用资源禀赋优势，从细分市场入手，准确定位，围绕发展富硒蔬菜特色产业的战略定位，发展“一县一特”，按照“因地制宜、合理布局、集中成片、突出规模”的原则，立足新田富硒元素最大实际，确定和培育有利于硒锶精深加工和市场开拓的食用菌、蔬菜、辣椒等主打品种，引导种植结构调整，做大产业规模，提升产业集群效益，带动整个富硒蔬菜产业发展。二是充分利用新田县毗邻粤港澳大湾区的区位优势，着力提升中山龙泉骥村新圩陶岭蔬菜，优先布局建设农业绿色发展先行区。进一步提质现代蔬菜特色产业园区。三是实施差异化市场战略。加强与省内外及市县周边蔬菜产业发展较快地区的交流与合作，学习借鉴其差异化发展的先进经验。

（二）高效配置要素，完善现代生产体系

1. 建设高标准农田，提质产业基地

党的二十大报告提出，逐步把永久基本农田全部建成高标准农田。据调研，新田的优质蔬菜多产于优质农田。好地才能种出好蔬菜，这需要坚持系统观念建设高标准农田，提质产业基地。

一是充分利用已有优势，提升农田生态环境。新田被评为“中国天然氧吧”、湖南省“平安农机”示范县，获评省耕地抛荒治理先进县、省农村人居环境整治提升先进县、省畜禽粪污资源化利用工作突出县。继续提升蔬菜农田的生态环境质量，以钉钉子精神推进农业面源污染防治，减少化肥、农药施用量，确保中轻度受污染耕地安全利用率达 91%以上，化学农药使用量降低 20%左右。提高畜禽粪污、秸秆和农膜等废弃物资源化利用水平。注重基于生态保护的土地休耕制，以长远效益为导向，提质产业基地，生产有机绿色的蔬菜产品，以高质量高价格取胜。

二是不断扩大高标准农田建设。加大有机肥替代、水肥一体化等项目扶持力度，改善基地生产条件，提升蔬菜标准化、设施化和智能化水平，重点支持现有蔬菜经营主体做大做强。推进农村土地整治、中低产田改造，不断扩大高标准农田面积，提质建设一批高起点、高标准、规模大、影响大的富硒蔬菜有机食品生产基地，重点打造新田县东升农场 5000 亩蔬菜示范基地，选择交通、水源、地势、土壤等条件较好的金陵镇、骥村镇、龙泉镇等，把新田打造成蔬菜优质出口基地，力争把新田建成全国绿色（有机）蔬菜生产示范县。

---

① 皮向红、金龙新、刘英、祝琪雅、刘小燕：《湖南蔬菜产业现状调查及发展建议——以长沙、浏阳等十三县（市、区）为例》，《天津农业科学》2018 年第 12 期。

2. 加强现代技术运用，提高生产效率

蔬菜产业要实现高质量发展，离不开科技支撑。新田蔬菜产业更需要引入现代农业技术，提升农产品科技含量，以增加农产品的价值溢价。一是研发推广优良蔬菜品种。支持龙头企业与省农科院、湖南农大等科研院校开展优质蔬菜育种合作，加快选育和推广高产优质辣椒、木耳、蔬菜等良种，解决好种子要害问题。加快引进、选育和示范推广一批优质高产、适合新田种植和市场需求的优良蔬菜品种，提高产品的竞争力和收益率。二是重视人才培养。加强蔬菜生产技术培训和产业发展人才队伍建设，加大专业技术人才、电子商务人才的培养和引进力度；委派管理人员到丰城、寿光等蔬菜产业发展较好的地方挂职锻炼，提高管理水平；委派技术人员到科研院所学习研发检测技术，增强技术力量；充分利用国家高素质农民培育政策，对本地有创业意愿的青年农民开展专业培训；聘请相关专家在新田设立工作站，开展具体的针对性的专业指导。三是向农民推广先进农业技术，大力推行农业清洁生产，发展循环经济，提高蔬菜生产的绿色标准。

3. 完善仓储冷链物流，畅通产销渠道

党的二十大明确要求加快发展物联网，建设高效顺畅的流通体系，降低物流成本。要做好“卖”蔬菜的文章，必须保证蔬菜菜品新鲜，从“有蔬菜吃”到“吃健康蔬菜”转变，将优质蔬菜快速便捷送往餐桌是新田蔬菜产业高质量发展亟须解决的问题。一是仍需继续推动农村冷链物流建设。新田县是省农产品仓储保鲜冷链设施先进县，目前已经建成农产品仓储保鲜冷链设施 25 个，但远不够支持蔬菜规模生产经营，还需要更多农产品区域性产地冷链物流设施支持，特别是乡镇冷链仓储配送节点、村级田头仓储保鲜库等。同时还要加快推进供港直通车工作，畅通优质蔬菜供应渠道。二是发展电商冷链等配套服务。加快推进数字乡村及 5G 网络建设，强化产销对接，完善县乡村三级农村电子商务服务体系，支持传统特色农产品、手工艺品、农创产品开展“网上直播带货”，拓宽线上销售渠道。加大电商企业培育力度，促进特色农产品线上宣传、展示、交易，培育壮大网销“一村一品”品牌。加快田间地头和城镇农产品仓储冷链物流建设，对村集体建设冷链仓储物流等基础设施优先支持。三是进一步完善蔬菜分拣、加工、仓储、冷链、物流等产业链条，坚持内销与出口相结合。开拓蔬菜内销和出口市场，做到两者相互补充、相得益彰。

（三）市场需求导向，优化现代经营体系

1. 深化土地制度改革，发展适度规模经营

要完善农村基本经营制度，一方面深化农村承包地“三权”分置改革。深入开展

确权颁证“回头看”，持续抓好确权信息的纠错纠偏，启动农村土地承包经营权变更登记工作，建立长效、常态化管理机制。完善农村土地经营权流转管理与服务，进一步抓好农村土地法律法规的学习宣传和培训，建立健全土地流转规范管理制度。另一方面以改革创新的精神盘活土地资源。积极探索放活土地经营权的有效途径，构建土地流转数字平台，将可流转土地“上图入库”。鼓励农民按照“自愿、依法、有偿”原则，通过租赁、转包、反租倒包、入股等多种形式，创新流转模式，促进土地使用权向经营大户或农业龙头企业集中。例如充分利用毗邻粤港澳的区位优势，城市工商资本转向农村、投资农业的大趋势，积极打包土地流转项目招商引资，引进龙头企业以租赁等方式整体流转土地，发展高效农业、设施农业，建设高标准的农产品生产基地，发展规模生产。根据本地实际，实施专业合作社经营模式。即选派“能人”牵头组织同类农业生产经营者成立合作社，农户以土地入股的形式加入合作社，合作社对社员农业生产开展全程服务。还有较为普遍的专业大户承包模式。即由农业科技示范户、种田能手或者有一定经济实力的农户，通过各种渠道承包农户土地，开展集中连片生产经营。总之，深化土地制度改革，让土地用活起来，发展农业适度规模经营，进而实现规模化、专业化生产。

2. 完善利益分配机制，培育壮大经营主体

一是坚持和加强农村基层党组织领导，推动组织前移、干部前移、服务前移，构建可持续的产业发展利益联结机制，在适合种植蔬菜的村镇实施农村“三变”改革。二是建立乡村振兴联系点制度，鼓励引导能人志士回乡创业兴业，吸引各类人才在乡村振兴中建功立业，加快培育农民合作社、家庭农场等新型农业经营主体。三是依托我县省市级蔬菜农业产业化龙头企业，带动蔬菜专业合作社、家庭农场、种植大户发展，推动更多蔬菜经营主体向规模化、标准化、绿色化转变。四是通过“公司+基地+农户”“公司+专业合作经济组织+基地+农户”等种植模式，统一供应品种、统一供应生产资料、统一技术规程，统一指导、统一管理、统一收购、统一加工、统一销售，充分利用企业品牌、经营、管理优势，完善利益分配，吸纳零散的蔬菜种植农户以合作形式加入较大规模的示范基地。同时，对中山街道5000亩蔬菜示范基地以及三井茂家居委会、枧头彭梓城、陶岭周家、骥村黄栗山等4个500亩蔬菜种植基地实施提质改造，扩大产能。

3. 深化银政企合作，完善社会化服务体系

党的二十大指出，要构建优质高效的服务业新体系，推动现代服务业同先进制造业、现代农业深度融合。贯彻落实党的二十大精神，需要深化银政企合作，形成金融、保险、政策等一整套助推蔬菜企业、合作社、家庭农场等经营主体发展壮大的社会服

务体系。一是创新金融服务。面对东升农场等蔬菜农业企业的融资困难问题，健全农村金融服务体系，落实金融服务进乡村举措，金融机构通过“乡村振兴共享贷”等授信产品对符合条件的蔬菜经营主体进行授信。推动蔬菜大棚、大型农机、土地经营权等依法合规抵押融资。二是加强保险服务保障。支持推广蔬菜种植保险，例如支持引导远鸿公司积极探索菌稻轮作栽种模式，推行食用菌产业保险，有效降低企业和产业自然风险成本。三是提升政策服务水平。在现有扶持政策保持不变的基础上，采取以奖代补的方式，切实做好各类产品出口认证、绿色通道等服务工作，对企业进行出口认证的费用每年按一定比例给予补助。开展蔬菜外贸出口的企业一并享受招商引资外贸奖励和进出口一般贸易奖励政策。四是提升社会化服务能力。重点抓好省级农业社会化服务试点组织的创建和试点项目的实施，力争创建省级农业社会化服务试点县。聚焦农业产业关键薄弱环节，加大支持引导力度，不断提升农业社会化服务对农业全产业链的覆盖率和支撑作用。

4. 培养新型职业农民，增强产业人才支撑

实现蔬菜产业高质量发展，最重要的是产业人才队伍的支撑。这需要培养蔬菜方面的新型职业农民，用专业的人做好专业的事。要培育新型职业农民，重在立足于实效，积极构建新型职业农民培育的平台。一是建立统一的培训平台。成立由科技、农业、教育、财政、妇联等多部门组成的蔬菜产业农民培育工作领导小组，统筹各类教育培训资源，以农业农村主管部门为培训机构，以县职业中专、乡镇党校、广播大学等为教学基地，投入相应的资金购买必要的电教设备设施，满足培训蔬菜产业人才的需求。二是形成稳定的师资队伍。根据教学需要选择相关人员授课，组建一支多元稳定的“土洋结合”的教学师资队伍。聘请高等农业院校、科研院所和农技推广部门的专家、学者、技术人员作为兼职专业教师。根据农业实际，充分吸收本地的党政领导干部、企事业单位领导干部、科技特派员、“土专家”“田秀才”等，作为教育培育的优质教师。积极邀请当地的农业企业家、种养大户、先进模范人物、返乡务工经商能人、技术能手等进行“现身说法”。三是建设长久的实训基地。在东升农场和远鸿现代产业园两个市级实践教学基地的基础上，结合龙家大院、彭梓城、乐大晚村、厦源村、骆铭孙村5个传统古村落打造农村电商、文化旅游基地，进一步打造陶岭镇仁岗村、周家村“三味辣椒”，骥村镇黄栗山村红皮萝卜等现场教学基地，在实地种植现场实现“手把手教、面对面地学”。

5. 做强做大硒锶品牌，提升新田蔬菜影响

结合县情，立足富硒特色，需要从以下三个方面做强做大硒锶品牌，提升新田蔬菜影响力。一是要有品牌战略意识。不谋全域者，不足以谋一域。实现新田蔬菜产品

“买全国、卖全国”，蔬菜品牌输出是关键。农产品品牌背后最重要的是产品质量和生产的生态背景。贯彻绿色发展理念，坚持“绿水青山就是金山银山”的理念来培育农产品地域品牌，始终坚持质量为王，抓好蔬菜产业源头生产，培育生态文化，注重生态环境保护，擦亮“湖南省原生态富硒食品基地县”牌子。大力支持硒锶企业、专业合作社和家庭农场申报绿色食品和有机食品认证，申报硒锶食品生产许可证、硒锶食品商标注册和地理标志认定。二是宣传好富硒蔬菜品牌。富硒生态文化宣传输出，需要久久为功。政府及其职能部门引进专业策划团队对硒锶资源宣传进行系统性策划，统筹规划，部门联动，整体推动“硒锶新田”的品牌影响，在富硒开发上形成整体效应，打造新田的“富硒名片”。全方位利用电视、报刊、互联网、超市上柜等多形式多渠道宣传新田富硒蔬菜，如制定印有“硒锶新田”字样或式样的标签标识，统一张贴境内的富硒产品包装的显著位置。组织蔬菜企业参展长沙年货购物节、中国美食大赛、中国进出口商品交易会。在市县举办的大型活动中融入富硒蔬菜、富硒蔬菜加工产品、富硒文化、养生文化等内容进行宣传。积极参加国内外富硒农产品会展和各种富硒活动。积极申报“新田菜心”“新田甜玉米”等产品为国家地理标志产品。三是经营好富硒蔬菜品牌。2022 年，新田县为增强企业品牌和农产品品牌的可信度，塑造新田农业新形象，已出台《“硒锶新田”县级农业公用品牌管理暂行办法》。严格执行文件精神，维护本地品牌。对全县符合标准的硒锶蔬菜农产品统一冠以“硒锶新田”公共品牌，由县硒锶产业发展协调工作领导小组统一授权管理。善于学习先进地区发展经验。现有湖北的恩施、江西的丰城、陕西的紫阳、贵州的开阳、湖南的桃源等，这些地方的富硒蔬菜品牌的宣传和经营积淀了可借鉴可复制的做法，坚持开放新发展理念，与之加强合作，共建共享营销渠道，实现抱团取暖，优势互补，共同扩大富硒的品牌影响力。

孙冰露、陈桐生均系中共新田县委党校讲师。本文是 2023 年湖南省党校（行政学院）系统社会科学规划课题结项成果。

口述历史：百岁老人谈新田新旧社会对比

何　昕　陈桐生　孙冰露

一、问题的提出

（一）研究的意义

近代以来，中国沦为半殖民地半封建社会，帝国主义的入侵使得国家蒙辱、人民蒙难、文明蒙尘。一代代仁人志士开启救亡图存的探索，然而都失败了，直到中国共产党的诞生，才将笼罩在中国大地的层层迷雾拨开，带领中国人民历经艰苦卓绝的斗争、破釜沉舟的改革、凝心聚力的发展，终于迎来了从站起来到富起来再到强起来的跨越，中国社会各方面发生了翻天覆地的变化，人民的幸福感、获得感与日俱增。然而，由于时代久远，人们昨日经历的苦难、对新旧社会两重天的感受已然随着时间的流逝渐渐淡化，现今，人们看到的更多是今日的辉煌与幸福，这致使大部分受众，特别是年轻人，因缺乏一种切身的感受，而一定程度上影响了对历史直观且深切的感知。

习近平总书记指出："历史是最好的教科书，也是最好的清醒剂。""重视历史、研究历史、借鉴历史是中华民族5000多年文明史的一个优良传统。"鉴于此，我们有必要对新田新旧社会变化进行系统深入的对比，还原新田社会发展的脉络，以期激励后人更好地感知历史、铭记历史、奋勇向前。

本文基于百岁老人谈中国共产党领导下中国的沧桑巨变，以口述历史的研究方法，通过访谈对话，了解普通人民的亲身经历、思想认识等，探究新田新旧社会变化巨大的根源，得出现实的有益启示，达到资政育人的目的，为新时期新田县奋勇争先实现新跨越新发展凝心聚力。

（二）口述历史研究综述

为使本文建立在坚实的理论基础之上，课题组查阅了大量资料，对口述历史的研究现状进行梳理。运用口述方法研究历史的情况自古有之，但口述历史这种研究方法到20世纪在学界才真正被重视并得以确立。口述史的概念最早于1948年由美国哥伦比亚大学教授艾伦·内文斯提出，随后口述史学在美国得到迅速发展，并逐步走向专业化。直到20世纪80年代，现代意义的口述史学概念才传入中国并得到发展，特别是在21世纪，口述历史研究受到学者广泛关注，口述历史在中国得到进一步发展，并形成了一系列理论成果。关于口述历史的研究，主要集中在口述历史的定义、特征、作用和方法方面。对于口述历史的定义，目前国内外学者众说纷纭，但大多认为“口述历史是采访者依托记录工具，对有直接经验的人士所经历的往事进行采访调查，并根据这些调查形成书写记录，用作历史研究的参考”①。对于口述历史的特征，学者们多认为口述历史是史学的一个分支或是一种历史研究的方法，具有动态性、生动性、人民性、广泛性等特点。对于口述历史的作用，学者们多认为它可以通过收集特定群体对特定事件或是对特定区域发展的共同感知，充实历史研究的资料，丰富历史研究的内容，特别是能突破传统文字资料局限，提供一些未有文字记载的史料支持，推动历史研究的方式创新，浓厚历史研究的兴趣，扩大历史研究的群体，也可通过历史与现实的对话使历史更加生动、鲜活，特别是给普通人进入历史创造机会等，对于丰富历史内容，厘清历史真相，总结历史经验，实现资政育人等都具有十分重要的意义。得益于口述历史的众多作用，口述历史近年来广泛应用于社会学、传媒学、心理学、医学等各类学科。对此，学者们针对口述历史在实践中的操作方法及注意事项展开讨论。普遍认为“口述史的工作应遵循史学单元构成回忆性陈述、尊重受访者意愿和隐私、忠实于口述记录和采访资料整体性收藏等原则”②。本次访谈就是基于上述口述历史的有关理论和原则而展开的一次有益尝试。

二、百岁老人关于新田发展的社会记忆

新田的百岁老人是新田发展变化的见证者和实践者。在他们一百多年的生命历程中，社会不断发展，时代变迁的各方面都在他们的灵魂深处留下了深深的烙印。在他们的记忆中，包含着百年来新田社会发展的历史。他们就是开启探秘新田发展的钥匙。为了再现新田新旧社会变化的真实情景，课题组多次开展了专题调研和访谈，深入新田县各乡镇开展入户调研，合计访谈百岁高龄老人12位，其中对7位老人进行了深入访谈，收集了一些珍贵的口述史资料。

---

① 张德明：《新世纪以来国内学界口述历史理论研究回顾》，《湖南社会科学》2020年第1期。

② 张德明：《新世纪以来国内学界口述历史理论研究回顾》，《湖南社会科学》2020年第1期。

（一）访谈对象选择

为使访谈对象更具有代表性，本文选取了农民、军人、教师作为访谈对象。百年来，新田社会的变化是方方面面的，选择不同身份的人来深入访谈，有利于多角度再现新旧社会新田的真实面貌。

（1）农民。农民是新田社会发展的重要主体，是见证中国共产党带领人民群众翻身做主人的重要群体，因而他们也是我们访谈和调研的重要群体。

（2）军人。他们既是普通群众，又因为参军深切经历了战争的苦痛。在曾经的战争年代，他们为民族的解放作出了突出贡献，因而也是访谈必不可少的群体。

（3）教师。教师是过去家庭条件较好的群众代表，同时也是知识分子代表。他们是推动新田社会发展变化的重要力量。他们的亲身经历，对于重现新田社会变化特别是城镇变化以及民生保障的变化至关重要。

在新田的百岁老人中，我们筛选出 7 位老人，作为最终的研究样本，具体包括农民 5 位，军人 1 位，教师 1 位。他们均达百岁高龄，出于保护老人隐私，文中不透露老人真实姓名，仅用代码表示。具体情况详见表 1。

表 1　受访老人资料一览

代码	身份	出生年份	健康状况	地址	备注
A	农民	1922	健康	中山街道洞源村	丈夫早逝
B	农民	1921	健康	骥村镇上槎村	12 岁被当作童养媳
C	农民	1924	健康	石羊镇友谊村	
D	农民	1921	健康	龙泉街道珠美村	两个兄长被国民党部队抓去当兵
E	农民	1918	健康	石羊镇三水村	五个兄弟被国民党部队抓去当兵
F	军人	1922	健康	三井镇山水湾村	少时被国民党部队抓去当兵，由于不满国民党军队恶劣的作风而反戈，于 1947 年 9 月正式加入人民解放军
G	教师	1923	健康	大坪塘镇大坪塘村	书香之家

课题组采用的调研方式是开放式访谈，在老人们的亲属陪同下，由老人们回忆新中国成立前特别是他们幼年、青年、中年时期的生活状况，包括衣食住行等方面，口述新中国成立前他们亲身经历的印象最深刻的事件，对于其中比较特殊或突出的情景和问题，访谈者当即追问，以便获取更加翔实的信息和资料。访谈过程中，对于某些重要环节和问题，及时与老人亲属核实确认。访谈结束后，课题组再对口述史料进行系统整理，然后通过查阅相关文献资料、媒体报道等，进一步核实访谈资料的真实性，

并将最终确认有效的口述史料按内容分类，作进一步深入分析。

（二）访谈资料分析

1. 看家庭收入变化

访谈中多位老人表示新中国成立前家庭基本没有收入，连温饱都是问题。由于国民党统治压迫，贫农雇农所收粮食交租交息后，所剩无几，多数难敷半年之食，常常是家无隔夜粮，吃了上餐愁下餐。即使是正常年景也终年不得温饱，荒年则更惨。老人 A 回忆："新中国成立前丈夫是帮人干活的长工，没有田地。加上重税重粮，税粮按人头计算，即便没得吃也得先保障上缴。直到新中国成立后，开展了土地改革，才分得田地。"老人 B 回忆："由于父亲过世早，由母亲拉扯三姊妹长大，经常饿肚子，外出讨饭谋生。新中国成立后分到了土地，主要通过种地、养牛以及弹制棉被和编织蚊帐的手艺活谋生。"老人 D 回忆："新中国成立前多靠红薯野菜充饥，一天一顿白米饭都很难保障。由于家庭贫困，又没有土地，只能四处开荒生产，粮食收成实在有限，导致生育的 11 个小孩中有 6 个因无力喂养不幸夭折。"现在，老人的子女们均能自由择业，通过辛勤劳动和聪明才智创造财富，生活也更加兴旺红火，有的在城里置业，有的在老家砌上高楼。曾经的穷困潦倒早已一去不复返了。根据《新田年鉴（2021）》数据，2020 年，新田县人均可支配收入达到 1.7 万元，其中城镇居民可支配收入超过 2.8 万元，农村居民可支配收入超过 1.1 万元[①]，新田人民稳步走上小康大道。

2. 看基础设施变化

老人们回忆过去交通设施很不便利，出行多是依靠步行。老人 D 回忆："丈夫曾挑盐去广西售卖，由于交通不便，只得步行，来回一趟差不多要花上半个月。"老人 G 回忆："以前新田交通很差，从南到北没有路。"现今，新田县通过规范设置县城至乡镇客运班线，新增农村赶集班车，全面整合城区公交线路，公共交通早已全面畅通。截至 2020 年，全县民用车辆保有量超 6 万辆，加上高铁、飞机等交通工具，全国范围内均能实现点对点通勤。水利设施方面，新田历来水利条件较差，虽有三条过境水，其中一条二级支流，两条三级支流，总体利用水量仅有 500 万立方米，全赖山塘、泉井灌溉，抗旱能力极低。老人 G 回忆："民国 34 年，春夏大旱，数月不雨，早熟作物枯死殆尽，众多农民挣扎在饥饿线上。"据县志记载，当年全县受灾田亩 78900 余亩，秋收不到四成，外出逃荒万余人。且疫病流行严重，全县仅小孩死亡就超 3000 多人。[②] 新中国成立后，县委、县政府带领群众自力更生，艰苦奋斗，大兴农田水利建设。现

---

① 新田县年鉴编纂委员会编：《新田年鉴（2021）》，南海出版社 2021 年版，第 73 页。

② 新田县志编纂委员会编：《新田县志 1883—1990》，新华出版社 1995 年版，第 14 页。

在新田县通过构建“一大五小”城乡供水网络，保障了20万至25万城市人口的供水，农村自来水的普及率也超过90%，饮水安全得到保障。同时，通过对水库灌区建设、坡耕地治理的持续投资，区域蓄水能力不断增强，水利设施条件也大为改善。通讯方面的发展进步，更是让老人们大为惊叹。新中国成立前，新田县仅开设新田至金陵的步班邮路，后面才逐渐串联其他乡镇的信柜，通信效率极低。如今，随着现代通信技术发展，人人都有手机，实现了即时通信，从见字如面到万物互联的跨越。

3. 看民生保障变化

教育方面，在访谈的几位老人中，仅有F、G两位老人上过学。新中国成立前，新田教育落后，80%以上是文盲和半文盲。贫困导致大部分人根本上不起学。老人G回忆：“过去一般有钱人才读书。”“那时读高中，需要30担（3000斤）谷子，而家庭整个收入也就是3000多斤谷子。”现在国家高度重视教育事业，每年的教育支出不断增加。义务教育阶段的学生实现教科书费、学杂费、住宿费全免，对于困难学生，还给予生活补助费。根据《新田年鉴（2021）》数据，2020年新田县累计投入1.14亿元推进教育基础建设，累计新增学位2.8万多个。[①] 同时，新田开展了农村小规模学校优化提质试点，实现了农村教学点“小而弱”“小而差”到“小而美”“小而优”的蜕变。医疗方面，老人G回忆：“整个县仅有一家卫生院，乡里没有正规医院，都是些私人诊室和草药医生，他们都是读书人自己学医办的。”新中国成立前落后的医疗环境，导致如天花、麻疹、流脑等传染病得不到较好的防治，成为高死亡率疾病。老人C回忆：“以前看病要请个医师开药方，再去外面挖草药煎药。以前的人寿命都不长，现在人的高寿的很多。”随着医疗条件的改善、医疗水平的提高、疫苗接种的普及，曾经让人闻风丧胆的疾病早已得到有效控制，人的平均寿命大幅提高。养老方面，老人们都感慨党的政策好，一般的百岁高龄老人养老金加高龄补贴达到500多元每月，要是退役军人或是退休人员，养老金还会更多。老人A说道：“旧社会重税重粮，种田是荒田不荒租，现在种田不仅不交税还有补贴，这放过去连想都不敢想。”老人G也感慨：“还是共产党有办法，旧社会因为不公总是担心失业，新中国成立后就稳定了，不用担心工作问题，也不担心吃饭的问题。”

4. 看社会环境变化

新中国成立前，除了贫困落后的生活让人苦不堪言，还有动荡的社会环境让人深恶痛绝。老人B回忆在年少时经常为躲避土匪而逃亡瑶山。老人D回忆，国民党统治时期，年满18—45周岁的男性青壮年均要服国民兵役。且实行五丁抽二，三丁抽一的征兵政策，自己的两个哥哥当时就被抓去当兵，而一去就再也未归。后来由于兵源不

① 新田县年鉴编纂委员会编：《新田年鉴（2021）》，南海出版社2021年版，第209页。

足，原按比例抽了及孤独子缓征的规定也无形中被取消，这时需要抓老人的丈夫当兵，由于老人丈夫是家中少有的几名男丁之一，不得已通过买通保甲长才被留下。老人E回忆："自己的五个兄弟均被国民党抓去当兵。"老人F少时被国民党部队抓去当兵，由于不满国民党军队恶劣的作风而反戈，于1947年9月正式加入人民解放军。之后参加过辽沈战役、平津战役、衡宝战役和广西剿匪，在朝鲜战场上还立下国际功。新中国成立前百姓除了防着国民党抓壮丁，还要防着盗抢。老人A回忆："新中国成立前，放点东西都不敢放，担心被人偷，到了毛主席时代，好过了。"现如今，国家实行自愿的征兵政策，军爱民、民拥军的光荣传统也被广泛弘扬。与此同时，中国共产党带领全体人民探索出了中国特色社会主义法治道路，构建起了现代中国法治体系，法治社会建设取得重要成效，尤其是随着扫黑除恶专项斗争的推行，整个社会环境得到进一步改善，社会主义核心价值观在全社会践行与彰显。老人G感慨："现在是法治社会，依法治国，较少发现盗窃，群众关系好，很少吵架。"

5. *看女性地位变化*

老人B因家庭贫困，在12岁那年被当作童养媳寄养，而她的两姐妹也在幼时被当作童养媳寄养。因其特殊的人生境遇使得她对于女性地位的变化尤为感慨。由于童养媳的身份，老人家在婆家几乎是没有地位，始终抬不起头，常年从事大量的体力劳动，有时还会受到婆家虐待。"曾在寒冬腊月，丈夫连棉被都不给。""不曾想到逃跑，不敢逃也没得逃，如果出逃被抓到，会被打得很惨。"新中国成立前，像童养媳这种早婚陋习，政府当局曾有禁令，但屡禁不止，直到新中国成立后，颁布了《中华人民共和国婚姻法》，明确了法定结婚年龄，童养媳的问题终于得到彻底解决。规定男女双方在结婚、离婚、人身关系和财产关系等方面，都享有平等的权利，废除一切歧视和束缚妇女的法律，使男女婚姻问题发生根本变化。老人A回忆："由于丈夫早逝，干活总是被欺负。"如今，随着经济文化的发展，社会开明，女权意识觉醒，妇女权益受法律保护，女性成了撑起社会发展的半边天。对于弱势困难群体，相应的群团组织会给予帮扶，整个社会彰显互助友善的良好风气。

三、新田新旧社会变化的根源

（一）中国共产党的坚强领导

新中国成立以来，特别是改革开放以后，在中国共产党的领导下，新田经济社会发生了巨大变化。县城在变，农村也在变，口述历史采访组采访百岁老人，他们亲身经历了这种巨变，他们以切身经历回忆了在旧社会所遭受的苦难和辛酸与在中国共产党的领导下新中国日新月异的社会生活巨大变化，幸福感不断增强，通过忆苦思甜，在新旧社会对比中感激党，各自发自肺腑地说道："党和政府好。"老人G说："伟大的共产党领导，好的政府制定政策，人民安居乐业。"老人D道出："党和政府比自己儿子亲。"老人C亲自书写："共产党好。"

在探究这种巨变的根源方面，中国共产党的坚强领导是最重要的因素。采访十二位百岁老人，普遍反映相比较国民党无能腐败统治，中国共产党领导下的经济社会各个方面取得显著成就。以小见大，可以得出中国共产党的领导地位是历史和人民选择的结论。改革开放以来，尤其是党的十八大以来，党领导的社会建设取得了前所未有的巨大成就。这也印证了党的领导是我国社会建设事业的坚强领导核心和根本保证。邓小平深刻指出："在中国这样的大国，要把几亿人口的思想和力量统一起来建设社会主义，没有一个由具有高度觉悟性、纪律性和自我牺牲精神的党员组成的能够真正代表和团结人民群众的党，没有这样一个党的统一领导，是不可能设想的，那就只会四分五裂，一事无成。……我们人民的团结，社会的安定，民主的发展，国家的统一，都要靠党的领导。"①

没有党的坚强领导，我国的经济社会发展就失去了根本的政治领导力量。能够取得历史性成就，根本在于坚持和完善党的领导。这是因为中国共产党是以全心全意为人民服务为根本宗旨的马克思主义政党，是在马克思主义理论指导下保障和改善民生的。坚持立党为公、执政为民，把人民对美好生活的向往、让老百姓过上好日子作为党制定方针政策的出发点和落脚点。改革开放以来，特别是党的十八大以来，以习近平同志为核心的党中央坚持共享发展理念，善于协调各种利益关系，制定有利于最广大人民群众利益的方针政策，使全体人民在发展中享受发展成果。在民生福祉上，党委、政府在幼有所育、学有所教、劳有所得、病有所医、老有所养、住有所居、弱有所扶上持续发力，广大人民群众的获得感、幸福感、安全感显著增强。例如在病有所医、老有所养、住有所居、弱有所扶方面，采访的百岁老人体现得明显，他们虽然都是居家养老，但政府的社会养老保险扶持力度大，补贴政策落实到各家各户。根据《新田年鉴（2021）》记载，2020年全县为26名百岁老人发放长寿保险金、828名90—99岁老人发放高龄补贴105.13万元，为867人发放基本养老服务补贴20.8万元，覆盖率达100%。②

（二）良好公正的社会制度

中国共产党始终为最广大人民的根本利益而奋斗。有了中国共产党的核心领导，

① 《邓小平文选》第2卷，人民出版社1994年版，第341-342页。

② 新田县年鉴编纂委员会编：《新田年鉴（2021）》，南海出版社2021年版，第234页。

才会制定出符合广大人民群众利益的公平公正的社会制度。过去的土地制度、社会制度不合理，生产关系不适应生产力的发展。那时候基本的生活温饱问题没有保证，穿着方面没有一件像样的衣服。马克思说："每个人的自由发展是一切人的自由发展的条件。"新中国成立以来，党领导中国人民推翻了三座大山，建立合理的社会制度，以妇女地位变化为例，中国共产党主张男女平等，致力于建设平等的公正社会。在妇女保障上，从法律角度确立了在政治、经济、教育上与男子享有同等待遇，实行"男女平等"。经济上，劳动妇女享有与男子同等的分得土地的权利；文化上，青年妇女与男子享有同等受教育的权利；婚姻上，坚决反对封建包办婚姻、童养媳等陋习。《中华人民共和国婚姻法》为妇女解放、建立新型婚姻家庭关系提供了法律保障。现在"妇女能顶半边天"已经成为社会共识，"生男生女都一样"已经深入人心，男女平等基本实现。

据老人 B 回忆："曾经是童养媳，饱受他人欺负，不知婚姻是什么，是被逼无奈成了童养媳，嫁了人，别人没把你当人看，身份地位低下。新中国成立后，毛主席提高了我们的妇女地位，我们妇女也分得了土地，国家和政府也给了我好的法律保障，不能家暴，我的童养媳的枷锁得到了解放，我的地位得到了快速提升，在家庭也得到了良好的对待。我们的社会地位得到了尊重和认可。政府对我很好，给我弄新房子住，没花费一分钱，小孩都可以上学，都不用花什么钱，我们生活变得越来越好，共产党是我们老百姓的贴心人。"

老人 G 回忆："过去到处都是土路。乡镇没有医院，走到县城来就医，乡村多是私人中医诊所。那时候，老百姓连饭都吃不饱，到处臭气熏天、脏乱不堪，没有现在这样重视环境保护、卫生保洁，现在的老百姓在意识和素质上都有了很大提高。"

"改革开放以来，中国人用自己的实际行动解决了吃饱饭的问题，从农业大国转变成了工业大国，用看得见摸得着的成就说明了共产党的伟大。"老人 C 说。

（三）党的改革开放好政策

纵观历史和世界各个国家，任何执政的领导集团，如果不能有效发展社会生产力，不能给本国人民群众带来民生福祉，它的执政地位就得不到巩固。坚持发展是我们党执政兴国的第一要务，为社会民生提供坚实物质基础。改革是社会主义制度的自我完善，能促进生产力的发展。邓小平反复强调发展生产力的重要性，他提出，制定政策必须"看生产力是否发展，人民收入是否增加。这是压倒一切的标准"①。在改革开放时代浪潮下，中国社会生产力迅速发展，物质水平提高得很快。据老人 G 回忆："改革

① 《邓小平文选》第 2 卷，人民出版社 1994 年版，第 314 页。

开放之前，各种票据是'命根子'，生活必需品都有票据才能得到，如粮票、油票、肉票。包产到户后，交给集体后剩余的就是自己的。现在物资丰富，衣食无忧，这在过去是想也不敢想的事情。还有改革开放前，农村房屋多是茅草房、土坯房，现在随处可见三五层楼房，有些是别墅房，居住环境宽敞明亮。”百岁老人都感念党的改革开放好政策。这些不仅在于党的改革开放好政策，也在于人民踏实肯干，美好生活离不开奋斗。

四、现实启示

（一）必须坚持中国共产党的领导

历史事实告诉我们，新中国成立以来，尤其是改革开放以后，在党的正确领导下，中国社会日新月异，经济、政治、文化、社会等领域发生了巨大的变化，从过去经济凋敝的旧中国到成为全世界经济第二体，从过去被剥削压迫再到人民当家作主，从过去流氓恶棍嚣张跋扈，土匪抢劫，社会治安环境极不安全到现在通过“严打”和“扫黑除恶”等行动，我国成为世界上命案发生率最低、社会安全感最高的国家之一。“新中国成立前直至解放初期，新田境内及对外交通道路，只有乡村小道和石板铺设的所谓大路，既不能通畜力车，也不能推人力车，运输全靠肩挑、背负、畜驮。”①

办好中国的事情，关键在党。多位百岁老人感慨新中国成立前政府的“国家一盘散沙”、百姓没有安全感。新中国成立后，在党的领导下，实行土地改革，广大农民获得了梦寐以求的土地，工农翻身做了主人，普通劳动者有了生产资料和生活保障，中国人民有了主心骨。中国要实现民族伟大复兴，必须有强有力的领导集体，带领中国人民走向共同富裕。中国共产党的领导，是中国特色社会主义最本质的特征，是中国特色社会主义制度的最大优势。这是因为我们党没有自己特殊的利益，党在任何时候都把群众利益放在第一位。这是我们党作为马克思主义政党区别于其他政党的显著标志。

人民立场是马克思主义政党的根本政治立场。我们党来自人民、为了人民、造福人民，从诞生之日起就把为中国人民谋幸福、为中华民族谋复兴确立为自己的初心使命。党的性质和宗旨、初心和使命决定了中国共产党坚持把人民利益放在首位，不断实现好、维护好、发展好最广大人民的根本利益，团结带领人民朝着实现中华民族伟大复兴的中国梦不断迈进。

只有中国共产党能统揽全局、有效有力协调各种利益关系，能够根本上避免发展

① 新田县交通志编纂小组编：《新田县交通志》（内部资料），1989，第7页。

中出现偏离人民利益，避免既得利益集团化、集中化、少数化等问题。坚定信心跟党走，这是因为坚信党坚持以人民为中心的发展思想，牢牢守住公平正义的底线红线，确保经济社会发展方向始终代表人民根本利益，不断满足人民大众日益增长的美好生活需要。中国共产党的领导，是社会主义现代化得以建设的根本保证，是亿万人民的历史选择，离开了中国共产党的领导，没有任何一个政治组织能担负起这样一个重任。

坚定信念跟党走，任何时候要相信党，是因为中国共产党是“知行合一”的政党，坚持实事求是的思想路线。党的领导不仅依靠自上而下的强制力，而是以其正确的政治路线，密切联系群众，依靠群众，发动动员群众，让人民群众认识到自己的责任和利益所在，从而团结到党的周围。让老百姓真切实在感受到发展成果由人民群众共享。百岁老人亲身经历从“分田分地真忙”到“脱贫攻坚”进入小康社会，再到乡村振兴，中国共产党一直在我们身边。

（二）必须走中国特色社会主义道路

道路决定命运。中国特色社会主义是党领导人民进行社会主义建设所走出的一条发展道路，是马克思主义理论逻辑和中国社会发展历史逻辑的辩证统一，是符合中国人民意愿、适合中国发展的科学社会主义道路，是把马克思主义的普遍真理与中国具体实际结合起来并在实践中不断完善形成的。中国特色社会主义具有无可比拟的制度优势。中国必须走自己的路，这就是中国特色社会主义道路，走中国式现代化，是走共同富裕之路。共同富裕是社会主义的本质要求，在社会主义制度下，既要不断解放和发展社会生产力，不断创造和积累社会财富，并充分让广大人民群众享受改革开放成果。中国式现代化是全体人民共同富裕的现代化，是坚持以人民为中心的发展思想，促进社会公平正义，逐步实现全体人民共同富裕，走的是不出现两极分化的社会主义道路。

新中国成立后，中国共产党坚持以人民为中心，努力保障和改善民生、加强和创新社会治理。经过百年探索，逐步形成了中国特色社会主义道路，社会建设取得了翻天覆地的巨大成就，民生改善、社会稳定，人民群众的获得感、幸福感、安全感显著增强。

百岁老人中大多数是苦娃子出生，他们有吃红薯丝填肚子、吃野菜充饥、住房上无片瓦的经历。中国共产党带领广大人民成功开辟中国特色社会主义道路。沿着这条康庄大道，我国取得经济长期快速发展的奇迹，现在吃穿用有余，汽车进入普通百姓家。经历了两个世纪，走过了两个时代。他们真切感受到新旧社会巨大反差，感受到“只有共产党才能救中国，只有社会主义才能发展中国”这一道理。

就整体新田经济发展而言，“新田县1994年4月被国务院扶贫开发领导小组确认为国家‘八七’扶贫攻坚计划贫困县，2002年2月，新田再次被国务院列为新一轮国家扶贫重点县。10年扶贫，总计投入扶贫资金2.27亿元”①。党的十八大以来，我们党动员全社会各方面力量，实施精准扶贫战略，在上级党委和政府的领导下，2020年新田县消灭了绝对贫困，实现了脱贫摘帽，完成了脱贫攻坚历史使命。这没有党中央的坚强领导、没有国家力量，是不能办到的。

（三）必须坚持改革开放

改革开放新时期，创造性地实现家庭联产承包责任制，调动了个人积极性，人民群众的生活条件得到了极大改善，生活水平得到了极大提高。改革开放以后，农民们纷纷进城、南下，开始自己到社会去闯，很多农民工在闯的过程中，通过自己的劳动挣得了财富，进入了城市工作生活。无数农民家庭的贫寒子弟通过高考制度，获得向社会流动的机会，成为现代化建设的中坚力量。

1992年邓小平在南巡讲话中正式提出了“三个有利于”的标准，指出：“判断的标准，应该主要看是否有利于发展社会主义社会的生产力，是否有利于增强社会主义国家的综合国力，是否有利于提高人民的生活水平。”改革开放的实践证明我们走的道路是正确的。人民群众的生活条件得到极大改善，生活水平极大提高。老百姓的“吃穿住行”各方面发生巨大变化。

历史实践证明，改革开放是决定当代中国命运的关键一招，是坚持和发展中国特色社会主义、实现中华民族伟大复兴的必由之路。让老百姓过上好日子，实现人们对美好生活的需要，增进人民福祉，促进人的全面发展，需要将改革开放进行到底。

（四）必须保持自力更生、艰苦奋斗的作风

“幸福都是奋斗出来的”，在访谈百岁老人A中，她述说出二十世纪六七十年代新田大兴水利的历史。那时候，新田因为水利条件很差，境内山不成系，水不通航。灌溉饮水生活都很艰难，新田县在县革委领导下，自力更生、艰苦奋斗，学习“大寨”精神，发扬愚公移山的精神，改变了常靠国家救济粮的局面，赢得了一代伟人毛泽东的“南有新田”的高度赞誉。据老人A回忆，她跟她丈夫都投入兴修金陵水库、肥源水库，他们还要带米去修水库，当然是集体的米，就在工地做饭吃，两人干活都是尽心尽力。正是有很多像老人A一样的家庭为集体公益事业竭尽全力，新田人民自力更生、艰苦奋斗，才有了今天清甜的水饮用，才有了新田后面农业学大寨的典型。一个

① 《新田县志（1978—2003）》，湖南人民出版社2008年版，第72-73页。

家庭的幸福生活从宏观上依赖于好时代给予的好社会制度和好政策，从个体上说也要发挥各自的主观能动性，能积极主动创造自己幸福美好生活。向政府“等靠要”“好逸恶劳”，拔不了“穷根”。只有奋发图强，自力更生，发展生产，踏实肯干，才能改善家庭命运。幸福靠劳动付出、靠合法合规的途径来获得。改革开放以来，很多家庭通过政策红利，依靠自己合法、合规、合乎道德的劳动付出和辛勤奋斗，发挥自己的聪明才智，外出务工闯荡，挣到了钱，生活变富裕了。从站起来到富起来。在采访中了解到，多位百岁老人，都勤俭持家，自力更生，养育多个儿女，吃苦耐劳，家庭生活有了改善，现在餐桌上的菜天天丰富多样，儿孙满堂，生活天天像过节日一样。他们年轻艰难困苦时候，仍然不悲观叹气，始终为美好生活努力奋斗。现在生活好了，他们仍然保持着朴素、勤劳的生活作风，因而健康长寿百岁。

何昕系中共新田县委党校常务副校长；陈桐生、孙冰露均系中共新田县委党校讲师。本文是2021年永州市社科基金项目结题成果。

决 策 咨 询

多元文化背景下
推进新田县乡风文明的对策与建议

蒋唯恒

多元文化是指在人类社会越来越全球化、复杂化，信息流通越来越发达的情况下，文化的更新转型也日益加快，各种文化的发展均面临着不同的机遇和挑战，新的文化也将层出不穷。但是，社会的进步需要各种不同的文化服务于社会的发展，这就造就了文化的多元化，也就是复杂社会背景下的多元文化。

农村改革 40 多年的实践证明，良好乡风具有浸润人心、引领向善、规范行为、凝聚力量的积极作用。乡风文明是乡村振兴的灵魂所在和乡土社会得以赓续绵延的文化内核，为产业发展、生态建设、乡村治理提供精神动力和智力支持。抓好乡风文明建设既是我国乡村建设取得显著成就的重要经验，也是新时代推动乡村振兴的重要内容和软件基础。历史和实践表明，中国几千年积淀的乡土文化和乡风民俗为乡村建设提供了深厚土壤和丰厚滋养，哪个地方重视乡风文明建设，对乡风文明传承得好，哪个地方乡村建设整体水平就高。

改革开放 40 多年来，乡风文明建设一直受到党和政府的足够重视。特别是党的十八大以来，以习近平同志为核心的党中央，采取了一系列继承传统、扬善抑恶、规范行为、凝聚力量的重要举措，收到了很明显的社会效果。他在农村考察的时候就特别指出，实施乡村振兴战略，不能光看农民口袋里票子有多少，更要看农民精神风貌怎么样。但是，通过近年来的探索与实践发现，目前仍存在着一些需要我们认真研究的新情况和新问题，要及时解决这些问题，以适应时代的需要。

一、多元文化背景下乡风文明存在的问题及不文明现象

（一）目标动力迷失，精神弱显空虚

随着社会主义市场经济的发展，农村青壮年劳动力纷纷涌入城市打工，成为城市

发展的一个新群体——“农民工”。虽然打工的收入远超过在家务农的收入，但是，很多文化水平低、没有一技之长的农民工从事着城市最脏、最累、最苦的职业，收入普遍偏低，难以在城里扎根。就算勉强在城里安了家，也难以支撑孩子的教育费和生活开支，往往不能把老人、孩子带在身边一起生活，老人、孩子一般都留在农村，成为“留守老人”和“留守儿童”。只有在过年的时候，一家人才得以团聚。所以，两头奔波的他们也被称为“边缘化的城市人”以及“城市的候鸟”。尽管这样，他们也不得不如此，因为家里需要钱，打工收入是家庭收入的主要来源。他们也不愿在家务农，不仅仅是因为务农普遍收入低，农活也意味着更累、更烦琐。现在，农村的很多年轻人不愿种田，也不会种田，在家种田的都是上了年纪的老人。农民工生活在城市和乡村之间，面对城市的繁华，却难以融入；面对乡村的衰落，他们没有奋斗的梦想和动力，也不想再回到农村。所以，农民群体，特别是年轻人，在努力过、奋斗过却依然无法改变自己的现状之后，普遍存在信仰缺失、精神空虚的现象。

（二）思想道德滑坡，逐利之风凸显

在市场经济的冲击下，金钱和物质的力量前所未有地凸显出来，目前普遍流行的价值观就是“有钱能使鬼推磨”，金钱成了衡量一切的重要标志。人们对利益和财富的渴望和追求也达到了顶峰，无利可图的事没人做，也没人关心，个人利益至上。农村思想舆论场也由传统淳朴的主流意识向高度私利化的思想舆论场转变。随着青壮年劳动力的普遍外流，原来农村传统乡土社会的自身调整能力越来越孱弱，代表传统正能量的舆论约束和道德制约也越来越薄弱。为了追求物质和财富，有的人不择手段，不惜损害集体的、他人的利益，对邻里、他人表现冷漠。有少数人，只顾追求个人享乐，对老人不赡养、对孩子不照顾、对他人淡薄，不思进取。目前，绝大多数乡村都是以家庭分散经营为主，农村集体经济力量大多非常薄弱，集体经济的弱化使得村民之间交流的渠道和时间变得更少，农民集体参与意识弱化，集体观念淡薄，对正常合理的集体公益事业态度冷漠，不去关心，不想参与。

（三）宗族势力抬头，污化政治生态

我国是一个宗族传统历史悠久的国家，宗族的影响根深蒂固，随着新社会的建立和新制度的确立，宗族势力的影响越来越弱。特别是近些年，随着农村人口的外流及农村基层党组织建设的加强，其影响更是越来越小，绝大多数农村基层组织都能很好地贯彻落实党的方针政策，与上级党委保持一致。但是，近年来，随着新农村建设力度的不断加强，利益分配格局也在不断放大，不少农村的宗族宗派势力有所抬头，他们参与当地的公共事务，操纵民主选举和民主管理，目的是为本族村民谋求利益，不少乡村里的贫困户与村干部有着千丝万缕的宗亲关系。在个别自然村，宗族势力把持村中事务，党的方针政策难以贯彻落实。在少数村里，个别农村党员、村干部作风粗暴蛮横、在利益面前丧失原则、权力缺乏有效监督，作为党和政府的神经末梢，他们本该是群众的贴心人，直接代表着党和政府在老百姓心中的形象，在利益面前却堕落为村霸，违反党纪国法，操纵选举、欺行霸市、横行一方、霸占资源，破坏力极强、影响极坏，严重侵蚀群众的获得感、幸福感、安全感。

（四）铺张攀比流行，干净整洁欠佳

一些村民婚丧嫁娶、升学做寿等等，大操大办，比阔气、讲排场，攀比之风渐盛，铺张浪费现象严重。“喜事多多”了，人情往来也多了，礼金也是水涨船高，几百上千很是正常，很多村民觉得不堪重负，疲于应付人情开销。特别是在孝敬老人方面，在老人生前不尽义务，死后大办丧事的还大有人在。整体来说，目前新田县农村丧葬花费一般要5万至10万元。特别是一些家庭经济条件较好的村民，为表达对长辈的孝心，在丧葬仪式上大讲排场，动辄花费数十万元。周围村民跟风效仿，似乎在丧葬上多花钱就是对长辈亲人的孝顺，反之则会被其他村民视为“不孝”，形成了一股盲目攀比之风。农村结婚攀比之风也是愈演愈烈：比房子、比车子、比彩礼、比排场，为了跟上形势，很多家庭举债也要完成。

很多村民不注意环境卫生，家里乱摆乱放，家外垃圾乱扔，少数农户室内整洁干净，室外垃圾随处可见。很多村里的生活垃圾和污水未经处理随意排放，导致农村环境卫生状况恶化，造成地表水和地下水污染。畜禽粪便造成的污染问题突出，化肥、农药和农膜造成的面源污染问题严重，秸秆焚烧造成的环境污染问题时有发生，等等，直接导致村内环境卫生差，也使整个农村生态呈恶化的倾向。

（五）法治观念淡薄，盗赌之风不绝

“国无法不治，民无法不立。”近年来，在广大乡村，虽然通过七个五年普法规划的实施，农民的法律意识得到了较大幅度提升，但是法治建设总体仍处于较为滞后的状态，部分村民法治意识淡薄，既不懂得通过法律手段维护自身合法权益，也存在因不懂法而侵犯他人合法权益的现象。因为讲江湖义气，帮朋友打架斗殴致人死伤事情时有发生。同时，随着大批青壮年人口的外出务工，农村人口流动性增强，小偷小摸现象也频频发生，一些地方甚至发展到团伙盗窃作案，严重影响了农村经济的发展。这些年，很多中青年农民文化生活单调，精神空虚，加之在外打工、经商赚了点钱，逢年过节回到老家后，把打牌赌博当作了主要的娱乐方式。少数好吃懒做的，经常回到村里游荡，逗留在村棋牌室。

二、存在不文明现象及问题的原因分析

（一）城乡迥异的发展态势导致农民群体无所适从

随着改革开放的深入以及社会主义市场经济的发展，我国社会发展的热潮由农村转向城市，农村劳动力纷纷外出谋求生活，有些外出创业做生意，有些去工厂打工，有些在城市打零工。有少数农民确实通过自己的努力取得了成功，在城市买房定居，像原来的知市坪乡就是全国著名的沙发之乡，很多村民通过艰苦创业取得了阶段性的成就，但随着近年来这个行业的产业升级，做大做强的越来越少，基本上也只是艰难维持、养家糊口而已。总体来说，外出发展的村民发财致富的只是少数，绝大多数都是维持生活而已。更严重的问题是，随着农村劳动力的大量外流，留守在家的多是妇女、儿童、老人，农村失去了原有的生机与活力，日益呈现出萧条、凄凉的现象，旧房坍塌无人维修、维护，“空心村”现象越来越严重，建了几层楼的新房也不居住。由于发展空间极小，年轻人在农村找不到自己的追求和精神寄托，田地也得不到有效利用，大多数处于闲置或粗放经营的状态。这种城市发展的不畅和农村发展的无望，使得整个农民群体无所适从。

（二）生产分配的多元冲击导致集体意识淡化缺失

公有制是我国社会主义经济制度的基础，但在广大农村，改革开放实行家庭联产承包责任制以来，土地、山林等生产资料都承包到户，农民自主生产、自负盈亏搞“单干”，集体经济形式的“联产”或者说公有制形式及福利几乎不复存在，这种生产模式早期确实大大地激发了劳动积极性，提高了生产效率。但随着经济的深入发展，在相对落后的农村，广大农民群体越来越觉得什么事都只能靠自己，几乎没有集体公有的经济实体和经济来源，感觉不到来自集体的温暖，因而公有、集体意识越来越弱化和淡化。在这种利益分化的格局下，人们的利益目标转变为个人利益至上，当个人利益与国家、社会和集体利益发生冲突时大多会选择个人利益。

（三）拜金主义的迅猛冲击导致乡土文化消解弱化

首先，市场经济极大地激发和唤醒了人们对利益和财富的渴望和追求，看到了金钱和物质的力量，受市场经济负面影响的冲击，许多农民的是非观、荣辱观正在发生裂变，金钱至上、享乐主义有逐渐取代勤俭节约、诚实守信、自强不息等传统美德的趋向。邻里关系也日趋单薄冷漠，不再像过去一样互帮互助，重利轻义的思想渐趋普遍。有的人为了个人利益不惜损害他人利益，为获取财富，不惜投机取巧、坑蒙拐骗，

甚至铤而走险走上违法犯罪道路。其次，随着全球化和信息网络化，西方社会的拜金主义、享乐主义、利己主义影响到了中国社会，广大农村也难以幸免，使淳朴的乡土文化被逐渐消解和分化。人们生活方式、消费方式日益庸俗化，注重物质消费，轻视或忽视精神消费与文化生活。

（四）主流意识的教化不足导致消极思想沉渣泛起

首先，农村组织管理方式的转变，使得农村思想文化的建设和宣传教育越来越乏力。由原来的严密组织性向分散性、自由性转变，即由原来的公社、生产队形式向生产独立分散、党组织相对薄弱的村民自治转变，部分农村的思想文化建设空位或缺位，主流意识控制不力，社会主义核心价值观难以入脑入心。其次，农村精英持续外流形成“空心化”社会结构，使留守群体陷入物质脱贫与精神反贫的双重困境。当传统伦理秩序遭遇市场理性冲击，功利主义与保守心态交织激荡，催生出狭隘偏激、安于现状等价值异化现象，折射出物质文明与精神文明建设的深层失衡。

（五）乡村文化的单一乏味导致乡风文明阵地缺失

农村文化娱乐生活方式单一、设施匮乏，现实的文化产品和文化服务供给不足，导致农民健康精神文化的需求难以得到满足，精神文化活动相对贫乏。许多农村思想文化宣传阵地设施老化，陈旧落后，部分场所因年久失修已被废弃，有的地方文化活动场所被挪作他用。农民闲暇时间除了偶尔看电视，消遣娱乐活动基本上以打牌、打麻将为主，这不仅影响了村民们的精神状态，也严重影响了村民的家庭和谐以及社会的和谐稳定。

三、多元文化背景下推进乡风文明的路径选择

（一）不断加大当前乡村振兴战略推进力度，为推进乡风文明激发内生动力

农民是乡村的守护者，更是推进乡村振兴的内生力量，只有不断增强农民的获得感、幸福感、安全感，大力推进乡村振兴战略，重振农民的希望和信心，才能充分激发乡风文明的内生动力。

一方面，要加大中央财政对农村精神文明建设的投入，建立健全各级政府的部分财政分担机制，通过公共文化基础设施建设、文化服务项目建设、鼓励和奖励创建文明行为等多种措施，保证文明建设资金专款专用并出成效；要通过创建农村“文明行动功德墙”，鼓励社会个人、企业出资建立农村公共文化服务专项基金，创新金融机构对农村公共文化服务活动的信贷制度以及加强农村公共文化服务活动专项经费管理等

措施缓解资金难题；要通过发展乡村旅游，培育村文化活动队伍，大力开发和利用民俗文化资源，打造地方特色的文化节目，通过参加各种演出获得经济收益，达到以文化养文化、促文明的社会效果。

另一方面，要坚持和加强党对农村工作的领导，确保党在农村工作中始终总揽全局、协调各方，为乡村振兴提供坚强有力的政治保障。落实和完善融资贷款、配套设施建设补助、税费减免、用地等扶持政策。同时，明确政策边界，保护好农民利益。要划清耕地保护、农业保护的红线，社会资本的进入要以服务带动农业为前提，避免逐利性的“非粮化”“非农化”等问题。要划牢农民权益保障的红线，避免进入农村的新型主体、规模化企业侵犯农民的农地权益。

（二）不断加快农村集体所有性质经济发展，为推进乡风文明提供物质基础

一是找准自身特色，着眼“一村一品”，打造新田原生态富硒农产品基地，推动产品变商品的同时，推动田园变公园、产区变景区。根据新田县原生态富硒的特色及传统农业县的特点，新田县适合做大做强的农业产业有大米、大豆、蔬菜、红薯、油茶、中草药、烤烟、家禽家畜养殖等。各个村可根据自身已有的条件，找准自身特色，着眼“一村一品”，选择种植一两个品种，连片种植形成规模，在推进农业产业化、区域化、规模化的同时，推进观光农业。

二是创新土地流转模式，采取“合作社+农户”的形式发展壮大农村合作经济，提高农户抗风险的能力及合作的凝聚力。目前，我县已有形成规模效应和带动效应的省、市级龙头企业20多家，农业专业合作经济组织200多个，各个村应根据自己的养种业，选择与龙头企业或合作社合作，采取租赁、“公司+农户”或“合作社+公司+农户”的形式，根据规划签好合同，延伸农业产业链，走合作化、产业化的道路，做大做强富硒生态农业。

三是大力发展乡村旅游，采取“公司+合作社+农户”的发展模式，发展集体经济，提升集体的向心力。在具备一定条件的乡村，按照“政府主导、支部主体、农户参与”的机制引导成立村级旅游公司。村民由松散的农户组成了有一定经济关系的联合体，其中集体占股可达80%，所得收益用于滚动发展及照顾老弱病残，壮大村集体经济；村民占股20%，每年年底分红到户。

总之，通过合理规划，发展特色农业，整体提高农村景观和农户收益，通过合作社经济及旅游经济的发展壮大，提高集体经济的成分，有利于农村的整体发展及照顾老弱病残，提高集体的凝聚力，提升村民的归属感，筑牢乡风文明的经济基础。

（三）不断加大社会主义意识形态教化力度，为推进乡风文明提供价值引领

一是以社会主义核心价值体系为遵循，应对多元文化选择、筑牢乡风文明的思想

基础。通过建设好内涵丰富、生动形象的文化墙，着力突出社会主义核心价值观、中国梦、经济强省美丽湖南、善行新田等内容，采用群众喜欢的漫画、诗歌、顺口溜等形式，把农村文化墙打造成传播文明风尚的窗口。二是充分利用优秀传统文化的影响力，培育良好家风、淳朴民风。开展一年一度的“能工巧匠”“种田能手”“持家能手”“养殖能手”的评比活动，弘扬勤劳肯干、勤俭持家的优良传统，多开展尊老爱幼、邻里互助的集体活动，让大家感受到集体的温暖，大力培养民间艺人，重拾雕刻、建筑、工艺制作、耍灯、唱戏、舞狮等物质或非物质文化活动，用传统文化滋养乡风文明，让农民感受到优秀传统文化的魅力，有效提高农民道德素养，有力推进乡风文明进农村、传统美德进农家、优秀文化进农心。三是培育利用好新乡贤文化，发挥乡贤文化对兴盛乡村文化、焕发乡风文明的引领示范作用，充分运用乡贤“走出去、引进来”的经验优势、能力优势和理念优势，促进乡村文明在文化传播交流、对外经济活动中实现有机更新，增强影响力、辐射力。

（四）不断创新农村思想文化建设思维模式，为推进乡风文明提供精神载体

各村由政府主导、村民自治成立乡风文明理事会。一是加强村文化礼堂和文化广场建设，在完善现有的图书室、广播、网络的基础上，按照一定的规格要求逐步建立起集接待、礼仪、学习、娱乐于一体的综合性农村文化礼堂，将其打造成践行文明理念、开展娱乐活动、传播善行文化的有效平台；因地制宜建设完善一批农村文化广场，引导村民积极参加并组建一支村文化活动队伍，组织开展丰富多彩的文体活动。二是引导和推动各村建立健全村民议事会、道德评议会、红白理事会等群众自治组织，讨论修订村规民约，用民间舆论的力量促进勤俭节约、尊老爱幼、干净整洁、文明友好的生活习惯，营造健康的人际关系。三是定期开办道德讲堂，引导村民在文化中心建立村民自己的功德榜、功德录、小喇叭，宣传好人好事，引导人们崇德向善，见贤思齐；组建村“乐帮志愿服务队”，由热心村民组成志愿服务队为留守老人、生活困难的村民等提供订制服务；结合文明村镇创建，深入开展“十星级文明农户”“五好文明家庭”创建活动，开展好媳妇、好公婆、好妯娌评选，引导农民从自身做起、从家庭做起，以良好的家风带动乡风民风。总之，通过一系列举措，为推进乡风文明提供坚实的精神载体。

（五）不断推进农村教育医疗养老制度建设，为推进乡风文明提供民生保障

一是发展农村学前教育，把学前教育纳入义务教育体系；继续实施农村义务教育学生营养改善计划，加大职业教育的实施力度，多培养具有一技之长的新型农民；加大农村学生高中教育的补贴力度，逐步分类推进农村学生中等职业教育、高等教育减、

免学杂费制度，切切实实为农民教育减负。

二是加强基层医疗卫生服务体系建设，免除农村合作医疗的个人缴纳金，应保尽保，加大农村大病互助和特殊病种的报销比例额度，推进健康乡村建设。积极探索医疗制度的改革方向，加大顶层设计的力度，借鉴其他国家的有效做法，从国家层面统筹安排医疗机构和医疗资源，逐步推行基本医疗免费制度和城乡医疗一体化。三是构建多层次农村养老保障体系，促进家庭养老和社会养老的有效结合，创新五保老人、失独老人等特殊群体的多元化照料服务模式，加强农村养老保障体系建设。

（六）不断消除消极腐朽堕落思想行为影响，为推进乡风文明提供法治土壤

一是由法制办、文明办、公安局牵头，定期或不定期下乡开展法律宣讲、文明宣传活动，普及法律常识，培养广大村民树立遵纪守法、诚实守信的法治观念；派出所加大执法力度，严厉打击不时出现的黄赌毒盗拐骗等违法犯罪行为。二是畅通群众反映渠道，纪委、公检法等职能部门加大对村级腐败、村痞地霸、黑恶势力的惩治力度；充分发挥农村基层党建的引领作用，通过改革户籍制度促进人口流动、加快城乡一体化进程及加大对不法行为的打击力度，清除农村宗族势力的不良影响。三是多管齐下提升意识形态领域的掌控力度，促进社会主义核心价值观落到实处，有效打击封建迷信及非法宗教活动，还农村一片风清气正、干净淳朴的净土。

蒋唯恒系中共新田县委党校高级讲师。

做活产业融合　助力乡村振兴

——新田县一二三产业融合发展的调查与思考

欧利仁

产业兴旺是乡村振兴战略的核心，也是县域经济发展的关键。新田县总面积1022.4平方千米，总人口45万，其中农业人口37万。全县初步形成粮油、畜禽、果蔬、竹木、烤烟、中药材等六大产业。截至2022年，累计发展各类农业企业290家(其中省市级农业龙头企业31家)，农民专业合作社753家，家庭农场238家。目前，新田县农村一二三产业融合态势初步形成，各类新型经营主体不断涌现，产业链条不断延长，农村电商突飞猛进，农业品牌不断打响，但也存在产业融合程度不深、融合体量不大、融合模式单一等问题。本文着手本县三大产业融合方面的调查研究，以龙泉、陶岭、骥村、枧头、金陵5镇为案例，希冀找到一条适合自身又带有普通推广意义的农村产业融合路子，为发展现代农业、农民增收、推进乡村振兴提供参考意义。

一、新田县一二三产业融合的紧迫性

(一) 是落实国家“三农”政策的“总抓手”

随着我国城镇化的加快，大量农村人口流向城市，造成了农村土地荒芜、乡村凋敝，出现了“老人农业”“妇女农业”“残疾人农业”。如何检视“三农”领域存在的问题，找到一条发展现代农业，又能促进乡村振兴、农民增收致富的路子，是摆在党和政府面前的重要问题。2014年中央农村工作会议首次明确要求促进一二三产业融合互动，并写入2015年和2016年的“一号文件”；“十三五”规划对推动一二三产业融合作了专门论述。习近平总书记强调：“要推动乡村产业振兴，紧紧围绕发展现代农业，围绕农村一二三产业融合发展，构建乡村产业体系，实现产业兴旺。”① 作为以传统农业为主的贫困县，虽然在农村产业融合方面做了探索，取得了较大成绩，但仍然

① 习近平：《论“三农”工作》，中央文献出版社2022年版，第268页。

停留在融合程度低、层次浅的阶段，要认真落实好党和政府的决策部署，坚持“基在农业、利在农民、惠在农村”原则，打开农村一二三产业融合的新局面。

（二）是促进农业转型升级的“总开关”

农业转型的方向和根本出路在哪里？目前我国自给自足的小农经济占据较大比重，更为严重的是，农村大量人口外流，使土地失去了坚定的“坚守者”，农业发展失去了“主力军”，新生的农二代、农三代已经对从事农业生产没有兴趣、没有记忆，正所谓“50后、60后”不能种地、“70后、80后”不想种地、“90后、00后”不提种地。可以说，传统农业生产走入了“死胡同”，没有多大空间，必须以一二三产业融合作为突破口、新方向，推动农业转型升级和发展现代农业。一二三产业融合不是简单、机械的融合，而是有机、全新的融合，它是通过农业各要素、资源的融合达到“1+1>2”或“1+1+1>3”的聚集效应，正如日本专家今村奈良臣提出的第六产业（1+2+3=6或1×2×3=6）。农村一二三产业融合，是继农村家庭承包制、乡镇企业、新农村建设之后的“第四次创造”，是我国农村领域的新变革、新模式，是农业产业化的升级版，有利于增强农村发展新动能和新活力。

（三）是推进乡村振兴战略的“牛鼻子”

乡村振兴，关键在人才，重点在产业兴旺，楔子在产业融合。然而，在“一元化”体制的影响下，依靠牺牲乡村的代价换来城市的现代化，与城市的繁荣发展、兴旺发达相对应的是农村的凋零、农业的滞后、农民的贫困。新田县位于湘南阳明山余脉，是一个典型的农业县，水不成系、田不成块、木不成林，是一个经济欠发达区。如何重振乡村、重塑农业？仍然要归位于农业这个根本，回归农民这个主体，为乡村振兴注入新活水、新血液。没有产业兴旺，乡村振兴只能是空口号；没有产业融合，乡村振兴只能是空中楼阁。通过农村一二三产业的融合，激活要素活力，拓展农业新功能、新业态，培育农村新的增长点，激发农村社会的内生动力，引导更多的资金、技术、人才、政策流向广袤的乡村大地，让农业有奔头、农民有尊严、农村有希望，让美丽乡村由憧憬变成现实。

（四）是促进农民增收致富的“聚宝盆”

现代农业充满希望之光，职业农民是受人尊重、有吸引力的职业，农村是一块有待开发的热土。新田县人口结构比例是“三三三制”，三分之一的人口在农村，三分之一的人口在县城，三分之一的人口在外务工。在乡农民的“钱袋子”主要源于农业农村，但是由于农民身份地位低、抵御市场风险能力弱，种植规模小，处在生产链的末端，面临生产成本的“天花板”和农产品价格的“地板”的矛盾，农业生产具有很大的随意性和盲目性，往往是“贱价伤农”、增量不增收、增收不致富。乡村产业融合的显著特征之一就是联农带农，通过产业融合，不仅能延伸农业产业链，提高农产品附加值，也能扩大就业容量，实现“家门口打工挣钱”，还能以土地、技术等要素入股，增加财产性收入，让农民享受产业融合带来的红利。

二、新田县一二三产业融合的几种模式及其述评

（一）林养融合模式

【例】骥村镇肥源村土鸡养殖。骥村镇肥源村位于阳明山余脉，处于山地向丘陵平地过渡地带，景色优美，具有得天独厚的林业资源，现有村民近1200人，常年在家务农的不足300人，林场和草地1000多亩。2017年，投入近百万成立林下养殖合作社，流转土地500亩，聘请了专业的养殖人员和技术人员，利用林地、草地、野菜、果园等自然生态资源从事宫廷鸡和清远麻鸡特色养殖，每年土鸡出栏规模达2万羽，销至永州、郴州、长沙等地，入股农民通过分红每年可获5000元不等的收益，同时可增加村集体经济收益2万元。

【述评】林下养殖属于传统农业内部的融合形式，这是农村社会最广泛、最原始的融合模式，具有自发性、天然性，土鸡以树林中的虫子、野菜、草叶、泉水为主要食物，鸡粪、杂草又能作为有机肥料反馈自然界，实现了人类与自然界共生共存，但也面临内生动力弱、品种单一、科技含量低、产业链条短、附加值低、市场销售难、环境污染大、规模难做大等问题。

（二）农旅融合模式

【例】陶岭镇周家村。周家村位于永州、郴州交界之处，具有“三特”。一是生态之特，坐落于县著名景点陶岭北侧，怪石嶙峋，古树参天，森林覆盖率80%以上，建有市内第一个村级公园——爱莲公园，占地180亩。二是文化之特。底蕴深厚，系宋代道州理学家周敦颐的后裔，村内古建筑、明清惜字炉，具有较高的艺术价值和审美价值。三是产业之特。境内是中国国家地理标志产品陶岭三味辣椒的主产地和原产地，甜、香、辣俱佳，风靡海内外。近年来，依托村内丰富的辣椒特色产业和文化资源，流转土地550亩，成立两个合作社，建立了辣椒加工车间，同时不断拓宽农业观光、养生新功能，举办农耕节、古农具展、重阳敬老活动，形成了“春赏花、夏采摘、秋登山、冬过节”的旅游名牌，成了观光、购物、度假一体的农旅融合示范村，年接待游客5万人次，村级集体经济增长至16万元。

【述评】这种模式属于一三产业融合形式，主要是依托特色农业和优美自然生态，有利于创建农业特色品牌，搞活了村集体经济。但产业规模较小，多为初级加工阶段，带动能力较弱。三味辣椒的功能未充分发掘，它不仅是调味品和蔬菜，还具有抗菌、健胃、抗风湿等医用功能以及文化传承功能。

（三）农企融合模式

【例】金陵镇东升农场。新田县东升农场距离县城10公里，位于金陵水库大坝下游，地势平坦、水资源丰沛，硒锶含量高，昼夜温差大，是传统水稻、蔬菜主产区。2000年，返乡创业的刘道忠，与广东东升公司总部合作，成立了新田东升农场有限公司，创办高标准富硒蔬菜种植基地，集种植管理、保鲜贮藏、检验检测、加工包装和运输销售于一体。截至2022年，东升农场总共投资1.2亿元，流转土地6500余亩，大棚300亩，新建现代化标准车间6000平方米，创建了"东升""馨秀峰"两个商标品牌，聘用周边工人1000多人，上乘的富硒蔬菜达到了20元/公斤，产品远销粤港澳及日本、韩国、东南亚、欧洲，年销售额达5亿元，出口创汇8000万元，每年为村民增加收入600万元以上。

【述评】这一模式属于一二产业的有机融合，目前来看这是一种较为成功也值得大力推广的融合方式，它实现了生产、管理、加工、销售等环节无缝对接，延伸了产业链，增加了附加值，解决了销售老大难的问题，省去了中间环节，降低了生产成本，增加了种植效益。下一步，应避免种植规模的盲目扩大，重点在于保证产品质量，打造品牌，预防"天灾"和企业违约失信等问题，深挖农业新功能，朝"农业+旅游"方向发力。

（四）文旅融合模式

【例】枧头镇龙家大院，有着"千年太守、百年大院"的美誉，位于县西边大观岭中段半山腰，三面环山，前有三口池塘，距离县城20公里。全村村民姓龙，系东汉初期零陵太守龙伯高的后裔，有着近千年的历史，现存48栋古建筑，古色古香，布局科学，整齐划一，古对联凝重深厚，是全市乃至全省保存较完整的明清砖木结构建筑群，有着较高的建筑技术。近年来，利用本土的文化资源，借助全域旅游的春风，先后投入5000万元，修复了部分破损严重的建筑，完善了基础设施，补齐了旅游短板，成为本县旅游胜地，是人们休闲旅游、放松心情、体验文化的网红打卡之地。现为全国重点文物保护单位、国家AAA级旅游景区，积极打造全域文旅融合示范点，从2017年起开售门票20元/人，每年可接待游客10万人次，带动当地农民500多人就业。

【述评】这种模式属于第三产业文化和旅游产业融合模式，不仅仅传承了文化，保护了古建筑，也相应带动了就业，增加了农民收入。但对古对联、古建筑、人物历史、乡风民俗等文化功能挖掘不够，旅游产品单一，没有与周边大观堡景区形成协同效应；对农业功能和自然生态功能认识不足，没有形成农旅、农文共振的效应。

（五）产城融合模式

【例】新田华农小镇。新田华农小镇北靠县城，南枕新田河滨，东连青云公园，西接产业园，占地750亩，规划总建筑面积达70万平方米，总投资20亿元，由央企中农批电商作为投资主体，于2018年落户新田，现已完成一期开发，占地约5.8亩，其中商业街区面积达1.24万平方米。小镇以富硒产业为支撑，融入当地农耕文化、古建筑、锦衣卫等元素，围绕“农业、旅游、文化、康养”四大主题，规划富硒农特商业街、星级园林酒店、大型购物广场、电商孵化总部、现代农批城等功能板块，构建农旅、文旅、产城融合的新型商业街区。项目建成后，小镇目标定位于湘南地区第一家集农副农特产品批发零售展销城，具有涉农创业孵化、健康养生、文化旅游和休闲居住等功能，打造成宜吃、宜购、宜游的一二三产业深度融合的农旅4.0小镇，同时通过线上线下融合的商业运营模式，带动新田农特产品走向全国。

【述评】这种模式属于一二三产业交叠融合形式，打破了空间的界限，形成了农产品、加工品、创意品集散群，打通生产到销售、农户到市场、农村到城市、农业到商业的各个环节，是推进一二三产业的深度有机融合的模式，但也面临着投资巨大、高端人才缺乏的问题，融合效果还有待进一步关注。

三、新田县一二三产业融合存在的问题

（一）融合政策对接不准

从2015年开始，中央经济工作会议、中央一号文件先后提出了“产业融合”的概念，中央各部委（局）也出台了促进“一二三产业融合”的文件和措施，各地纷纷掀起了争先申报推进农村一二三产业融合试点县、示范区的热潮。与之相对应的是，本地相关工作并没有抓紧落实，推进进度相对滞后，没有出台推进农村一二三产业融合的专项文件和政策，只是在旅游行业出现了文旅融合、城乡融合、农旅融合的提法，对农村一二三产业融合没有提到农村“第四次”革命的高度来看待。

（二）产业融合规模不大

县域经济虽然近年来实现了快速发展，但与省内及周边发达县区相比，仍然是经济总量较小、质量不高。2019年，完成县内生产总值88亿元，产业结构为19.4：

27.3∶53.3，从上述数据看，传统的农业县正在向以第三产业为主导的经济结构转变，但也存在一些隐患。第一产业有硒锶这个品牌，但是有品牌无规模、有市场无产量，一些外地商家来新田采购大豆、水稻，由于产量不足无功而返；第二产业发展迅速，甚至小型机械制造打入欧美、东南亚市场，但规模较小，难以起到带动能力；第三产业占比较高，但缺乏“高大上”的服务行业。

（三）产业融合层次不高

从目前调研情况来看，本地产业融合还处于初始状态，融合水平不高，融合的内在动力不足，往往是自然、自发式，而不是市场调节和引导形成的，突出表现农产品深加工的链条短，没有高附加值；另外，农村产业融合项目同质性强，缺乏差异化竞争和深度开发。各乡镇生产的大豆、柑橘、水稻，以及养殖的鸡、鸭、鹅、鱼、虾等农产品，由于没有龙头企业收购加工，只能原始地投放市场以低廉的价格出售。例如，本地的陶岭三味辣椒，种植历史悠久，具有甜、香、辣的特色，目前也只能依靠扶贫车间进行简单加工，而其天然的养生健胃理疗功能发掘不够，与真正意义上的三产业之间的融合差距还很大。

（四）利益联结方式不紧凑

推进农村产业融合的关键点在于寻找农业、工业、服务业的利益交叉点，归根到底在于把利润留在农业、留给农户、留给农村。虽然从现实情况来看，各地都采用了“公司+基地+农户”、要素分红、流转土地入股、订单农业等模式，形成了一定的利益联结关系，农民也获得了实实在在的利益。但也存在一定的问题，例如部分村级合作社只是应付上面检查临时成立的，有名无实，甚至存在利用合作社挂名套取农业补贴的现象；近年来兴起的订单农业，由于天灾和市场销售难，有些老板提前“跑路”，农户的损失无处申冤；部分农户以现金、土地入股，由于公司经营不力，分红收入微薄，甚至亏损，还不如让耕地抛荒。

（五）融合要素瓶颈约束

农村产业融合，是一种新型的全方位要素之间的有机融合，而不是简单、机械的融合，人才、科技、土地、资金等要素供给上的不足，已成为推进产业融合的掣肘。一是人才难回流。一方面，优质劳动力到广东、浙江、长沙等发达地区务工、创业，另一方面，年轻的大中专院校的毕业生不愿返乡，无心也无兴趣从事农业生产。二是资本难下乡。由于农业生产前期需要大量投资，又易受天灾、市场因素的影响，投入与产出不对等，难以产生立竿见影的效果，难以吸引现代资本流向农业。三是土地难整合。新田地处湘南丘陵地带，“地无三尺平”，成块成片可供规模经营的土地少，又加上农民恋土情结，宁可荒废，也不愿出租或流转，难以满足现代农业大规模的土地用地需求。

四、新田县一二三产业融合发展的对策

（一）拓宽农业新业态驱动产业融合

随着人们生活水平的日益提高，消费观念、消费文化也在不断变化和提升，马斯洛的关于人的需求理论同样适合人们对农业的需求，更加安全的食品、更加清新的空气、更加优美的生态已经成为大众的共识。因此，一是认识农业新功能。农业不仅具有吃、喝的生存功能，更具有文化传承、生态涵养、教育科普、休闲养生、旅游休闲、体育度假的艺术、经济、生态价值。特别是远离喧嚣，净化心灵，返璞归真，重寻天然生态美丽，成为新时代人民消费需求的最强音。二是发掘农业新业态。重新审视农业的地位，树立“两山”理念，把握人们对农业消费需求转变，发掘和开发农业与生俱来的各项功能，连片种植银杏、桂花、果树等兼备审美、经济一体的树木，以及纯天然生态规模养殖土鸡土鸭等家禽，拓宽“农业+观光”“农业+休闲”“农业+购物”“农业+旅游”等多种新业态。三是开发农业新模式。支持大数据、区块链、互联网、物联网、网络云等信息科技向农业生产、经营、销售、服务领域的渗透和应用，大力发展数字农业、智慧农业、互联网农业、可视农业、创意农业、生态农业。

（二）培育特色主导产业推动产业融合

世界产业结构演变规律表明，发展水平低则是第一产业占据主导地位，发展水平高则是第三产业占主导地位。就目前国内形势而言，制造业占据着重要地位，服务业蓬勃发展。就新田县而言，农业人口占比70%左右，仍然是一个传统的农业大县，但要把握产业替换的机会，把握国家层面对实体经济政策支持导向，抢占产业融合的制高点，大力发展特色主导产业。一要做“强”现代制造业。借助东南沿海产业外溢的机会，转移一批劳动密集型和部分先进电子产业安家落户，同时要主动融入粤港澳大湾区，借助“一带一路”的机遇，做大做强本地的小型农械制造产业，打入国际市场。二要做“优”硒锶农产品。境内土壤富含硒锶元素，是一张名片和一种天然优势，天然富硒蔬菜、大豆等产品在市场上走俏，要延伸产业链、提高价值链，做好“接二连三”文章，统一标准加工、统一品牌销售，增加农业附加值，做优做专硒锶食品加工行业。三要做“活”现代物流业。新田县处于永州、郴州、衡阳湘南三市的交汇处，要大力发展以物流为主导的现代服务业，打造湘南三地的物流、农产品集散中心。

（三）打造新的商业模式带动产业融合

一方面，农产品堆积如山，烂在地里卖不出；另一方面，消费者吃不上新鲜的食物，且价格昂贵，造成两难的根子在于生产和销售的脱节、城市和乡村的分割、盲目生产和市场调节的对立。破解“卖不出”与“买不到”的难题在于打通农户到消费者、农业到商业的销售通道，创造农产品的商业销售模式。一是农超对接。加强与步步高、大润发、百惠、家乐福等各大小型超市及连锁店的对接，让农副产品直接进商场，这既降低销售成本，又能解决销售难的问题。二是农电对接。与国内著名的电商平台对接，例如京东、淘宝、拼多多，以及专门型农产品专业网站，开设线上自营店，开展线上交易，实现农产品的远程投放。三是农商对接。大力发展订单农业，与著名企业或者收购商、代理商合作，在种子、育苗、管理、收购等环节开展合作，在原产地建立生产车间，实现农企农商对接，解决农户的后顾之忧。四是网红带动。紧扣时代消费热点，尝试聘请社会名人、当地网红代言，在农产品集中地、主产区，借助抖音平台，制作短视频，请网红直播带货销售，推广“名优特”农产品。

（四）培育新型职业农民拉动产业融合

党的十九大报告中“关于实施乡村振兴战略”一节中，提出了培育新型职业农民的战略任务。新型职业农民，重在“新型”二字，一是要有新思想、新理念，懂农业、爱农村、善经营；二是要有新规模，不能是过去的自给自足的小农经济，而是上规模、有档次的规模经济、集群发展。要解决目前“土地由谁种，谁来种地”的现实问题，一是培训一批。认真遴选一批素质过硬、经验丰富、具有一定威望的村主干、农村党员、优秀青年农民、家庭农场主、致富能手、种养大户等作为新型职业农民的培训对象。二是引进一批。对接国家政策对“三农”的支持，发挥特色资源优势，推进农企融合，引进一批大型的规模经营的农业企业、上市公司、国有粮食集团、农业社会化服务组织安家落户。三是转化一批。打好“乡情牌”“事业牌”“乡愁牌”，引导农业企业负责人和技术骨干、农业职业经理人、外出致富能人、退休老干部、事业单位专业技术人员等新乡贤群体到农业企业挂职、兼职、做技术顾问。

（五）搭建新平台新载体促动产业融合

农村一二三产业融合，突破了城乡的界线，模糊了产业的边线，打破了空间的局限，需要打造新的平台、新的载体，聚集多方资源、各种要素共同发力。一是与美丽乡村相结合。以生态优、景色美、人文浓、产业特的乡村为空间单元，按照“一村一景、一村一韵”布局，建设一批休闲农业、创意农业的“打卡地”，形成“春观花”

“夏纳凉”“秋采摘”“冬农趣”效应，开设主题商店、手工作坊、特色民宿，让乡村既能卖产品又能卖资源、卖景观、卖生态。二是与特色小镇相结合。深入挖掘产业特色、人文底蕴和生态禀赋优势，建设一批主导产业优、配套条件好、生态环境美的农业特色小镇，让农产品融入市场、农户融入城镇、农业融入产业链，培育乡村产业的“增长极”。三是与农业产业园相结合。发挥传统种植优势和本地特色，瞄准新兴产业，在龙泉、骥村、门楼下、金盆、金陵、新圩、三井等乡镇打造的富硒蔬菜、林下经济、森林康养、优质大豆、三味辣椒、中药材等农业示范区，建设成一二三产融合、产加销游一体化的现代农业产业园。

（六）创新利益联结方式催动产业融合

推动农村一二三产业的融合，核心在于利益共享，难点在于农民是否得到红利，农村是否得到实惠，从具体实践来看，有下面几种利益联结方式值得借鉴。一是土地流转拿租金。要全面摸清荒地存量，与农民做好宣传解释工作，根据土地性质确定流转最低价，鼓励以集体（农户）与种养大户、致富带头人、家庭农场、农业企业等主体签订合同，以合适的市场价格进行土地流转，这既可激活集体经济，亦可增加农民收益。二是要素入股拿分红。发动贫困户、农户、村集体以闲置土地、资金、房屋、设备、技术等要素入股合作社或者农业企业，变农户为社员，变农民为股民，农民不再是“局外人”，而是分享红利的主体，相关的品牌打造、市场销路、经营管理则交给合作社（企业）去运营。三是当地务工拿薪金。针对目前农村“老人农业”“妇女农业”“残疾人农业”的状况，利用国家扶贫的有利政策，在人口相对集中，蔬菜、大豆、烤烟、水稻主产区和林业资源丰富的区域兴办一批技术要求低、操作简单的扶贫车间、林木加工车间、农产品加工基地，优先雇用在乡务农人员，变农民为产业工人，每月领取固定的薪金。

欧利仁系中共新田县委党校讲师。本文获 2022 年湖南省委党校（行政学院）系统理论研讨会二等奖。

新田县发展壮大农村集体经济助推乡村振兴的研究

何　昕　蒋唯恒　汪萍洋

发展壮大农村集体经济是实现乡村振兴和建设美丽乡村的必由之路，是增强农业实力、美化农村环境，使农民走向富裕之路的重要举措，是巩固农村执政根基的重要保障。新田县是传统的农业县，过去的小农经济已经不能适应现代社会的发展，发展壮大农村集体经济，有效发展区域农业农村特色产业，是实现我县乡村振兴的助推器。

一、新田县农村集体经济发展情况及有效经验

（一）村集体经济发展迅猛

新田县为顺利脱贫摘帽稳步实现全面小康，把集体经济发展作为检验脱贫成效、夯实小康基础的重要举措来抓，出台新政策，探索新路子，按下了集体经济发展快车键。根据数据统计，2019 年度统计 224 个村集体经济收入合计 1430. 87 万元，平均村集体经济收入约 6. 39 万元。其中村集体经济收入 50 万元以上的村 2 个，10 万元以上的村 26 个，5 万元以上的村 135 个。截至 2020 年底，统计 229 个村集体经济收入合计 2119. 92 万元，平均村集体经济收入 9. 25 万元，同比增长 44. 76%。其中全县村集体收入 50 万元以上的村 10 个，同比增长 400%；10 万元以上的村 62 个，同比增长 138. 5%；5 万元以上的村 209 个，同比增长 54. 8%，集体经济空壳村全面消除。同时县域内大力发展农业、林下经济，建设特色农产品种养基地，发展乡村旅游休闲农业，为延长农业产业链、加快农业产业结构调整、促进一二三产业融合发展奠定基础。

（二）村集体经济发展的有效经验

新田县农村集体经济从无到有，稳步向前发展成效显著，主要得益于党建引领、

政策撬动、产业推动、资源带动四轮驱动。

一是坚持党建引领。创新“党支部+合作社+产业+农户”的基层组织模式，实现基层党建示范点、五星级党组织“双百工程”。党组织对集体产业发展的引领和带动能力不断增强，25 个百亩集体产业示范园遍地开花。通过“双培双带”工程和“互联网+”就业技能培训，培养农村致富带头人、后备干部、农民大学生等 1300 余人。如陶岭镇周家村积极把党支部建在现代农业产业链上，狠抓党建引领，实现支部向“引擎”的转变。通过“党支部+合作社+产业+农户”的基层组织模式，强化利益联结机制，大力发展富硒“三味辣椒”产业，积极构建“一乡一业、一村一品”的产业格局。

二是依托政策撬动。先后制定出台《新田县贫困村三年攻坚集体经济“壮大工程”实施规划》和《新田县发展村级集体经济实施意见 20 条》等一系列实施方案，进一步强化责任意识，完善体制机制，按照“输血”与“造血”并举，资源经济与物业经济并重的工作思路，为集体经济发展释放政策红利。由县委、县政府统一部署，103 个贫困村铺开光伏发电项目，村集体收益年均达到 4.5 万元。骥村镇黄公塘村则抓住机遇乘势发展，结合村情民意，研究制定了《黄公塘村产业布阵图》《黄公塘村经济发展三年规划》，大力发展红薯种植、加工，通过产销一体化经营，村集体经济收入跻身全县前列。

三是立足产业推动。通过推进土地经营权流转，成立专业合作社发展适度规模经营，同时借助扶贫政策，积极孵化贫困村产业，不断提升农业生产的市场化水平。产业类别方面，重点发展特色种植养殖，全县种植烤烟 4.5 万亩，为集体经济增收 380 余万元；认证通过粤港澳大湾区“菜篮子”生产基地 9 个，种植面积 18.6 万亩，药材、水果等特色农产品的种植面积也在不断扩大。此外，各村镇大力开发红色、古色、绿色为主体的“三色”旅游业。目前全县共建农家休闲乐园 12 个，每年实现集体经济创收 60 余万元。如县城东郊的潭田村，借助城郊区位优势和供港蔬菜基地优势，全力打造一二三产融合发展示范产业园，以豆、稻、蔬、果四类农产品轮种模式实现四季丰产，同时配套农旅、休闲采摘与科普教育，实现产业全方位融合，为村集体经济固定增收近 20 万元，一举成了全县集体经济十强村。

四是秉持资源带动。土地是农业生产最重要的资源之一，新田县抢抓全省农村产权制度改革试点县契机，完成农村土地确权登记，集中流转土地 19.64 万亩，这对解决当前农村因人口老龄化、兼业化带来的种“懒汉田”或土地撂荒等问题，实现农业生产规模化集约化发挥了重要作用。资金方面，县财政向 102 家新型农业经营主体授信 3.9 亿元，农地贷款累计放贷 3 亿元，为集体经济发展注入强大资金支持。同时利用村级集体资金、土地等资产与企业合资、合股开发村办、镇办企业，累计发展各类农业企业 290 家、农业龙头企业 28 家、农民合作社 778 个、种养销大户 800 余户、家庭农场254家，全县50多个村通过此项目实现集体增收。

二、新田县农村集体经济发展壮大存在的问题和困难

（一）村集体经济总体规模偏小

尽管这两年村集体经济发展取得了很大进展，集体经济空壳村全面消除，但总体上，村集体经济规模偏小，县域内村镇发展不平衡，收入差距大。2020年，统计的全县229个村中，集体收入在10万元以下的占比72.93%，集体收入在5万元以下的仍有20个村。总体来看，临近县城或企业、交通区位便利、资源相对丰富的村镇集体经济起步早，发展较好。而位置偏远、自然资源相对贫乏的村镇集体经济发展缓慢，有的村镇集体经济才刚起步，村集体经济组织也才成立不久。

（二）村集体经济发展模式单一

目前新田县农村集体经济发展模式主要分为资产租赁型、资源开发型。其中盘活集体闲置资产、森林、养殖场等资源，采用租赁方式获取租金收入的情况又占大多数。而依托所有的土地资源、旅游资源，以村社合一、村办企业的方式实现农业生产、加工、销售一体化经营创收占比较少。“短平快”的项目虽然会降低经营成本大幅缩短收益周期，但若不能转向专业化、精细化、现代化的经营模式，长期来看将大幅降低收益预期。

（三）村集体经济发展质量不高

目前新田县村集体经济收入的主要来源是公益林补偿资金、光伏发电收益。根据统计数据，180个村涉及光伏发电，143个村涉及公益林补偿，仅有53个村涉及合作社经营收入，且数额较少。这也说明了县集体经济发展增速快但结构不优、质量不高的问题，村集体经济自身造血能力差，发展的后劲不足。近八成的村集体依赖于公益林补贴和光伏发电，村集体经济未见收益，这将严重制约集体经济的发展与积累。

（四）集体收益的反哺效果较弱

由于村集体经济发展还处在初级阶段，村集体经济规模小、特色不明显，抗风险能力差，部分村集体经济组织还未实现真正创收，即使部分已经创收的村集体，因为各项经营管理开支实际盈余也较少，导致集体收益对村基础设施、环境卫生整治、扶贫济困等公益事业的反哺效果不明显。此外，村集体经济组织运行机制欠规范，部分村集体对于集体收益的分配及运用还未有明确科学有效的规划。

三、新田县农村集体经济发展薄弱的原因分析

（一）村级经济基础薄弱，发展后劲不足

调研发现，大部分村“家底”薄，有的还负债累累，资不抵债。新田县四面环山，是典型丘陵地形，森林资源丰富，大部分村除了村活动场所、闲置学校等公益性资产外，能开发利用的就是集体拥有的土地和林地，村级财政上自营“存款”基本没有。村级集体经济的发展资源主要还是依赖于扶贫项目资金，除此之外是结对帮扶后盾单位的大力支持。随着脱贫攻坚战的全面胜利，后盾帮扶单位的帮扶力度存在一定程度的减弱，集体经济发展更多依赖于村级经济自身基础，对于资源禀赋差、经济基础薄弱的村，集体经济发展更加艰难。当前村集体除了发展传统的物业经济外，主要是统一开展传统农产品种植，较少涉及农副产品的加工。产品的价值链短，不仅制约集体经济的效益积累，还在一定程度上增加村集体经济的市场风险。地理位置偏僻、资源缺乏的村，村民通常会选择外出务工，留守村庄的多为“613899”人群，人才短缺也成为制约集体经济发展的重要原因。

（二）思想认识不够开放，群众参与不够

根据宪法规定，“农村集体经济组织实行家庭承包经营为基础、统分结合的双层经营体制。农村中的生产、供销、信用、消费等各种形式的合作经济，是社会主义劳动群众集体所有制经济”。简言之，农村集体经济组织是基于资产所属关系形成的产权主体，通常有组、村、镇三级。目前比较典型的是村级集体经济组织，是以村委会为主，村民参与的组织形态。然而由于新型集体经济组织发展处于初期，大部分村民及村委会干部对于村级集体经济组织的法律属性、功能定位等都未有清晰的认识，很多村仍存在政经界限不明的问题。由于新型集体经济组织的权属及利益分配模糊，使得村民发展集体经济的热情受挫。加上几千年小农经济思想的深刻影响，尤其在当前社会保障体系不够完善的情况下，村民对于土地社会功能高于生产功能的认知更加牢固，不愿承担市场风险，有很多小农户尤其是病、残、老等弱势小农户不愿意甚至抵制土地流转或土地托管，从而缺乏发展集体经济的动力。难以在土地流转、规模生产、特色种植等发展集体经济的关键环节上形成统一意见，发展集体经济难度也就随之提高。

（三）现代管理机制缺失，发展效率不高

集体经济组织作为合法的市场主体，具备市场法人主体资格。然而在实际操作中，由于管理机制的缺失，使得市场运营受限，发展的后劲不足。主要体现在大部分农村

集体经济组织都是由个别农户或是村干部自行成立，通过流转小农户的土地扩大种植规模的一种经营形式，普遍存在社员权责不清晰、运营机制不健全、组织化程度低、市场化管理不专业的问题。即使有少部分村集体经济组织进行了改制，由村委在产权制度改革基础上成立的合作社，参照现代企业管理制度设立股东会、总经理等管理机构，但在实际操作中又出现村级管理结构与合作社管理结构交错、政经界限不明的问题。与此同时，因缺乏必要的市场敏锐性和企业管理经验，在发展过程中容易简单复制，发展模式较为粗放，导致产业链条短，产品特色不明显，融合发展层次浅。此外，由于村集体经济的身份不明，加上原本村集体资源有限，部分还存在产权不明的问题，导致村集体经济组织对村集体资源统筹经营的能力有限，这在一定程度上也制约着村集体经济的发展。

（四）干部能力参差不齐，引领作用不力

村干部是发展农村集体经济的直接组织者和实施者，其自身能力和素质直接影响村集体经济发展未来。近年来，新田大力推行党建引领，全面开展“两新”组织提质行动，通过“头雁工程”，为农村发展积极培育人才，取得了较好成效，为集体经济发展提供智力支撑。然而随着城镇化的推进，农村的“空巢化”趋势依旧严峻，村级干部队伍“青黄不接”的现象依旧存在。此外，村干部的工资待遇偏低，岗位吸引力不强，发展集体经济方面，由于激励机制不完善，难以调动村干部干事创业热情。通过调研发现，发展较好的村要么是在委派的扶贫干部带领下发展起来，要么是村干部曾外出务工经商，敢闯敢试且有一定的商业头脑。而作为发展集体经济的主力军即村干部，总体上年龄偏大，学历偏低，思想保守，缺乏市场经济经验，在发展村集体经济中，发挥的更多还是村干部的职务职能，而不是集体经济带头人的角色，各村村干部因能力差距，对村集体经济的引领作用也相差甚多。

（五）保障体系不够完善，促进作用不佳

产业发展离不开政策支持、资金保障。尤其是产业前期投入大、周期长，前期不“扶一把”，后期就会“营养不良”。资金方面，村集体经济组织在建立之初更多依赖县财政资金、扶贫项目资金及后盾单位帮扶资金支持，然而要扩大规模、改善良种、加工销售都需要大量的资金支持。随着金融系统风险意识不断增强，农村依靠贷款发展集体项目的难度也随之提升，加上原本村集体经济基础薄弱，村集体经济发展的资金缺口较大。资产盘活方面，目前国家政策层面已经放宽了农村集体资产市场化经营的限制，然而针对农村闲置建设用地和宅基地的整合流转还存在很多操作上的约束，如退出后土地的定价机制、交易条件和范围都未有明确具体的规定。此外土地权属边界复杂、三级所属的地产关系交叉等，也使得存量集体资产盘活受限。社会保障方面，科学技术是第一生产力。发展现代农业始终坚持科技引领，以市场为导向。全县集体经济组织竞相发展，种植养殖规模不断扩大，如何科学选种、科学种植养殖，不断提高农产品的质量，离不开长久以来的农技支持。目前各乡镇农技人员数量及农技培训频率都不足以满足现代农业发展的需要。随着集体经济发展壮大，专业性的企业管理人才、销售人才、专技劳工等的缺口也越来越大。发展的保障体系不跟上，将会严重阻碍集体经济发展。

四、新田县发展壮大农村集体经济的路径及对策

（一）组织引领，强化基层领导班子

火车跑得快，全靠车头带。一个得力的带头人，往往能抓出一个强班子、带出一支强队伍、建设一个好村子。这些年来，我县的周家村、仁岗村、欧家塘村、东升村、肥源村等村发展得快，集体经济收入排在全县前列，带头人——村支书的作用发挥特别明显。特别是在集体经济的发展上，既要有路子，更要动脑子，费力又费神，发展不好挨骂；发展好了，收益却是村集体的。所以，更需要带头人有担当精神，讲大局、讲奉献、讲情怀，才能把集体经济做大做强。因此，要发展好村集体经济，首先要抓好组织引领，选好村支书，建立强有力的基层领导班子。一个好汉三个帮，众人拾柴火焰高，建立强有力的基层领导班子，不但要选好“讲党性、懂经营、会组织”的村支书，还要搭好“讲团结、能谋划、会奉献”的村班子，培育好“讲大局、能担当、会干事”的村队伍。

1. 强化党建引领

充分发挥党组织的领导核心作用、党员干部的骨干带头作用和广大农民群众的主体作用。着眼于选优配强农村干部队伍，尤其是支部书记队伍，真正把那些讲党性、能力强、会管理、呼声高的“能人”“贤人”选进村党总支书记、村委主任的岗位上来。基层党组织战斗堡垒作用和凝心聚力作用，为村级集体经济发展提供强有力的组织保障。

2. 推动实施“头雁”工程

选优配强村“两委”班子，加强村干部致富技能、市场知识、经营管理等方面培训，提升其经营管理能力。提倡村党组织、村委会和村集体经济组织领导班子“三位一体”，班子成员交叉任职。要大力实施村干部素质提升工程，开展系统教育培训，提高他们带领群众发展集体经济的本领。

3. 加强后备队伍建设

以村“两委”换届年为契机，加大村“两委”班子建设力度，按每村4—5个名额确定后备干部，建立起农村后备干部队伍库，强化适岗锻炼，提前压担培养；充分发挥“领头雁”培训优势，对农村“两委”干部、村民代表、村小组长、全体党员、致富带头人等进行专门培训，不断增强致富带富能力。大力实施“红色种子”工程，充分发挥农业科技人员、致富能手、种养大户、农村经纪人、大学生村官、科技特派员等人才的作用，大力培育新型农民。

4. 健全激励机制

逐步提高村级干部和农技人才薪酬水平，建立五险一金的保障体系。目前我县已将村支书工资纳入财政预算予以保障，连续任职10年以上的村干部达到退休年龄有退休金补贴，这些都是好的举措，值得推广。考虑到集体经济发展的压力和动力问题，可以考虑村干部工资再加上绩效工资部分，或按发展效果提成，以激发他们干事创业激情，调动积极性，充分发挥主观能动性，做优做强集体经济。

（二）政策先行，夯实基础制度保障

1. 理清家底，制定切实可行的发展规划

兜清“家底”是基础。发展村集体经济首先要做到家底清楚，村里有多少集体土地山林、有多少集体资产，必须搞个一清二楚、明明白白。各村根据自己的实际情况，制定切实可行的发展规划。集体闲置空地多的可以以出租的方式引进项目，金盆镇利用闲置空地多、离县城较远的特点，引进“温氏养殖”，获得稳定可靠的土地流转收入；山林多的村子，通过加强管理，增加集体收入。陶岭的周家村，前期通过集体投入进行山林开发，种上果树，三年后以8万元的租金发包出去，极大地提高了集体收益；集体土地较少的村通过投资增加集体收入。金盆镇河山岩村利用扶贫资金建立豆腐加工厂，徐家村利用扶贫资金及统筹资金建立现代化种植养殖大棚，通过出租大棚获得集体收入等等。对于有争议的集体资产，由县里制定下发《统筹推进农村集体“三资”清理行动的实施方案》，在全县集中开展集体“三资”清理，逐一开展排查摸底，对清理出的集体“三资”，加强监督管理，确保集体“三资”高效利用、发挥最大效益。

2. 完善管理，拟订可持续发展的长效机制

管理出成效、管理出业绩。不断完善对集体经济的管理方式和模式，才能有效推动和促进集体经济的良性发展。相比出租、出让、入股的形式发展集体经济，难管理的是真正意义上的集体经济模式。如我县黄公塘村的“红薯干”加工厂——夫人山富

硒农产品深加工专业合作社，就是在扶贫后盾单位的投资扶持下建立起来的，是根据新田所产的红薯富硒、味道甜美的特点，红薯干深受妇孺老幼喜爱的情况而延伸的一个产业链。村支书（负责人）、业务经理的职责、企业管理制度、企业发展规模、发展目标、收入分配等一系列有关企业发展的东西规划好、落实好，按制度规定管理到位，才能保证企业有序良性运转。如果是出租或入股，则按合同签订的权限，由负责人定期了解、督查企业的运行情况、收支情况，以保证集体收入的稳定可靠。

3. 优化考核，建立科学有效的激励机制

没有压力就没有动力。党委、政府要按照年初制定的村集体经济规划发展目标，进行督导考核，把发展壮大集体经济成效纳入乡镇党委和农村支部书记年终考核内容，纳入实施乡村振兴战略考核指标体系，纳入巡视巡察和大督查内容。采取定期调度、排队晾晒、定点解剖等多种方式，及时总结经验教训，加强督导检查；对集体经济发展态势好、收入增幅大、运用效果明显的村要予以通报表扬、学习宣传，对纯收入达到十万元以上的村，由财政支出对主要负责人按纯收入5%左右的比例给予物质奖励。以充分调动各级干部发展村级集体经济的积极性和主动性，为发展村级集体经济提供强有力的制度保障。

4. 政府统筹，完善农业社会化服务体系

农业是基础，农业是根本。发展壮大农村集体经济是实现乡村振兴和建设美丽乡村的必由之路，也是各级党委和政府职责所在。党委、政府要为发展壮大村集体经济，搭好桥、牵好线、把好脉。一是统筹规划，加大农业基础设施的投入和建设力度。就目前我县来说，对机耕道、水渠的建设及水库的维护力度这些年来成效突出，但也远未达到全覆盖、高标准、应通尽通、沟渠相连的要求，跟老百姓发展农业的要求还有一定的差距。要持续加大投入，加强农业基础设施建设，以达到农业现代化发展的需要。对发展集体经济所需的基础设施和道路成本，政策上要加大支持和倾斜力度，为村集体经济的顺利上马铺平道路。二是要加大农技人员和农业人才的培养。农业农村局要充分贯彻落实党中央精神，健全人才向基层流动、向农业农村流动以及在一线创业的激励机制，通过与研究中心、科研院校合作项目引进人才，大力挖掘各类土专家、田秀才和各种能工巧匠乡土人才等措施，为村集体经济的发展提供技术指导和智力支持，做到有求必应、有难能解。另外，通过完善电商服务平台和县物流中心的建设，加快我县优质农产品的流通和流转，让更多的人能品尝到富硒生态、味美质优的新田特产。村集体经济的发展要搭上网络宣传、线上销售、直播带货等时代快车，创新运营模式、提升服务质量，为集体经济的发展开拓更广阔的市场，有效促进集体经济做大做强。

（三）分类施策，筑牢利益联结机制

1. 因地制宜，“一村一品”+合作社，产业带动

因村制宜、因地制宜，按照“一乡一业”“一村一品”兴办交易市场、专业合作社，开展产、购、销、加工一条龙服务，拉长产业链条，将产业优势转型为经济优势，增加集体收入。骥村镇黄公塘村通过“夫人山富硒农产品深加工专业合作社”，带领村民大面积种植新田传统作物——红薯，带领村民增产增收，通过深加工，制成畅销产品，2019 年，仅此项集体经济收入就达 12 万元，推动集体经济的高质量发展。陶岭镇周家村成立“爱莲堂种养专业合作社”，种植炎陵黄桃、黑木耳共 150 亩；新圩镇梧村的“新田县土明种植合作社”，建成木耳、油茶、金槐示范种植基地近百亩，集体经济收入 15 万元以上。这些都是根据本村实际，走“一村一品”+合作社的道路，通过产业带动，促进村民和经济集体增收。因为村民增收和集体经济的提高，村里的事也越来越好办，环境卫生、基础设施、文化娱乐都走在全县前列，成为乡村振兴的示范村。所以，因地制宜发展农业产业，要综合考虑市场需求、土壤及气候因素影响、村民发展产业的意向、当地的技术基础和劳动力资源等因素，通过产业带动，确保农民稳步增收，村集体经济稳步发展，进而推动生态环境持续向好，社会效益日益显现。

2. 支部牵头，筑巢引凤，招商引资

充分利用资源优势和区位优势，采取招商引资、招才引智、出租租赁等方式，增加集体收入。新田县土壤富硒和地下水富锶的双重资源优势，将吸引越来越多的企业投资兴业。我县也是承接产业转移示范县，是湖南的南大门，南连接两广，到永州、衡阳、郴州三市均一小时车程，距长沙、广州、桂林均三小时车程，是永州市到长沙最近的县区，随着两条一级公路和物流园等项目开工落地，新田县区位条件逐渐凸显。天然的硒锶资源，便利的交通，方便快捷的物流，逐渐成熟的互联网行业，新田越来越适合投资兴业。要充分发挥我县的优势，带动涉农项目发展，要充分发挥农村荒地的作用，合理有效利用荒山荒坡，将适合办企业、上项目的土地流转出来，开发包装成项目统一对外招商。以新圩镇硒锶产业园为例，产业园流转荒坡荒地 3000 多亩，建成总面积 1100 亩的硒锶产业园，发展特色养殖场 5 家，新引进农业加工项目 2 个，特色产业发展初具规模，年租金 16 万元；金盆镇骆铭孙村引进“温氏养殖”，年租金 22 万元。进一步突出硒锶特色招商引资，建好集体建设性土地流转的信息平台和服务体系，让更多企业和项目在此开花结果，做强富硒农产品加工等地方特色产业，推动产业和集体经济的有效发展。

3. 资金盘活，资源开发，股份经营

开展农村集体“三资”管理专项清理整治，认真核查闲置的校舍、厂房、工业用

地等资产和征地补偿费、集体预留款、结余积累等闲置资金，通过承包、转租、拍卖、资产对换、年限抵债或理财、投资、入股等多种灵活方式，提高闲置资产利用率和资金的周转率，增加集体收入。对具有水域、林地以及荒山、荒沟、荒滩等资源的村，村集体通过自主创业、合作开发、公开发包、对外出租等方式，增加集体收入。对集体资产、资金、土地、技术和信息等要素相对集中的村，村集体选择项目参与入股经营，获得股份利润，增加集体收入。

股份经营以龙泉镇东升村为例，采取“土地流转+土地入股+村企共建”新型村企合作模式，由东升村提供土地和劳动力等资源入股，东升农场提供资金和技术，流转土地 5000 多亩，种植富硒蔬菜年产量近万吨，远销沿海地带，带动周边农户增收，村集体收入 15 万元左右。

4.“村集体合作社+农业科技公司+农户”综合开发

对具有民俗民间文化、山水自然条件、历史人文资源、农特产品优势的村，由村集体经济组织统一组织和服务，进一步深挖文化内涵，打造特色村落。我县枧头镇的龙家大院，利用“国家 AAA 级旅游景区”的名片，通过“村集体合作社+农业科技公司+农户”的模式，开发农家乐、采摘园、度假村、红色旅游、文化旅游、生态旅游等项目，增加集体收入。对资源丰富、交通不便、居住分散的边远山区村，实行产业集聚、人口集中、集约开发，鼓励村与村联合发展，形成以强带弱、优势互补、资源共享的发展模式，共同发展，增加集体收入。

（四）合理规划，保证收入有效分配

1. 制定科学合理的收入利用规划

千方百计发展壮大集体经济，增加集体收入，就是为了让集体经济的发展成果惠及全体村民，为了本村发展得更好，建设美丽乡村，早日实现乡村振兴的目标。制定科学合理的收入利用规划并公之于众，也是为了让村民心里有底，放心和支持村干部去干事，才能干成事。在这方面，可以探索建立集体收益“33211”分配机制：提取 30%集体资金为全村集体经济提留款；30%用于农村公益事业，积极改善水、电、路、校等村内基础设施和公共服务；20%作为集体经济发展基金，投向有发展潜力的产业，实现集体经济可持续发展；10%用于扶危助残济困，资助贫困学生，救助大病患者，照顾孤寡老人，有效解决上不起学、看不起病等现实问题，10%用于村干部或负责人的奖励。

2. 严格财务公开，使普惠项目落到实处

公生明，廉生威。要想进一步得到村民的信任和支持，就必须严格执行财务公开

制度，加强资金监管。一是推行“村财镇管一账户、收入支出两条线”管理制度，支出项目要落到实处，让老百姓看得到，普惠项目享受得到。大额资金使用都要在村务监督委员会监督下，事前、事中、事后都向村民公开。把村级组织管理集体经济的情况纳入党建日常督查范围，县、乡镇两级党委派出督察组，每季度开展一次集中实地督察，要对工作不到位的村党总支进行提醒谈话，对出现违纪的村干部进行严肃处理。二要加大财政投入，注重可持续发展。县、乡镇两级必须建立集体经济发展专项资金，重点投入，推动村集体经济从无到有、从弱到强。按照“资源变资产、资金变股金、农民变股东”的“三变”要求，各村必须对村集体闲置资产确权入社，做强做大集体资金池，推进村级集体经济发展蒸蒸日上。

民族要复兴，乡村必振兴。发展壮大集体经济是加强农村基层治理，带动农业农村发展的重要路径。尽管在欠发达地区集体经济发展存在这样那样的问题，但办法总比困难多，在中央关于农村工作的重要指示精神的引领下，欠发达地区抢抓机遇，立足实际，不断补短板强弱项，相信集体经济发展定能实现新的突破。

何昕系中共新田县委党校常务副校长；蒋唯恒系中共新田县委党校高级讲师；汪萍洋系中共新田县委党校讲师。本文是2021年湖南省委党校（行政学院）系统社会科学规划课题结项成果。

中国特色反贫困理论视域下新田县高质量养老服务发展研究

郑　飞　唐　潇

一、中国特色反贫困理论概述

（一）中国特色反贫困理论的提出

习近平总书记在 2021 年 2 月 25 日召开的全国脱贫攻坚总结表彰大会上指出："我们立足我国国情，把握减贫规律，出台一系列超常规政策举措，构建了一整套行之有效的政策体系、工作体系、制度体系，走出了一条中国特色减贫道路，形成了中国特色反贫困理论。"

（二）中国特色反贫困理论的内容

理论源于实践并能指导实践。在脱贫攻坚伟大实践中产生的中国特色反贫困理论符合中国国情、具有中国特色、蕴含中国智慧，其主要内容为"七个坚持"：一是坚持党的领导，二是坚持以人民为中心的发展思想，三是坚持发挥我国社会主义制度能够集中力量办大事的政治优势，四是坚持精准扶贫方略，五是坚持调动广大贫困群众积极性、主动性、创造性，六是坚持弘扬和衷共济、团结互助美德，七是坚持求真务实、较真碰硬。

（三）中国特色反贫困理论的意义

中国特色反贫困理论是在脱贫攻坚 8 年多的实践中形成并产生的伟大理论，是习近平新时代中国特色社会主义思想在反贫困领域的生动体现，是我国打赢脱贫攻坚战的行动纲领和制胜法宝。中国特色反贫困理论使中国绝对贫困的历史被彻底消除，其思想精髓既能指导脱贫攻坚取得胜利，也能指导我国养老服务高质量发展，不仅具有中国意义，更具有世界意义。

二、新田县老年人口及养老服务发展现状

（一）新田县老年人口基本情况

新田是2019年摘帽的“国贫县”，根据永州市第七次全国人口普查公报数据显示，新田县常住人口为343595人，其中60岁以上占比18.76%，为64458人，65岁以上占比13.04%，为44804人。据新田县民政局初步统计，截至2021年12月，新田县90至99岁老人833人，百岁老人35人。

（二）新田县养老服务供需情况

新田县有1个县社会福利中心（公建民营）和龙泉、三井、大坪塘、骥村4所乡镇敬老院，共设有床位788张；秀峰和朝阳两个社区日间照料中心以政府购买服务的形式为社区内的特困人员提供部分居家养老服务（助洁、助医、精神慰藉为主）；农村养老服务场所已全部建设完成。据不完全统计，截至2022年1月，新田县生活不能完全自理需要照顾的老年人约7800人，其中县城2个街道占比约为24%，11个乡镇占比约为76%，有各类居家养老服务需求的约5600人，有机构托养服务需求的约2200人。

（三）新田县养老服务发展模式

新田县养老服务在经营模式上逐渐从传统的“公建公营”向“公建民营”转变，在管理上逐渐从粗放管理向精细管理转变，在服务内容上从“以养为主”向“医养融合”转变；建立了以县社会福利中心为中枢，龙泉、三井、大坪塘、骥村敬老院为支撑，农村（社区）养老服务为网点的县、镇、村三级养老服务体系；基本形成了以“特困供养为基础、社会刚性养老为核心、居家养老服务为重点”的养老服务发展模式。

（四）新田县养老服务发展成效

在新田县委、县政府的大力支持下，民政局积极推动，各部门积极配合，新田县养老服务发展取得了一定成效。一是在财政投入方面，高标准建成了县社会福利中心，完成了乡镇敬老院的提质改造，落实了高龄补贴，实施了特殊人群养老保险政策（为特困人员购买意外险及住院护理险）。二是在养老服务方面，提高了农村分散供养特困人员供养金每人450元/年，提标后达到了每人5850元/年；提高了农村集中供养特困人员供养金每人91元/月，提标后达到了每人741元/月；提高了敬老

院人均工资700元/月，提标后人均工资达到了2500元/月；特困供养机构稳定有序发展，供养水平显著提高。三是在养老宣传方面，通过举办各类健康养生修心活动进社区，全面提升了居民的健康意识，创建了“百岁健康”市级示范村2个、省级示范村1个。

三、影响新田县养老服务高质量发展的主要矛盾与原因分析

（一）影响新田县养老服务高质量发展的主要矛盾

1. 养老服务费用高但支付能力低的矛盾

据笔者实地了解，新田县社会福利中心是新田唯一向社会开放的养老机构，由湖南康乐年华养老服务集团有限公司负责运营，主要为生活不能自理或行为障碍的老年人提供托养服务。目前县社会福利中心综合托养费（包括床位费、生活费、护理费等）每月在1900元至3700元之间（不含取暖纳凉等费用），综合托养费一般都处于当地平均收入的中上水平。然而新田县目前的平均工资收入仅为3000元左右，老人的退休金参差不齐，且大部分老人没有退休金，所以一般家庭很难长期支付托养费。因此，新田养老服务存在费用高但支付能力低的矛盾。

2. 养老服务水平低但养老期望高的矛盾

据调查，许多老年人都有生活照料、住院护理、社会参与、人文关怀等多方面的养老需求，其中生活护理是最基本的养老服务需求之一。但新田县现有5家养老机构中仅新田县社会福利中心1家配有专业的护理人员，其余4家养老机构全为特困供养中心（乡镇敬老院），只为生活能够自理的特困人员提供集中供养服务，服务内容仅以满足集中供养特困人员的吃住为主，没有配置护理人员，不能提供专业的护理服务。因此，新田养老服务存在服务水平低但养老期望高的矛盾。

3. 养老服务人员缺但招人留人难的矛盾

新田县所有养老服务机构共有养老服务管理人员49人，其中专业护理员仅有17人且全部集中在新田县社会福利中心，所有养老机构共入住老人227人。《湖南省人民政府关于进一步健全特困人员救助供养制度的实施意见》规定，一般按照不低于1∶10、1∶6、1∶3的比例分别为有生活自理能力、部分丧失生活自理能力、完全丧失生活自理能力的特困人员配备护理人员。若按照1∶10配置护理人员，则227名老人需要配置护理人员23名，另外各机构还需要配置1名院长、1名行政、1名后勤、1名社工、1名厨师、1名保洁、1名保安，5家机构需要配置35人。社会福利中心入住的120人基本上都是没有生活自理能力的老人，至少需要按照1∶6配置20

名护理人员，其余107名老人按照1∶10需要配置11名护理人员。由此可见，新田现有5家养老服务机构，总共需要配置66名工作人员（包括35名管理服务人员和31名护理人员），另据笔者了解，由于工作环境压抑、工作压力大、工资待遇低等方面的原因，新田养老服务机构还存在招人留人难的问题，尤其是护理员岗位，招人留人难度更大。

4. 养老机构总床位少且入住率低的矛盾

根据第七次全国人口普查数据显示，新田县60岁以上老年人有64458人，按照“9073”（9073是上海率先提出的养老模式，即90%的老年人在家庭养老，7%的老年人在社区养老，3%的老年人在机构养老）① 标准测算，应有机构养老床位1933张，而新田实有机构养老床位788张（其中新田县社会福利中心278张床位、龙泉区域性中心敬老院200张床位、三井区域性中心敬老院150张床位、骥村镇敬老院80张床位、大坪塘镇敬老院80张床位），机构养老床位相差1145张。目前机构养老人数为227人（社会福利中心120人、龙泉敬老院18人、三井敬老院19人、骥村镇敬老院34人、大坪塘镇敬老院36人），机构养老入住率仅为28.8%。

5. 养老服务概念热但社会投资冷的矛盾

从国务院35号文件提出到2021年底，全国各地的养老政策文件如雨后春笋密集出台，仅国家层面的养老文件就有140多个。新田县根据上级养老文件精神，结合新田实际，也先后出台了30多个养老服务方面的文件。然而截至2022年1月底，新田县仅湖南康乐年华养老服务集团有限公司一家民营企业以公建民营的方式，先后投资约600万元，负责新田县社会福利中心的运营管理。因此，新田养老服务存在养老服务概念热但社会投资冷的矛盾。

6. 政府投资不够且投资效率低下的矛盾

虽然新田县近年来投资近5000万元，主要用于新建社会福利中心和改扩提质农村敬老院两个方面，但是在社会养老服务、社区居家养老服务、养老服务人才队伍建设等方面投资明显不够，一是民办养老服务机构的床位建设补贴和运营补助政策未落实到位；二是社区居家养老服务设备设施配置较少，居家适老化改造尚未启动；三是缺少养老服务人才相关扶持政策，如院长、护理员岗位津贴，社会工作师补助等。政府投资的社会福利中心和农村敬老院入住率一直很低，社区（农村）居家养老服务中心也基本处于闲置状态。

---

① 涂慧君、路秀洁、李宛蓉：《“9073”养老服务格局再思考——基于上海市老旧小区建筑策划群决策调研》，《住宅科技》2020年第3期。

（二）影响新田县养老服务高质量发展的原因分析

1. 经济方面

据新田县2020年国民经济和社会发展统计公报显示，2020年全县地区生产总值983698万元，同比增长3.7%。其中，第一产业增加值234399万元，同比增长4.0%；第二产业增加值259421万元，同比增长4.8%；第三产业增加值489878万元，同比增长2.9%。一、二、三产业对经济增长的贡献率，分别为22.5%、39.1%、38.4%。[①]新田第二产业同比增长率及对经济的贡献率最高。2020年全国居民人均可支配收入为32189元，湖南居民人均可支配收入为29380元，新田居民人均可支配收入为17502元。[②]

（1）农业经济小散粗农民收入低，养老服务支付能力差。新田农业以家庭为主，呈现分散、粗放的特点，规模化、科技化的现代农业发展较为落后，甚至部分村庄仍然处于靠天吃饭的环境。全县2个街道、11个乡镇，虽然在县委、县政府的大力推动下，每个街道、乡镇都建设了农业产业园，但整体规模不大，参与产业园发展的农户较少，加上产业园经营效益不高，农民分红较少。由于历史原因，新田大部分的山林田地都分到了农户个人手上，出于种种原因，土地流转困难重重，集体经济发展受限，造成农民整体收入低下。据笔者实地了解，从经济的角度来看，由于支付能力较低，不到万不得已的情况，农村家庭极少有人愿意花钱把自己家的老人送到养老机构去养老。一般只有家里的老人生活完全不能自理且子女有经济能力和承担意愿的情况下，才会送老人到养老机构。

（2）工业经济少难慢财政收入少，养老服务投资力度弱。近年来，新田大力实施“工业强县”战略，2020年新增规模以上工业企业7家，全县年末规模工业企业达65家。规模以上工业企业完成总产值1110533万元，同比增长7.18%。规模以上工业增加值同比增长5.7%。全县规模以上工业企业产品销售率96.89%；营业收入1097845万元，同比增长11.1%；实现利税44995万元。[③]但工业发展仍然呈现出总量少、规模难、发展慢的特点。与邻县宁远比较，2019年，新田县实施的工业产业项目11个、年度投资21.65亿元，宁远县实施的工业产业项目20个、年度投资76.27亿元；重点类项目新田安排72个、宁远安排130个；“亿字号”以上项目新田25个、宁远56个。

---

① 《新田县年国民经济和社会发展统计公报》，http：//www.yzcity.gov.cn/tjj/031005/202105/2a5bc37dfaa6462cbc0060f3b1abac69.shtml，2021年5月11日。

② 国家统计局：《2020年全国居民人均可支配收入统计数据》，https：//www.sohu.com/a/511147686_120099886，2021年12月24日。

③ 《新田县年国民经济和社会发展统计公报》，http：//www.yzcity.gov.cn/tjj/031005/202105/2a5bc37dfaa6462cbc0060f3b1abac69.shtml，2021年5月11日。

众所周知，农业对财政收入的贡献较少，财政收入主要以工业为主，然而新田工业发展依然存在总量少、规模难、发展慢等问题，直接影响财政收入，导致财政在养老服务领域投资较弱的局面。

（3）外出务工多壮久从业人员缺，养老服务队伍建设难。新田县户籍人口有44.3万人，其中有13万余人常年在广东务工，新田外出务工具有人员多，以青壮年为主，务工时间久等特点。一支支“386199”部队分布在新田的各个角落。大部分家庭都需要妇女承担起家庭子女和老人的照料责任，能够出来工作的妇女相对较少。因此，新田养老服务存在队伍建设难的问题。

2. 政治方面

（1）重视不够，养老服务还没有完全上升到应有的战略高度。为贯彻落实积极应对人口老龄化国家战略，国务院印发了《“十四五”国家老龄事业发展和养老服务体系规划》，围绕推动老龄事业和产业协同发展、推动养老服务体系高质量发展，明确了“十四五”时期的总体要求、主要目标和工作任务。① 面对本县老年人口规模大，老龄化速度快，老年人需求结构转变等紧迫性问题，县委、县政府制定的县级养老服务发展规划较为粗略，对各部门涉及养老服务工作的考核较少，养老服务还未上升到应有的战略高度。

（2）引领不足，支部战斗堡垒和党员先锋模范作用发挥不足。一个支部就是一个堡垒，一个党员就是一面旗帜。在养老服务领域，更要充分发挥党建引领作用，助推养老服务发展。截至2021年12月31日，新田县共有党支部893个，党员20170人。以新田县社会福利中心为例，到县福利中心开展慰问活动的党支部和参与养老服务的党员较为固定。“党建+养老”系列主题活动开展较少，在养老服务中发挥党支部的战斗堡垒作用和党员的先锋模范作用还不够明显。

（3）管理缺位，养老服务需求了解不深入且政策制定不细致。政府管理缺位指政府在公共领域没有尽职尽责，甚至在某些领域出现真空状态，对社会发展造成不良影响。在养老服务中，政府需要发挥管理、规划、推动以及监督等作用，但在具体实践过程中政府存在管理缺位现象，例如新田县特困供养人员存在因拖欠医疗费而被医院纳入黑名单的现象，致使特困人员无法再次办理入院手续。这是对养老服务需求了解不深入、养老服务政策制定不细致的典型情况。

3. 文化方面

（1）养儿防老和以地养老传统观念盛行。由于新田经济文化相对落后，依靠家庭

① 本刊编辑部：《国务院：“立柱架梁”力推老龄事业和养老服务体系高质量发展——聚焦国务院发布“十四五”国家老龄事业发展和养老服务体系规划》，《社会福利》2022年第2期。

养老长期以来都是新田绝大多数人的选择。养儿防老观念尤为盛行，甚至认为子女越多越好，等自己老了之后，每个孩子都分担一点赡养义务，子女压力不大，自己也能幸福生活。以地养老也是大多数人的现实选择，尤其是在农村，作为父母，为了减轻子女的赡养负担，只要身体还能动，基本上都不会闲下来，在土地上劳作不仅能够自给自足，而且还能时常接济子女，给孙子、孙女买东西。

（2）家庭普遍小型化，产生重幼轻老现象。在以前提倡一个家庭只生育一个小孩的情况下，三口之家很普遍，家庭规模小，甚至出现一对年轻夫妇需要赡养4个或8个老人的情况，使得家庭养老越来越难以实现。由于子女长期与父母分开居住，彼此交流较少，很多子女只关心自己的孩子，根本不知道自己父母的身体是否健康，父母在子女面前也总是报喜不报忧，甚至出现了父母过世，子女才匆忙赶回家的情况。长此以往产生了重幼轻老现象，这在一定程度上影响了老年人的心理健康和生活质量。

（3）孝道文化弘扬传承的力度远远不够。百善孝为先，孝道文化是中华传统文化的重要组成部分，应根植于每一个中国人的心里。虽然新田县建立了孝文化公园，但集中统一组织参观孝道文化公园的次数较少，各类孝文化主题活动举办得也不够；在社会上，没有广泛掀起孝道文化的传承活动，各类孝心感人事迹宣传报道较少；在家庭方面，开展孝道家庭、孝道典型等评选活动的力度还不够。

4. 社会方面

（1）标准化专业化的养老服务发展不足。养老服务是具有标准化专业化的行业。民政部先后发布了许多养老服务行业标准和规范标准，但在新田现有养老服务机构中，仅新田县社会福利中心勉强能够达到标准化专业化的养老服务要求，其余养老机构标准化专业化发展严重不足。在居家社区养老服务方面，虽然有朝阳和秀峰两个试点，但目前基本处于空置状态，更谈不上标准化专业化的养老服务。

（2）片面追求物质利益催生老人无用论。随着经济的快速发展，利益至上、一切向“钱”看等社会怪象层出不穷。有的人提出了“老人无用论”，认为老年人没有一点用处，没有存在的必要。因缺少子女的关心关爱，部分老年人长期处于孤独寂寞、空虚无聊、失魂落魄的状态，个人存在感、价值感严重丧失，甚至出现自杀等极端现象。虽然很多人嘴上没有谈论“老人无用论”，但在实际生活中却只顾自己的个人利益，很少关心老年群体，甚至故意远离老年群体，这不仅伤害了现在的老年人，也伤害了以后的自己。

（3）团结互助敬老爱老良好氛围未形成。家家都有老，人人都会老，敬老爱老不仅是一种传统美德，更是一种社会责任。老人们在年轻的时候承担了家庭责任，为社会做了贡献，如今他们已年老，需要人照顾，今天的他们也就是明天的我们。诚然“扶不起”现象客观存在，也的确影响了一部分人助老敬老的热情，但它必将被文明社会淘汰，一去不复返。受各种因素的影响，要形成团结互助、人人参与、敬老爱老的良好氛围还任重道远。

四、新田县养老服务高质量发展的建议与对策

笔者认为，中国特色反贫困理论不仅是指导我们打赢脱贫攻坚战的制胜法宝，其思想精髓也适用于我国养老服务高质量发展。因此，本文将从中国特色反贫困理论“七个坚持”视域下提出建议与对策，探寻后发地区养老服务发展研究的新视角。

（一）坚持党的领导，为养老服务提供坚强政治和组织保证

1. 成立养老服务工作领导小组

新田应当成立由县委、县政府主要领导挂帅，民政部门牵头，有关部门参与的养老服务工作领导小组，推动全县养老服务高质量发展。养老服务工作领导小组下设政策、人才、金融、宣传、评估、服务六个工作组。政策工作组主要负责分析研究国家养老服务政策，制定切合本县实际的养老服务发展相关政策，积极与上级部门对接，申请资金、申报项目；人才组主要负责养老服务人才队伍的建设，应以职业院长和专业护理员为建设重点，打造一支素质高、业务精、专业强的“护院铁军”人才队伍；金融组主要负责运营县级养老服务基金，研发全县养老服务金融产品；宣传组主要负责全县养老服务高质量发展的系列宣传报道及养老服务企业的招商引资；评估组主要负责评估全县老年人的服务需求、健康状况、护理等级等，评定养老机构的服务质量以及养老从业人员的服务技能；服务组主要负责保障全县老年人的合法权益，协调解决养老机构发展存在的政策难题，为老年人和养老服务从业人员提供专业的心理疏导服务。各工作组人员可由相关职能部门业务骨干和外聘专家共同组成，部分工作组可以采用服务外包的形式实现工作职能。

2. 健全全县养老服务工作机制

为加快推进养老服务体系建设，新田县应健全全县养老服务工作机制，推动养老服务发展。一是建立养老发展专题会议制度，六个工作组按照“一月一推进、一季一反馈、一年一调度”及时解决养老发展中遇到的各种新情况、新问题，形成共识并推动实施。二是制定特困供养入住率提高方案，将特困供养入住率纳入各乡镇年终考核，充分发挥养老服务企业专业力量，提高入住率。三是坚持养老机构公建民营发展模式，加大政策扶持力度，始终把养老服务的社会效益放在首位，经济效益次之，继续支持湖南康乐年华或引进企业运营其他养老机构。

3. 加强养老服务中心的党建引领

坚持党的领导，加强党的建设，以党建引领养老服务各项工作，充分彰显党建工

作在养老服务中的显著优势。一是充分发挥党员的先锋模范作用，结合“我为群众办实事”实践活动，号召党员干部深入养老服务机构，与老年人结对子，解决老年人急难愁盼等实际问题。二是充分发挥党支部的战斗堡垒作用，号召全县893个党支部到5家养老机构开展长者生日会、长者卫生会、长者微心愿等各类爱老助老主题活动，让党旗在养老服务一线高高飘扬。三是充分发挥养老机构的党建引领作用，在县社会福利中心成立康乐年华党支部和老年党支部，其他养老机构成立党支部或联合党支部，党建促发展，党建暖民心。

（二）坚持以人民为中心的发展思想，筑牢养老服务基础

1. 加大养老服务投入兜住民生底线，提升特困集中供养服务质量

根据《特困人员救助供养实施办法》，特困人员是由政府兜底保障供养的。政府要加大投入兜住民生底线，提升特困人员供养服务质量。一是要完善特困人员医疗保障制度，整合特困供养、临时救助、医保等资金，将特困人员医疗费用报销比例由85%逐步提高至100%。二是要提高特困人员住院护理标准，可与人民保险公司协商，提高特困人员住院护理险支付标准，由原来的120元/天（90元护理费、30元生活费）逐步提高至180元/天（140元护理费、40元生活费），也可综合特困人员自身护理等级及住院陪护难度，设定住院护理等级，按住院护理等级支付住院护理费。三是要制定集中供养特困人员零花钱发放标准及发放制度，目前入住在新田县社会福利中心的特困人员没有发放零花钱，三井等其他乡镇敬老院零花钱的发放标准不一，既要制定零花钱发放标准、流程，又要保障零花钱切实发放、使用到特困人员身上。四是要提升特困人员健康管理水平，每年至少组织一次健康体检，建立健康档案，家庭签约医生要履职到位，加强日常健康管理工作。

2. 发展特色产业壮大家庭经济基础，提高家庭养老服务支付能力

要想提高养老服务的支付能力，发展才是硬道理。结合新田县情，探索发展特色产业壮大家庭经济基础具有现实意义和可行性。一是流转土地发展特色种养殖业，例如，东升农业通过土地流转，以“委托种植、技术指导、定价收购”的方式建立了万亩现代蔬菜产业基地；油草塘村通过土地流转，采取“合作社+农户”的模式，规模发展兔子养殖业。二是引进资本创建本土特色企业，例如，新田县五月豆香食品有限公司利用新田富硒资源，成功打造了“新田醋水豆腐”等具有本土特色的品牌。三是创新集体经济入股机制，可采用资金、土地、劳动力等多种入股形式，例如，谈文溪村以资金入股的形式获得“会飞的鸡”收益分红，河山岩村村民以土地入股形式获得红心柚收益分红，云溪欧家村村民以劳动力入股形式获得烤烟生产收益分红。

3. 制定本县养老服务助企惠企政策，推动社会资本参与养老服务

2021年11月18日，中共中央、国务院印发《关于加强新时代老龄工作的意见》，提出各地要通过直接建设、委托运营、购买服务、鼓励社会投资等多种方式发展机构养老。要想推动社会资本参与养老服务，就必须制定相关养老服务助企惠企政策。一是要延长免租期限降低租金标准减轻企业压力，湖南康乐年华签订的新田县社会福利中心合作协议中免租期只有一年，每年的租金在50万元以上，加之前两年因为疫情，养老机构大部分时间处于封闭管理状态，托养人员较少，企业面临较大生存压力。二是要落实养老机构床位建设补贴和运营补助政策，按照国家相关补助标准，结合新田实际，可以采用“以补抵租”或“先交后返”形式给予企业扶持。三是要建立养老服务岗位津贴制度，对于县内养老服务从业人员根据服务岗位和服务技能给予50—200元/月的岗位津贴，提高养老服务人员薪酬待遇。

（三）坚持发挥我国社会主义制度的政治优势，形成全县养老服务高质量发展的共同意志、共同行动

1. 广泛动员，汇聚全县各界力量，形成共同意志

“未富先老”是我国养老发展的现实问题，我们需要广泛动员，汇聚全县各界力量，形成共同意志。一是要加大政府投入力度，投入200万元资金在新田县福利中心建设全县智慧养老服务中心，将县福利中心打造成省级智慧养老服务示范点。二是要鼓励社会力量参与养老服务，将龙泉、三井、骥村、大坪塘四家敬老院以委托运营的形式交由专业的养老服务企业运营管理，支持社会力量以购买服务的形式开展秀峰、朝阳社区居家养老服务试点工作，积极宣传各类爱老敬老先进人物和感人事迹。三是要大力倡导家庭养老，厘清家庭、政府、市场的关系，明确家庭成员赡养老人的责任与义务，筑牢家庭养老作为养老服务体系中重要支柱的坚实基础。

2. 政府主导，保障养老服务要素，形成共同行动

养老服务需要政府主导，制定养老政策、创新运营模式、激发社会活力，保障养老要素，形成共同行动。一是要保障养老服务土地需求，县国土部门要与民政部门共同规划养老服务用地，通过征收、置换等方式储备好县城和乡镇养老用地。二是要保障养老服务资金需求，县财政部门要做好年度养老投入财政预算，县民政部门与卫健部门要加大项目申报力度，向上级部门争取更多养老领域专项资金。三是要保障养老服务人才需求，县人社部门要制定并组织实施养老服务人才培训计划，建立养老服务人才孵化基地，打造新田“护院铁军”养老服务人才品牌，结合实际制定养老服务岗位津贴发放政策。

3. 全民参与，建设养老服务生态，形成共享机制

全民参与，共商共建养老服务生态，共享养老服务成果。一是鼓励社会资本建设养老床位，可以通过新建、改建、共建等方式建设床位。二是建立全县志愿助老服务体系，以县福利中心智慧养老服务试点建设为契机，线上建立志愿助老服务云平台，线下建立志愿助老服务兑换超市，志愿服务时长有记录，可兑换转赠超市物品，超市物品由政府和社会捐赠予以保障，形成线上线下相结合的志愿助老服务新模式。三是探索建立养老服务保险机制，在特困人员住院护理险的基础上，进一步与人民保险公司总部协商，拓展其他养老服务保险项目，逐步扩大被保险人员范围，提高保险金给付标准。

（四）坚持实施精准方略，推动养老服务健康可持续发展

1. 摸清底数，分类施策

全面摸清县内老年人养老服务需求信息，掌握老年人养老服务底数，建立县级养老服务数据库，坚持“兜底扶弱普惠”的养老服务原则，针对不同情况，分类施策。一是兜住养老服务民生底线，优化环境、完善设施，增加床位，不断满足特困人员的供养需求；在741元/月的特困集中供养金基础上再次提标，不断提高特困人员集中供养服务水平；通过加强监管或购买服务的形式，保障分散供养特困人员的养老服务需求。二是提高弱势群体补助标准，残疾人两项补贴在70元/月的基础上提高20元/月，低保金在原有基础上提高30元/月，高龄补贴年龄标准从90岁下调至80岁，高龄补贴金额从100元/月提高至150元/元。三是建设普惠性养老服务机构，针对失能失智刚性养老服务人群，加大财政补贴力度，创新机构运营管理模式，将失能失智的综合托养费从人均3100元/月降至2400元/月。

2. 划分阶段，短长结合

养老服务是一项长期性的民生工程，不可能一蹴而就，需要结合实际，划分阶段、分步实施，同时还要充分考虑短期目标与长期目标相结合。新田县养老服务短期目标主要是指在两年内通过加大投入、加强养老服务宣传、提升服务质量、引进社会资本、培养人才队伍、调整费用标准，把现有5家养老机构的入住率从28.8%提高至70%。新田县养老服务长期目标主要是指形成以“特困供养为基础、社会刚性养老为核心、居家养老服务为重点”医养融合的养老服务体系，实现人群全覆盖、运营可持续、服务有品质的养老服务高质量发展模式。短期目标与长期目标相结合，一是要通过委托管理龙泉、三井等养老机构的方式提高养老服务质量，加大各级各部门考核力度，充分发挥专业养老服务企业力量，解决当前入住率的难题。二是要充分发挥养老服务工

作领导小组职能，压实政策、人才、金融、宣传、评估、服务六个养老服务工作组的责任，有力推动新田养老服务的发展。

3. 试点先行，逐步推广

养老服务需要坚持试点先行、逐步推广。一是扎实推进县城日间照料服务中心示范点建设，以5A的标准建设秀峰社区日照中心，以4A的标准建设朝阳社区日照中心。二是逐步推进农村社区居家养老服务中心示范点建设，在潭田、秀富里村开展农村养老服务试点工作，继续探索破解农村养老服务难题，发展低成本、可持续、可复制的农村互助养老服务。三是大力建设医养融合机构养老服务示范点建设，县社会福利中心与县中医医院合作，共建“养为基础、医为保障”“服务融合、技术融合、床位融合”的医养融合发展典范。

（五）坚持调动各方面的积极性、主动性、创造性，激发养老服务内生动力

1. 调动农村力量，探索离家不离村农村养老服务

近年来，新田县农村高龄、留守、独居的老年人越来越多，农村老人如何养老？充分调动农村力量，探索离家不离村农村养老服务模式或许值得尝试。一是要保障农村养老服务资金来源，可以借鉴潭田村“村集体补助一点、志愿服务一点、家庭承担一点、社会捐赠一点”的经验，探索符合本村实际的养老服务资金来源。二是要稳定农村养老服务人才队伍，可以拓展延伸农村公益性岗位服务内容，设置农村养老服务与公益性岗位相关联的机制，也可以采用“财政奖补+村集体补助”的形式设置农村养老服务公益性岗位。三是要满足农村养老服务基本需求，主要提供生活照料、住院护理等方面的服务内容，满足农村老年人的基本养老服务需求。

2. 调动社区力量，建立邻里互助的养老服务平台

依据“9073”可知7%的老年人在社区养老，社区养老服务更容易为广大老年人所接受。在社区建立邻里互助的养老服务平台需要充分调动社区力量。一是要建设社区服务场所，可结合社区服务中心进行建设，如秀峰社区养老服务中心建在秀峰社区服务中心的同一栋楼内。二是要建立社区帮联机制，组建社区老年互助社，帮助社区高龄、独居、失能、困难等老人结对子，定期组织互助活动。三是要设置专职服务岗位，统筹管理社区养老服务，收集社区老年人的养老服务需求，对接医疗、社工、护工、救护等专业力量，组织各类助老志愿服务活动。

3. 调动机构力量，建设标准化专业化的养老服务

依据“9073”可知3%的老年人在机构养老。机构养老往往被称为刚性养老，尤其是失能失智老年人的养老更是离不开专业的机构养老。要想建设标准化专业化的养老

服务，就需要充分调动机构力量。一是鼓励社会资本参与机构养老建设，以直接投资、委托运营、购买服务等方式参与机构养老服务。二是加大机构养老扶持力度，制定机构养老减免税收、减租减息、补贴补助等多项优惠政策，让企业能够专心投入机构养老服务。三是开展养老机构服务质量标准化建设，严格按照国家标准开展养老机构服务质量标准化建设。

（六）坚持弘扬和衷共济、团结互助美德，营造全社会爱老敬老助老的浓厚氛围

1. 加强传统孝道文化教育宣传，强化家庭养老服务功能

依据“9073”可知90%的老年人在家庭养老，相对于其他养老方式，家庭养老的成本更低，家庭能给老人带来最大的幸福感。强化家庭养老服务功能，需要加强传统孝道文化教育宣传。一是要开展孝文化宣传系列活动，推动孝道文化教育宣传进学校、社区、单位，形成孝道文明新风尚；二是要开展孝道模范家庭评选活动，通过媒体大量宣传孝文化事迹，树立孝道模范家庭典型；三是要督促子女履行赡养老人义务，对不履行赡养老人义务的子女要通过言情、讲理、明法，让其意识到自己的赡养责任，履行赡养老人义务。

2. 建立全县养老服务认证平台，提高养老人员社会地位

本文提到的养老服务认证是指针对养老服务人员的服务能力认证，通过建立全县养老服务认证平台，让养老服务人员感受到自身的价值和社会的尊重，以达到提升养老服务人员社会地位的目的。一是明确养老服务人员范围，按照相关规定给予公共服务优惠，如符合条件的养老服务人员可以免费乘坐公交车等。二是建立养老服务人员资格认证平台，对其服务内容、时间、技能、资格等进行认证，并根据服务资格给予相应补贴，如护理员岗位津贴。三是建立养老服务人才数据库，对全县养老服务人才进行定期评价与评估，指导养老服务人才在全县养老服务机构内流动。

3. 搭建全县助老志愿服务平台，倡导社会各界有序助老

大力弘扬“奉献、友爱、互助、进步”的志愿服务精神①，搭建全县助老志愿服务平台，倡导社会各界有序助老。一是搭建助老志愿服务平台，将县内志愿服务组织与各类志愿服务队、社会公益组织整合为“助老志愿服务一体化平台”，帮助老年人在志愿服务平台发布需求，志愿者则根据自身条件匹配承接相应服务内容。二是开展智慧助老志愿服务行动，定期开展“我来教、您来学”志愿助老活动，提高老人使用智能电子设备的能力，拉近老人与数据时代的距离。三是倡导老年人健康主动养老，创建

① 张翼、陆士桢、赵定东、谭建光：《中国志愿服务事业发展笔谈》，《中国志愿服务研究》2020 年第 1 期。

更多让老年人可参与的活动，让老年人在社会参与中感受到身心愉悦、身体健康，将被动养老转化为主动养老、快乐养老。

（七）坚持求真务实、较真碰硬，实现养老服务高质量发展

1. 严实结合，狠抓养老服务监管

要通过严实结合，狠抓养老服务监管。一是严格养老机构监管，加强消防安全、食品安全、持证上岗、规范管理等常态化监管工作。二是严格服务质量监管，县人社部门和民政部门定期对养老从业人员进行考核，提升养老服务质量。三是严格待遇落实监管，加强对引进职业院长、高级护工、老年社工、心理咨询师等专业人才薪酬待遇、岗位补贴等落实情况的监管。

2. 严格考评，促进养老服务提质

要通过严格养老服务考评，促进养老服务提质。一是严格养老机构服务标准检查，县民政部门按四星级养老机构服务标准对照检查县社会福利中心，按二星级养老机构标准对照检查龙泉、三井、骥村、大坪塘敬老院，提高全县养老机构服务质量。二是严格养老机构服务星级评定，确保县福利中心顺利通过四星级养老服务机构评定，充分发挥县福利中心示范引领作用。三是严格养老机构服务信用监管，制定养老服务信用奖惩机制，推动养老服务诚信健康有序发展。

3. 实干为民，注重养老服务成效

要坚持以人民为中心的发展思想，为民实干，深入基层，解决好新田县养老发展“服务谁”“谁服务”“怎样服务”的问题，注重养老服务成效。一是要加大养老服务基础设施投入，持续提高特困人员供养水平，给予特殊老年群体更多实惠，逐步提升全县老年人福利待遇。二是要制定养老服务人才激励补助政策，打通养老服务人员职业晋升通道，持续关爱养老服务人员的身体健康和心理健康，逐步提升全县养老服务人员社会地位和薪资待遇。三是要因地制宜，探索灵活多样的服务形式，如在县福利中心开展失能失智普惠性托养服务，在秀峰社区建设家庭养老服务床位，在潭田村建立互助养老服务模式。

郑飞系中共新田县委党校副校长；唐潇系中共新田县委党校讲师。本文是2022年湖南省委党校（行政学院）系统社会科学规划课题结项成果。

让红军遗址说话　将红色历史再现

——关于新田县红军长征历史遗迹保护开发的调研报告

欧利仁

新田县地处湘南腹地，东达郴州、西接永州、北抵衡阳，素有永州的“东大门”之称，是湘南、赣南、闽南间的交通要道。1934 年 8 月 19 日至 29 日，红六军团“二进二出”新田，足迹遍布全县大部分乡镇，在这块红色沃土上留下了大量的红军遗迹、红色故事、革命文物。每一座遗址背后都有一段荡气回肠的故事，每一处文物都见证了一段艰苦卓绝的奋斗史。时光荏苒，沧桑巨变，不能让红军遗迹因时代变迁而褪色，不能让红色历史因时间流逝而湮灭。按照习近平总书记有关革命文物保护的指示，切实把红色文物发掘好、保护好、开发好、传承好，为此课题组对新田县红军长征历史遗迹进行了调研，旨在“激活”红色文物，铭记党的历史，赓续革命精神。

一、红军过境新田概述

1934 年 8 月 7 日，为了调动和牵制敌人，减轻对中央苏区的压力，任弼时、萧克、王震率领红六军团 9700 余人离开湘赣根据地，一路向西，穿越郴宜公路，绕过桂阳县城，向新田挺进。8 月 19 日始，红六军团从桂阳境内兵分两路进入新田，途经莲花、知市坪、大坪塘、龙泉、冷水井、毛里、茂家、三井、毛里、石羊等 10 个乡镇的近百个村庄。

（一）红六军团攻克的第一座县城

1934 年 8 月 19 日，担任红六军团探路任务的先遣团（49 团）接到了攻打新田县城的命令，第 3 营从桂阳县的古楼、芹溪胡家进入新田县的白杜窑村，经知市坪、大坪塘、白杜、霞落岭，直驱城南的南门桥、东门桥。在欧家塘短暂休整后，发起了攻打新田县城的战斗。经过近一小时的激战，全歼守城的保安团，缴获枪支 160 余支，红军进入新田县城。新田县城，是红六军团攻克的第一座县城，也是抵达湘西前唯一攻克的县城，而且是首战告捷。

（二）小源会议闪光芒

8月20日，红六军团主力部队由桂阳的赵家下进入新田境内，军团司令部设在永郴交界的莲花小源村。当天晚上，红六军团在小源公祠召开师团以上干部会议（史称小源会议），议题是分析了敌我态势，制定了北进阳明山，于零陵渡湘江向湘西的行军路线。小源会议对于红六军团能否摆脱敌人的围困、胜利到达湘西与贺龙领导的红二方面军会师起了关键的作用。

（三）“二进二出”新田堪称“四渡赤水”

8月19日开始，红军从东部的小源和白杜窑方向进入新田，8月21日，军团会师于县城；8月22日晚，红军撤离新田向零陵方向进军，欲抢渡湘江北上与贺龙率领的红二军团会师；由于敌人重兵把守，渡江船只被破坏，军团折回阳明山，8月27日拂晓，红军从西北祁阳宁远方向二进新田，29日，主力部队撤离新田前往郴州嘉禾境内。红军“二进二出”新田，起到了保存实力、迷惑敌人、探明路线的作用，至今坊间把这段传奇历史称为当地的“四渡赤水河”壮举。

二、新田县红军长征历史遗迹的分布情况

（一）小源会议旧址

位于距县城以东10公里的小源村，此地自古为东出郴县、北上衡阳长沙的商贾之地。旧址原名丽正书斋（门楣繁体四字仍清晰可见），为该村刘氏宗祠，典型的湘南建筑风格，始建于清代咸丰年间，呈坐北朝南走向，青砖本瓦结构，内设天井、戏台，设计精巧，布局合理。旧址内存放着红军使用过的马灯、电文，红军发动群众使用的大刀、长矛、土枪、土炮以及军团领导人合影等重要珍贵文物。现为省级文物保护单位，已开发成爱国主义教育基地、红色旅游打卡景点。

（二）红六军团司令部旧址

小源会议旧址向北，沿一条青石铺成的小路，步行50米，有一处普通民宅，青砖木瓦结构，大约40平方米，房前一扇老式木门，门楣挂有“红六军团司令部旧址”牌匾。1934年8月20日，任弼晨、王震、萧克等军团首长在此暂居一宿。旧址前有一块小广场，立有红六军团四位领导人的仿铜雕塑，供后人瞻仰。

（三）西征文化纪念园

位于县城南青云公园旁，始建于2013年，旨在纪念红六军团1934年过境新田、挥戈西进的伟大壮举。红军1934年在此驻扎，商议攻打县城的决策，园内有一条红军小道。公园占地36亩，主体由烈士纪念碑、烈士事迹陈列馆、纪念广场三大部分构成。英烈事迹陈列馆展区总面积450平方米，整个展馆由序厅、革命时期、建设时期、改革开放时期四个展厅组成。其中，第二展厅，重点展出了红六军团“过境新田”的情景，重点展出了小源会议旧址、红军标语、行军路线图和红六军团领导群雕。

（四）战斗遗址

其一，县城古城墙及二羊岭战斗遗址。新田县古城墙沿日东河、日西河、嶷麓山而建，呈三角形结构，易守难攻。城墙以青条石为底，墙高5米、宽1.7米，全长3公里。城墙设有东、西、南、北四门，城门上设有谯楼，各装备一门生铁铸造的形同小猪的土炮（猪崽崽炮），具有一定的杀伤力。当时县内驻有国民党保安团近200人，城北敌人建有二羊岭炮楼一座，驻敌20人。

其二，羊角岭、乌龟岭战斗遗址。1934年6月，反动派获知红军逼近新田的消息后，急令各乡保抽丁派款，在永郴交界的知市坪白杜窑村的崇山峻岭上，重新加固羊角岭、乌龟岭二座炮楼，安排地方保安团把守，意图阻止红军入境新田。红六军团17师49团先遣部队从桂阳芹溪胡家进入新田，在当地民众的支援下，经过激烈交战，拆除了羊角岭、乌龟岭二座炮楼，为主力军团入境新田扫除了障碍。

（五）红军标语

红军进入新田后，军事上与敌人周旋战斗的同时，又做宣传思想工作，在沿途村庄的公祠、石柱、木板、墙壁上写下大量的宣传标语，初步统计数量达15幅之多，现存的标语以县城最为集中。

共产党十大政纲。新田县文庙位于旧城区的老街地段，人流众多，自建县以来就是举办文化、礼仪活动的场所。1934年，红军先遣队攻克新田县城后，在文庙东南角的围墙上，书写了党的六大制定的《十大政纲》，这是迄今为止新田县发现的保存最完整、字数最多、最符合原貌的红军宣传标语，距地面1.8米，占墙面3.3平方米。

红军标语墙。在如今新田县总工会办公楼墙壁上，誊写着“红军是工农的武装”的巨型标语。据考证，这是复制品，原品写在当时原新田救济院（已毁）土墙上。这幅标语，字体很大，最高的“农”字高达近3米，将近一层楼高，矮一点的“工”字也有2.4米高，整幅标语长达21米，所采用的红色墨水是含铁量高的红土粉碎加水搅拌后而成，撰写的笔则是用笋壳锤细后扎成的。据文史专家考证，这是红军长征期间在湖南境内留下的最大标语，这面墙面因此也被称为红军标语墙。

另外，境内还遗留有“打倒土豪劣绅”“铲除贪官，耕者有其田”“活捉蒋介石”“活捉陶广”“活捉王东原”“对日宣战”等若干标语。遗憾的是，这些标语部分原址已经消失。这些红军标语既严肃认真，宣传了红军抗日主张，联合工农兵、耕者有其田的政治主张，又不失灵活诙谐。比如“对日宣战”四个大字，乍看上去，既是宣传标语，又是一幅生动活泼的图画。

（六）红军墓

据《新田县志》记载，1934 年，中国工农红军第六军团攻克新田县城后，红军对盘踞在县城西北的残余敌人进行围剿时，三名红军战士身负重伤牺牲在周七家村西北山地里，周明梓等六位村民将三位红军战士合葬在一起，封普通墓堆，现占地面积约 200 平方米。每年清明节、霜降，村民都自发前来悼念和瞻仰，延续至今。

（七）红军医院

潭田村位于县城东部门户，战略位置显要，村西北阳明山余脉有一处喀斯特地貌岩洞，面积约 150 平方米，当地人称为逍遥岩洞，用于旧社会村民躲避战祸之用。1934 年，从小源方向过来的 40 多名重伤员在此疗伤，逍遥岩洞变成红军临时医院。据村民回忆，当时条件极其简陋，没有专门的医护人员、医疗药品、病床，红军战士只能就地取材，砍伐树木、茅草搭盖病床、治疗室、手术室，采集山里的中草药为伤病员治疗。老百姓见此仁义之师，主动为红军伤病员送粮、送草药、家禽、鸡蛋等，时任红六军团组织部副部长李贞感慨地说：“这真是一个养伤的好地方。”

（八）红军渡

新隆镇心安村内的红军渡（红军桥），横卧在湘江中段支流舂陵江上，江面 30 多米，水流平缓，自古为永郴交通要道。1921 年，乡民自发筹资修建一座四拱桥，称之为永济桥，寓为永保平安之意。桥面是青石板铺盖，桥两侧是青石栏条，桥上还盖了长亭子，现经修缮保存完好，仍在发挥交通作用。1934 年 8 月，红军先头部队 300 余人从郴县桂阳方向的十字圩出发，经古楼圩、七里坪等地，来到舂陵江边的心安村，欲渡河到对岸，为红六军团主力西进新田探路，当天宿营郑氏宗祠。为缅怀这段历史，心安人民将先前命名的“胜利渡”改为“红军渡”，永济桥改为“红军桥”。

（九）红军遗物

一盏锈迹斑斑的马灯，平静地躺在新田县文史陈列所里，时不时送到小源会议旧址展览，供后人瞻仰。这盏平凡的小小的马灯，见证了一段短暂而又传奇的军民鱼水情。1934 年，红六军团主力部队夜宿在莲花乡小源村，纪律严明，秋毫无犯，以天为被，以地为床，无论是军团首长，还是普通战士，横七竖八躺在猪舍牛栏、田埂小溪边。村民刘祖康见状，于心不忍，遂邀请军团首长任弼时等人入屋居住。刘氏家贫，世代为农，家中无钱买煤油灯，屋内漆黑一团，但苦学上进，时常上山割松油供晚上读书之用。红军临行前，首长将一盏马灯赠予刘氏作为纪念，激励他求学上进。

（十）其他遗迹

调研发现，县内还有红军楼、红军山、红军灶、红军小道、红军井、红军旧居，以及至今散落民间的红军遗物、红军故事、重要文物等，仍需进一步挖掘、鉴别、整理。

三、新田县红军长征历史遗迹保护开发中存在的问题

（一）部分遗址处于“濒危”状态

由于年代久远，受自然和人为因素的影响，不少的红军遗迹、遗址、文物，要么消失，要么损毁严重。比如县城古城墙，由于城市扩张和保护意识的欠缺，目前只在西门井还残留 10 米长的残垣，城北的二羊岭炮楼遗址已经扩张成现在的中山商业街，遗址早已荡然无存，甚至一张照片也未能存留下来。又如，红军标语，原迹大部分已无法考证，只能依靠文史资料和当事人回忆来搜集，现在保存完整的共产党十大政纲的红军标语，同样面临着脱落、褪色的风险。

（二）遗迹深入挖掘不够

红军过境新田，短短 11 天，但在这片红色沃土中留下众多的红色遗迹，至今流传着很多感人肺腑的红色故事和不可磨灭的红色文物。目前已经得到保护开发的有小源会议旧址、西征公园、红军桥、红军墓等遗址，但对于红军树、红军楼、红军井、红军小道以及流传于民间的打土豪、分田地、惩恶霸的红军故事、红色人物、红色事迹、红军遗物等发掘不够。另外，一些遗留民间的红军生活用品、战斗武器、军服、信件等物件，由于具有一定的社会价值和经济价值，当事人也不情愿上交文物部门。

（三）文物保护修缮不当

部分红军遗迹，属于木质建筑，易受风化、雨水、虫害的破坏，有些已经倒塌、脱落。一些有历史文化价值的石柱，有些被盗或不翼而飞，这给文物修复工作造成极

大困难。在修缮或复原红色文物时，缺少文史专家的专业指导，所选用的材料、字迹、色调很难做到古色古香、原汁原味，比如复拓的“红军是工农的武装”标语在字迹、字体大小上与原貌有一定出入。在修复红军井、红军桥时，缺失的青石、受损的窟窿，仅仅用现代的钢筋水泥来修补或替代，视觉上与古建筑不伦不类、格格不入，未能做到“修旧如旧”。

（四）遗址开发力度不大

目前开发利用较成熟的只有县城宝塔山的西征公园和金陵镇的小源会议旧址，被打造成为党性和爱国主义教育红色基地，但无论规模、内涵挖掘都显得档次低，没有专业的解学员，文物陈列少，文物内在价值、信息挖掘也不够。究其原因，一是有的遗址属于私人财产，部分旧房还有人居住，存在所有权与管理权脱节的矛盾，不宜纳入整体开发范围；二是由于财政资金投入有限，致使不少红军遗迹缺少保护。比如最近新发掘的红军使用过的灶台，村民要在原址建房，文保部门又拿不出资金来给户主补偿，只能草草了事，更谈不上修复开发。

（五）文史资料研究不足

对于这段峥嵘岁月的史料研究，主要是散落在《新田县志》《中国共产党新田历史》《嶷麓山下红旗飘》等书籍中，目前没有专门介绍这方面的权威资料，导致在研究和宣传这段地方红色史时，纰漏百出，甚至自相矛盾。比如三名红军战士牺牲时间，县志记载的是 1933 年，其他书籍记载的是 1934 年。另外，当时红六军团撤离新田时，有 260 多名红军伤病员留在新田，继续带领当地群众开展革命斗争，但对这些红军战士的后来去处，已没有史料记载，或者被俘牺牲，或者化整为零，或者康复后与后续的红军主力汇合，这些都成了史料研究的谜团。

四、新田县红军长征历史遗迹保护开发的建议

（一）加大挖掘力度，让红军遗迹“再现”

一是核实在新田牺牲的红军战士姓名、数量，找寻分布各地的遗骸，条件允许可集中安置在西征纪念公园，这是对革命先烈的最好祭奠。二是组织专家，本着科学严谨的态度，对红军遗留下的物品、物件以及散落民间口口相传的红军人物、红军故事、红军事变进行去伪存真的鉴别、发掘和挖掘。三是动员、鼓励民间社会对文物保护事业的理解和支持，向政府捐赠红军遗留的文物，对具有较大价值的文物、史料、图片等资料，政府应该给予一定的奖励，以便充盈红色宝库，让尘封的文物得以重现。

(二) 加大保护力度，让红军文物“保鲜”

一是开展全县范围内红军遗址的普查工作，核定遗址、文物的分布地点、现状、数量、种类，对革命遗址进行了挂牌保护，为红军遗迹“建档立卡”；二是以历史史料为依据，按照“修旧如旧”的原则，对长征期间的3座炮楼和部分红军标语等破坏严重的遗址进行抢救性保护，对小源会议旧址、红军墓、红军小道、红军树进行预防性保护；三是在开发红军景点、打造红色路线时，应坚持严肃性，反对过分商业化模式，同时还须加强景点周边环境的整治工作。

(三) 加大开发力度，让红军遗址“复活”

一是用好红军遗迹这本“活教材”，设计“看红军遗址、听红军故事、重走红军路、唱红军歌谣”活动，让红军景点成为青年学生和广大党员领导干部的爱国主义教育基地。二是把包括红军遗迹在内的红色资源与全域旅游开发结合起来，打造小源会议旧址、西征纪念公园和文庙红军标语墙三个重点旅游景点，开发相应的旅游路线，让红色资源“活”起来。三是深挖红军长征过新田的历史，利用好“党校+基地”两个阵地，打造出具有本地特色的红色现场教学、观摩教学、体验教学基地。四是运用现代VR技术、全息技术，把当年召开小源会议、攻克新田县城的场景以及任弼时、王震等红军首长上荧屏，再现当年的场景。

(四) 加大宣传力度，让红军故事“说话”

革命文物、红色遗迹、红军故事背后都蕴含了丰富的内在信息价值，是学习党史国史宝贵的红色基因库，是接受红色教育、淬炼初心的重要场所。要按照习近平总书记的叮嘱，利用好本土红色资源，“讲好党的故事、革命的故事和英雄烈士的故事”，让红色江山世代相传。一结合党史军史教育，讲好红军“二进二出”新田艰苦卓绝的战斗史、辉煌史。二是讲好新田人民支军、参军、拥军和红军帮新田人民斗地主、惩恶霸、分田地“军民一家亲”的历史。三是结合新时代精神，讲好王震将军两次来新田以及他与“南有新田”赞誉由来的历史。

欧利仁系中共新田县委党校讲师。本文获2021年湖南省委党校（行政学院）系统理论研讨会二等奖。

湘南红色研学旅行产品开发调研报告

——以永州市新田县为例

彭　勇

为加快推动永州市文化、生态、旅游产业深度融合，全力打造国家文化生态旅游名城，2022年1月10日，永州市政府办公室印发了《关于促进永州市旅游发展的十条措施》，《措施》包括强化旅游资源统筹管理、鼓励社会资本参与建设、深化景区运营机制改革、加强文旅品牌创建营销、积极开展文旅节庆活动、大力发展研学旅行、支持发展康养旅游、整合开发旅游文创商品、扶持旅游行业做大做强、强化保障措施这十个方面。在大力发展研学旅行方面，对当年新评为国家级、省级研学旅行基地（营地）进行奖励，对组织外地学生来永研学的，参考"引客入永"奖励标准，进行奖励。开展"百万学子研学永州"活动。2022年8月17日永州市红色文化旅游节暨永州市红军长征路线县（市、区）联盟启动仪式在新田县小源村红军学校启动，这为新田县红色旅游和红色研学的发展提供了良好机遇。

2021年新田县全年共接待游客420万余人次，实现旅游收入32亿元。2021年，新田县近16所中小学，6千余名中小学生参加"重走长征路"主题红色研学活动。因此，本调研报告以新田县为例，对湘南红色研学旅行产品开发进行研究，具有一定的实践意义。

一、新田县红色研学旅行产品开发现状及存在的问题

（一）新田县红色研学旅行产品开发现状

1. 新田县红色旅游资源开发现状

新田县富有光荣的革命传统，是第二次国内革命战争时期的湘粤赣革命老区的一部分，是革命老区县，也是红六军团在西征途中攻克的第一个县城。在这片红色的土地上，留下了我党我军领导人任弼时、萧克、王震等人的足迹，涌现出了一批杰出的

革命先驱，其中有我党早期杰出的无产阶级革命家、著名的工人运动领袖、我党早期最具影响力的军事将领之一的蒋先云，工运领袖萧明，有血洒抗日前线的爱国将领郑作民等。在解放战争时期，有一大批新田人参加了如火如荼的革命运动：有在共产党领导下成立地方武装的陈醒悟，有早期工运领导者刘惕恒等。1949 年 10 月 10 日新田县解放，在解放时期，社会主义建设时期有不少烈士牺牲，许多承载着红色基因和革命传统精神的纪念地和标志物，催生出壮美瑰丽的红色文化。

新田县现有革命遗址遗存 10 余处，其中小源会议旧址、蒋先云故居、萧明故居、红军标语墙等 4 处被列为省级重点文物保护单位，具体分类如表 1 所示。

表 1　新田县红色旅游资源分类

序号	类型	代表性景点
1	重要机构旧址	小源会议旧址、蒋先云故居、萧明故居
2	纪念设施	大坪塘白杜尧村红军烈士墓、田家岭烈士墓、西征公园、烈士纪念碑等
3	战争或重大事件发生地	新隆镇心安红军渡口、白杜尧村红军路
4	其他与红色文化相关的具有代表性的遗址、遗迹	总工会院内红军标语墙、小源红军灶、红军马灯等

近年来，县委、县政府很重视红色文化资源的保护开发，准确把握国家政策导向，升级了现有“一园一址三故居”（烈士纪念园、小源会议旧址、萧明故居、蒋先云故居、郑作民故居）。从改进陈列方式、创新展示手段、丰富展示内容等多方面入手，完善基础设施和服务接待功能。

2. 新田县红色研学旅行产品开发现状

近年来，新田县以“传承红色基因，牢记初心使命”“缅怀革命先烈，传承革命精神”“缅怀革命先烈，放飞中国梦想”等为主题，大力开展一系列缅怀革命先烈，传承革命精神的革命传统教育活动，红色研学日益火热，具体产品如表 2 所示。在红色教育进校园活动中，除了开展红色讲座、红色经典朗诵等校内活动，新田县创新红色教育，跳出原来“课堂听课”的固有模式，把新田革命遗址开发成现场教学课堂，打造 2 所“红军小学”，组织培训 8 名“红领巾讲解员”到革命遗址开展义务讲解。新田县推进红色文化进校园成效显著，如新田县一中、新田县二中、瑞华实验学校每年举行“弘扬长征精神，重走长征路”15 千米徒步拉练活动；大坪塘镇银塘小学每年在蒋先云烈士故居举行少先队新队员入队仪式。在清明、“五四”“七一”等节日，永州市多个学校组织师生到新田县的红色遗迹、遗址参观，开展队日、团日、党日以及公祭等活动。

表 2　新田县红色研学旅行产品

针对人群	主要研学路线	研学活动
中学生	“红军西征过境新田之小源会议”红色研学之旅：西征公园—小源会议旧址—红军灶	参观景点、聆听讲解、重走长征路、唱红歌、重温入（团）誓词、自制红军餐以及其他素质拓展项目
	传承革命精神红色研学之旅：蒋先云故居—白杜尧村红军路—白杜尧村红军烈士墓	
高年级小学生	传承革命精神红色研学之旅：西征公园—蒋先云故居	参观景点、聆听讲解、迎国旗奏国歌、敬献花篮、集体朗读以及其他素质拓展项目

资料来源：笔者根据新田县人民政府门户网站、新田发布等平台发布的信息整理而得。

（二）新田县红色研学旅行游客态度与行为调研分析

1. 调查过程

为深入了解新田县红色研学旅行游客的态度与行为，更好地指导红色研学旅行产品开发，笔者开展了走访调查，对新田县一中、新田县二中、瑞华实验学校、文广旅体新局进行走访，调查对象为参与新田县红色研学旅行的部分中小学生、班主任、学校领导及文广旅体新局分管旅游的领导，调查时间为 2022 年 6 月 20 日至 7 月 1 日。

2. 调查结果

（1）研学持续时间短，客源市场较为狭窄。调查结果显示，大部分的学生是第一次参加新田县红色研学旅行，且参加的红色研学旅行为期 1 天，持续时间较短，且 90%的学生都来自永州市及周边县区，客源市场较为狭窄。

（2）研学信息获取渠道多样。调查结果显示，通过书报杂志、亲朋好友推荐、电视广播和新媒体获取新田县红色研学信息的比例较大。在互联网时代，信息传播走向了多样化和多元化，学生获取红色研学信息的渠道较多。

（3）游客对红色研学景点的认知度不高。在参加新田县红色研学旅行前，走访调查的学生中表示对新田县红色文化有所了解，只有不到三分之一的学生表示比较了解新田县的红色文化，有近六分之一的学生表示完全不了解。学生认为新田县知名度较高的旅游景点主要是龙家大院、谈文溪景区和小源会议旧址、蒋先云故居。新田县其他重要的红色旅游景点如萧明故居和红军标语墙，学生表示有所了解的比例微乎其微。

（4）研学形式较为单一。调查结果显示，以景点参观的形式参加红色研学旅行的学生比例为58.18%，居于首位，其次是以户外团建活动和情景体验的形式参加红色研学旅行的学生，所占比例分别为48.53%和42.12%，以其他的形式参加红色研学旅行的学生所占比例小于8%，说明研学形式比较单一，缺乏新意，还需要进一步丰富。

（三）新田县红色研学旅行产品开发存在的问题

1. 红色研学景点知名度不高

目前，新田县红色研学旅行处于起步阶段，有一定的客源基础，但新田的红色文化旅游资源与周边祁阳市、道县等地的红色文化旅游资源相比，知名度仍不够高，新田县红色研学客源主要来自永州市内及周边县区。走访调查结果显示，新田红色研学信息宣传渠道比较多样，但宣传效率不高，多数学生对小源会议历史背景、蒋先云烈士事迹和新田县红色旅游景点不太了解。另外，目前市场上新田县红色研学旅行客源以永州市辖区县中小学生为主，研学旅行时间大都集中安排在周末或法定节假日，基本课程时间为1~2天，呈现时间短、日期集中的特点，新田县红色研学产品对中长距离的游客缺乏吸引力。

2. 红色研学产品缺乏针对性

学生参加新田县红色研学旅行大多采取参观景点的形式，研学旅行目的地一般为纪念馆、烈士故居或烈士墓园等红色教育基地，而红色教育基地通用讲解词和展陈形式主要面向成年游客，展示内容包括历史事件介绍、旧物和战争遗址，更为注重理想信念教育和党性教育，针对中小学生红色研学旅行进行设计的产品不多。如新田县还没有专业从事研学培训的机构，没有针对学生研学的具体课程。走访调查也显示，研学旅行的形式较为单一，主要集中在景点参观、户外团建活动和情景体验这三方面，而参加红色研学旅行的学生包含中小学各个阶段，每个年级学生的红色知识储备和理解能力各不相同，具有较大的差异性。红色研学旅行是学校独立组织的队日或团日活动，没有专业的研学导师和系统的研学规划，研学效果就难以保证。这样缺乏规范性的红色研学课程设计，导致新田县红色研学旅行产品针对性不强，学生难以获得良好的研学体验。

3. 红色研学产品文化内涵挖掘不足

新田县旅游资源丰富，文化底蕴深厚，红色文化、历史文化、山水文化与民俗文化交相辉映。人文底蕴深厚，仅近代就涌现出了革命先驱、“黄埔三杰”之首蒋先云，抗日名将郑作民等杰出人物。新田景色秀美宜人，有群山叠翠、生态优美的福音山国家森林公园，有省重点文物保护单位小源会议旧址，有佛、道祈福圣地南国武当山、南国第一堡大冠岭古堡，有“传统乡村的活化石”之称的龙家大院、谈文溪等古民居。有门楼下瑶寨风情、两江口盘王节文化村，这些绿色、红色、古色文化资源给新田文化产业开发打下良好的基础。

但新田县红色研学旅行产品多依托纪念碑园、纪念馆和红色革命遗址遗迹等红色资源进行开发，未能融合其他旅游资源，研学产品文化内涵挖掘不足，且红色研学旅行的学习形式以“走一走，看一看”的参观活动为主，不是学生喜闻乐见的学习形式，难以提高他们的学习兴趣，学生接受的红色教育不够深刻。走访调查显示，学生参加研学旅行非常注重体验和实践，而现有产品未能将红色、古色、绿色文化融合在研学旅游线路当中，未能充分发挥当地的旅游资源优势，深度开发红色研学旅行产品，无法满足中小学生多样化的研学偏好，难以激发学生们的学习热情和兴趣，产品缺乏吸引力。

二、新田县红色研学旅行产品开发策略

（一）以“红军长征攻克的第一座县城”为主题，树立红色研学品牌

新田县红色研学旅行开发应牢牢把握新田县红色旅游的发展基调，树立以“红军长征攻克的第一座县城”为主题的中小学生红色研学旅行产品品牌，打造以红军长征精神为主要内容的品牌内核。新田县应充分结合当地的红色旅游资源，打造“重走长征路”和“蒋先云故居之行”两条精品红色研学旅行路线，设计专业的研学方案，提供标准化的研学服务，以达到良好的研学效果。新田县应广开渠道加大红色研学品牌宣传力度，创新宣传方式，重点突出研学品牌亮点，提高吸引力。政府可通过举办主题推介会和重大庆典等活动，开展新田县红色文化宣传，打响红色研学品牌，还可携手线上平台通过直播、云游览等形式进行网络宣传，采取线上线下相结合的宣传方式，掀起青少年学习红色文化的热潮。相关机构与学校要形成合力，开展红色文化进校园主题教育，如组织校园主题红色文创活动和征文活动等，扩大红色研学品牌的知名度。

（二）完善配套设施与服务，加强红色研学旅行示范基地建设

在研学基地设施保障方面，新田县要开展革命文物资源专项调查和定期排查，加强新田县红色研学旅行示范基地建设，不断完善红色研学景区内部道路、步道、标识、停车场、厕所、消防安防、游客中心等配套设施，建立一批安全规范的红色研学基地。在研学基地接待条件方面，红色研学景区应对标《研学旅行基地（营地）设施与服务规范》的要求，不断完善配套设施和提升服务水准，解决好研学旅行中的食宿等问题。

在加强研学服务方面，红色研学景区要建立科学的安全管理制度，同时要注重培养“政治思想好、知识储备好、讲解服务好、示范带头好、社会影响好”的“五好”研学讲解导师，可与社会多方合作聘请特殊人才，如邀请当地老兵和烈士后代等讲述红色故事等。

（三）丰富研学项目，因地制宜开展多样化的红色研学活动

一方面红色研学活动形式要丰富多样，如红色研学项目包含在红军堂瞻仰一次红色圣地，在当年红军过境新田的故道走一趟红军路，在小源村吃一顿红军餐，扫一次烈士墓等形式多样的红色研学活动，为学生的研学实践提供更多选择。另一方面，红色研学活动的教育性、体验性和趣味性要增强。红色研学基地可以利用虚拟现实技术打造虚拟情境，营造身临其境的氛围。研学旅行过程中，学校还可结合实际安排内务整理、自制红军餐、观看爱国影视作品、讲述红色故事等实践活动课程。如在自制红军餐活动中，学生利用有限的食材和工具自主选择食材做饭，充分感受红军革命时期艰苦的生活条件。

（四）深挖红色文化资源，开发多层次红色研学旅行产品

新田县红色研学旅行产品开发应将学校、旅游企业和研学基地相互联系起来，深化“学校+红色研学机构+基地（营地）”模式，结合学生身心特点、接受能力和实际需要，打造适合学生的具有知识性与趣味性的红色研学旅行产品。一方面，红色研学旅行产品开发要将新田县红色研学旅行产品与传统红色旅游产品区分开来，将红色研学课程和传统党建区分开来，针对不同教育阶段的学生制订不同的研学目标，根据目标人群开发适合不同年龄段学生的产品，策划适合中小学生的专题展览和教育活动，在讲解内容、授课方式、研学活动和研学手册中体现层次性和差异化。① 红色研学旅行产品开发应结合中小学生的兴趣爱好，把握研学旅行线上线下融合发展的趋势，融入科技手段，搭建“研学+大数据”平台，实现红色旅游文创产品的创新发展。如在小源会议旧址和蒋先云故居可增设适合中小学生的文字解说资料和解说视频，开发 VR 游戏。另一方面，红色研学旅行产品开发要加强校企合作，推进研学旅行课程研发与优化。红色研学基地要遵循教育规律、体现时代特征，充分挖掘红色研学吸引物，设计具有当地特色的研学产品，开发“红军长征攻克的第一座县城”红色文化研学课程体系。各中小学校要把红色研学旅行纳入中小学教育教学计划，定期组织学生走进纪念

---

① 吴珂：《基于深度体验的河南红色研学旅游产品开发研究》，《太原城市职业技术学院学报》2019 年第 10 期。

馆和烈士陵园等红色研学基地，推动学校与红色研学基地良性互动。旅游企业或研学机构要统筹兼顾，根据研学基地实际情况和学校要求做好红色研学课程、线路设计开发与推广。

（五）融合红古绿资源，增强红色研学的吸引力

新田县的红色资源与自然资源交相辉映，与人文资源相辅相成，应充分挖掘红色资源的独特内涵，发挥其历史价值和教育功能，做好红色与古色、绿色资源的有效融合，以红带古、红古相容，以红推绿、红绿相长，以红促红、红红相扣，让学员在品味生态新田中铭记红色传奇，在享受生态氧吧的过程中感悟红色精神，实现“万绿丛中一点红”。

彭勇系中共新田县委党校讲师。本文获2022年永州市党校（行政学院）系统理论研讨会三等奖。

学 习 札 记

理论与实践相结合　素质与能力齐提升

——新田县委党校创新“课堂教学+7个2体验教学”模式

何　昕　黄海迪

如何抓好新形势下党员干部教育培训，切实提高其政治素质、理论素养和执政能力，是党校发展进程中不可回避、必须解决的问题。2019年以来，新田县委党校在干部教育培什么、训什么、如何管上求创新，探索以“两进两去”为主要内容的“课堂教学+7个2体验教学”模式，取得了教学相长、学员点赞的良好成效。

一、创新“课堂教学+体验教学”模式，解决怎么培的问题

新田县委党校顺应新形势下党校教育培训工作的需求，落实《中国共产党党校（行政学院）工作条例》的要求，在深入调研的基础上，转变传统教学模式，提出以“两进两去”为主要内容的“课堂教学+7个2体验教学”模式。

（一）专家授课+领导授课相结合，学员进课堂学理论

突出党的理论教育和党性教育的主业主课地位，坚持专家授课与领导授课相结合，邀请湖南省委党校霍修勇教授、湖南省理论宣讲省级专家库专家何昌盛等8位资深专家、教授来党校授课，重点安排“马克思主义哲学基本原理”“毛泽东思想与党性修养”“中国共产党为什么能”“国家安全与国防教育”等35个专题辅导。落实领导干部到党校讲课制度，紧扣新田实际，聚焦重点热点问题，邀请县委书记、县长、县委副书记等县级领导和县直有关单位主要负责人到党校专题辅导，增强授课的针对性和指导性，营造了“教干部、干部教”的良好学习氛围，领导干部授课课时占党校主体班总课时的比例达到25%。

（二）探索“7个2体验教学”，学员去基层体验

坚持开放办学，按照“互动式教学课程比重不低于总课时的30%”的要求，加强

与县内外学术研究机构、智库等的学术交流与合作，建立部门协同联动机制，构建“大党校”格局，高质量推进干部教育工作。县委党校与县委组织部、县人武部、县信访局、县农业农村局等单位充分沟通协商，制定“7个2体验教学”活动方案和7个子方案，组织开展务工两天、支农两天、经商两天、调纠两天、支教两天、军训两天、精读两本书的体验教学活动，让全体学员走出课堂，到扶贫村与贫困户同吃同住同劳动，融入群众，锻炼联系群众的能力；到信访工作一线，置身矛盾最前沿，提升服务群众能力；到人武部参加军事训练，野蛮体魄，树立超越自我、勇于胜利的雄心壮志；到企业务工、到学校支教、到商城经商，以最直观、零距离的方式，感受新田经济社会发展气息、触摸新田经济社会发展脉搏、体会基层真实的生产生活。例如，组织学员到县信访局开展“调纠两天”体验教学活动，安排学员们参观信访工作现场，学习信访工作流程和工作方式，在信访工作日，安排学员到县信访局接访中心与县委领导“零距离”接待来访群众。信访日当天，在信访局富有接访经验干部的指导下，学员共接待上访群众10批12人次。

（三）培养“开口能讲”的能力，学员进教室总结分享

为检验培训实效，学员在完成“7个2体验教学”后，再次进入课堂，围绕思想理论问题、体验教学体会、本单位亟须破解的重点难点热点问题，走上讲台，进行不少于30分钟的总结分享，并由党校老师和有关部门领导担任评委，现场打分测评，测评成绩纳入学分考核。

（四）培养“提笔能写”的素质，学员去基层调研

为撰写高质量调研论文，组织学员深入基层、企业等部门调研，完成结业论文。2020年上半年主体班，91名学员全部高质量完成学业，并上交了高质量的调研报告，其中，科干班38名学员主动认领单位一个或几个重难点工作，形成书面报告38份，为全县夺取脱贫攻坚、疫情防控和经济社会发展的“三胜利”出谋划策、添砖加瓦。

二、构建“两个有 三严格”的管理模式，解决如何管的问题

按照“严格管理、注重实效”的要求，健全管理制度，严格培训规定，改进管理方式，提高教育培训效果。

（一）强化教学管理，做到“两个有”

一是课程管理有制度。实施集体备课、新课试讲、质量测评制度。在教师自主备课的基础上，由县委党校教研室主任负责主体班专题集体备课工作。新课试讲主要针

对首次授课的新教师和主体班次新课，凡未通过试讲或审核要求的课题，一律不得纳入主体班课程。培训结束后，对教师教学情况进行综合汇总测评，对高于 95 分的教师，予以适当奖励，低于 80 分或无故减少教学时间 1/5 以上的教师给予处罚。二是课堂管理有纪律。坚持“科学探索无止境，党校课堂有纪律”原则，县委党校校委会不定期对课堂教学进行巡查，严肃课堂纪律。党校教师严格遵守党的政治纪律，在思想上、政治上始终同党中央保持高度一致。

（二）强化学员管理，做到“三个严”

一是严格学员百分制管理。为每个主体班配置一名班主任跟班管理，制定任务“清单”，并对学员出勤、入学与结业考试成绩、论文、党性锻炼或学习小结等 10 项任务进行量化打分。学分少于 70 分不予结业，纳入下一期培训班补训，学分高于 95 分方可按规定比例评选优秀学员。二是严格学员自我管理。将支部建在班上，成立主体班临时党支部、班委会、学习小组，围绕班级工作和活动明确其职责及分工。三是严格通报督查管理。与县纪委、县委组织部建立不定期联合督查通报制度，增强学员规矩意识，使铁的纪律逐步转化为学员的日常习惯和自觉遵循。

新田县委党校探索以“两进两去”为主要内容的“课堂教学+体验教学”模式，构建“两有三严”的管理格局，取得了明显成效。一是提升了政治素质。培训过程中，我们严格落实《中国共产党党校（行政学院）工作条例》中“党的理论教育和党性教育课程的比重不低于总课时的 70%”的要求，将理论修养和政治素质作为党员干部的立身之本、谋事之基，通过系统学习马克思主义基本原理、党史党章等理论知识，强化了学员理论武装。二是锤炼了党性修养。将党性教育、红色基地现场教学、撰写党性分析报告等党性教育贯穿于教学、管理全过程，组织党校学员在县烈士纪念碑前开展临时党支部主题党日活动，重温入党誓词，用铮铮誓言彰显初心使命；邀请 95 后援鄂抗疫战士蒋苏婷等学员分享心得，彰显年轻干部的勇毅担当。通过课堂讲授、现场感受、身边故事、党性分析，学员党性意识逐渐增强。三是提高了工作水平。开设“公文写作基础知识”“党员干部公务演讲实务”“县域经济的提质与发展”等专题课，解决了“提笔不能写”“开口不能讲”等问题。“7 个 2 体验教学”实现了理论与实践深度融合，让学员在实践体验中提升干事创业的能力。

何昕系中共新田县委党校常务副校长；黄海迪系中共新田县委党校讲师。本文发表在《永州日报》2020 年 8 月 6 日。

王震视察新田："神仙下凡问土地"

何　昕

1969年8月，王震同志以周恩来联络员的身份到湖南视察工作。8月3日至5日，他专程来到新田，先后视察了我县示范繁殖农场（即田家农场）和城郊的欧家塘大队。短短的三天时间，却给新田人民留下了永恒的记忆和感人的故事。

"你们的经验应该推广到全县全省去"

1969年8月3日上午8时，时任中共中央委员、国家农垦部部长的王震同志带着秘书伍绍祖在零陵地委秘书长朱静轩的陪同下，乘小车来到新田县示范繁殖场场部——田家农场。王震同志满头银发、身穿白色对襟唐装，神采奕奕地走下车来。到办公室落座后，朱静轩说明了王震同志是来了解农场生产情况的。王震同志询问了农场名称和时任农场党支部书记、革委会主任彭茂城的职务，并说不要搞什么招待，有一杯开水就行了。据王立山后来回忆："当接到地区通知要接待王老时，县领导集体碰头，商量怎样汇报和看些什么。有的说汇报要详尽，要看的地方给下边打个招呼，陪同王老来的省地领导也风光一点；多数认为京官出巡是走州过府，到了县一级就已经是深入下层，能听汇报就不错了。次日，我们在县办公室紧张地等候王老的到来，不见贵宾的影子，有人打趣说：又不是火车，还有什么正点啵。倒也是，后来接到电话才知道王老早到田家农场了。"

天气炎热，当时还没有电风扇，彭茂城就找了把蒲扇给王震，并按他的要求作了详细的汇报："我们场名叫'新田县示范繁殖农场'，创办于1951年。我是1962年调来的，现任农场党支部书记、革委会主任。"王震同志问当年场里搞了什么重点科技项目。彭茂城说："今年我场的重点是抓了'农垦58'的试验和扩种。听说这个优质品种还是您老人家从日本引进来的。"王震说："'农垦58'在日本是最高产的品种，亩产高达千斤，出米率高达80%。你们试种的情况如何？"彭茂城接着汇报："我县气候条件不同，栽培的技术也应有所不同。如果肥料水平达到了要求，亩产可达 800 斤，最高的跨千斤。去年有 5 亩过了千斤，跨纲要的还只有 40 亩。"王震鼓励说："才开始试验就搞到这个样子，算是很不错的了，实现了晚稻超早稻，是个很大的成绩。"彭茂城说："从今年晚稻的长势看，完全可以超早稻。从我场实践看，我们认为种粮要高产，时间上必须抓住'三个一'，即插完早稻过'五一'，插完晚稻过'八一'，播完草籽过'十一'。插秧时要保证株数，增加基本苗，提高有效分蘖数。'农垦 58'早插苗 25000 蔸，迟插 30000 蔸，立秋后必须插苗 35000 蔸。我场总耕地 600 亩，其中水田 500 亩，晚稻插了 480 亩，去年晚稻产量 67 万斤，今年可达 75 万斤。"

王震听得很认真，精神又好，没有一点"大人物"的架子。王震接着说："抓好粮食生产，算是抓住了重点要点，我还想听听你们是如何抓经济作物的?"彭茂城汇报："前几年主要是种棉花，亩产皮棉虽然上了 100 斤，但经济效益并不高，所以近两年来不种棉花，改种无籽西瓜了，普通西瓜市价每斤 3 分钱，而无籽西瓜通过外贸出口每斤 1 毛多钱。我场种 40 亩西瓜，收入可达 2 万元，外贸还奖给尿素十多吨，所以我们改种无籽西瓜。"王震听了很高兴地说："好哇！多种经营全面发展这条路子找对了！还搞了哪些项目?"彭茂城说："场里还养了瘦肉型猪，每年可出栏 300 多头，可收入 5 万多元，除了成本还有盈利还有销售尿素，很划得来。另一个大头是养鱼。不过以前要到洪湖去提取鱼苗，苗种混杂运输途中死得多。从 1964 年起，我们花工夫培养技术人员，现在'四大佳鱼'的孵化技术全部掌握了。鱼苗可供全县和邻近县部分社队的需要。"听完汇报后，彭茂城邀请王震一行一定要在场部午餐，品尝农场自己培养出来的"四大佳鱼"中的名贵的武昌鱼。

这时，王震同志看了看手表，站起来高兴地说："行啊，不过现在还不到 12 点，天气又不太热，我们还是到外面去看看，边看边谈更好。"王震看见一作坊就问："这是干什么用的?"彭茂城回答："这是酱油厂。过去老是亏本，现在也有了盈利。"王震很感兴趣地问："这是什么原因?"彭茂城说："我们制酱油的重要原料是饴糖。过去到广东进货，每市斤要 0.74 元，而酱油每斤才卖 0.33 元，怎么不亏？现在我们自己熬饴糖，成本每斤只花两毛钱。同时把过去设在城里的厂迁到场部来，加强了管理，利润就上来了。"王震同志还到鱼池看了孵化出来的种苗，到珍珠饲养场看培养出来的珍珠，看了牲猪饲养场的牲猪，看了香粉厂，彭茂城汇报说："这是用蚕豆制的香粉，收了晚稻种蚕豆，蚕豆做香粉，蚕豆秆肥田，尾子作饲料，蚕豆渣、粉水喂猪，猪粪可作肥料。"王震听后连声夸奖说："这很好，这是良性循环。"

王震精神健旺，兴致勃勃，不顾太阳光灼热，还坚持到晚稻田视察。这时县领导王立山一行赶到现场，地委秘书长朱静轩把王立山引荐给王震，但没有要他陪同，此时王震已走下田间，弄得王立山不知所措，下田不是，不下田也不是，只好在原地等候。据王立山后来回忆说："当时心里埋怨，这老头不按常规办事，不是要咱七品芝麻官的好瞧吗？转念一想，王老没有错，'神仙下凡问土地'绝对化，形成一种模式有什么好呢？只能助长官僚主义，报喜不报忧。话是这么说，做起来则很难。面前的这位老首长，红军时期就是高级指挥员了，北上南下，战功卓著，建设时期，沥肝披胆，建树颇多，至今还保持深入实际联系群众的好作风，难能可贵！"

王震对烤烟田、西瓜田收获后种的晚稻看得十分仔细。对农场晚稻"新农1号""新农11号"的制种特别感兴趣，当即表示要将这两个品种送到海南岛去繁殖。陪同的凌作云副主任表示一定要遵照办理，经费由县里负担。

中午就餐时，王震也没有停止询问，他说："粮食跨纲要，经济作物全面发展，要靠科学技术，你们场里的技术力量怎样？"彭茂城指着任岳凡同志介绍："任岳凡同志是1961年分配来这里的，是场里的技术尖子。场里的项目，他出了不少力。"王震当即表扬了任岳凡，并对凌作云说："这个场会用人才，可惜技术干部还太少了。你们要注意给他们充实技术力量。"

下午五点，太阳偏西了，在场里视察八个小时的王震同志就要离开场部到县城去。临行前他语重心长地对在场人员说："贯彻'以粮为纲，全面发展'的方针，你们闯出了一条正确的路子，取得了可观的成绩，你们的经验应该推广到全县全省去。如果全国所有的农场、生产队都能像你们场这个样子，我这个农垦部长就好当了！"

"搞生产是要有一股子热情"

8月4日，由县革委会主任王立山、副主任贾春等人陪同王震视察了城郊的欧家塘大队。行进间王立山向王震介绍了欧家塘的情况。王立山说，欧家塘是他的联系点，风景秀丽，新田八景有其二，朱砂夜月和平冈天马。夜有两个月亮之美，昼有天马行空之奇。欧家塘并无欧姓，全村姓黄，自称是商纣时武成王黄飞虎的后裔。天马是黄飞虎的坐骑。黄飞虎被姜子牙封为总管人间吉凶福祸的天齐仁圣大帝，却不能使自己的后代繁荣昌盛，千百年来，一直处在社会的底层，屈尊给欧姓地主做佃户，新中国成立以后生活才有了极大改善。

大队党支部书记黄象谱向王震同志详细汇报了该大队的生产情况。当听到干部群众生产热情高、干劲大，奋力兴修水利时，王震同志高兴地说："是的，搞生产是要有一股子热情！"

王震一行来到田间，看到插的晚稻品种都是"农垦58"，而且生长得十分茂盛时，特别高兴。他脱掉凉鞋，赤脚下到田里，数了数禾苗的分蘖数，高兴地说："'农垦58'品种不错，你们要推广，只要抓好田间管理，每亩打个七八百斤不成问题。"

王震一行来到曹家生产队，他看到天马山上到处是草，便对黄象谱说："这里也可以开田嘛！不要让它荒芜了。"当黄象谱汇报缺水是制约大队生产发展的主要问题时，王震对陪同的王立山说："你们要想办法切实解决好提水设备，不要因水的问题影响农业生产的发展。"王震一行来到河边，他指着河岸边的沙土对王立山说："这里土质好，水又近，适宜种菜。你们要多种菜，一来可以解决城镇居民吃菜问题；二来又可以增加农民收入。"他指着村子周围的荒山对陪同的人说："这些山岭你们都要利用，种上果木，把山坡全部绿化起来！"

王震站在欧家塘村前的一棵大柏树下深情地回忆说："三十五年前我带部队长征时就从这里经过的。这里的群众多好啊！那时部队缺粮，村里群众就主动给我们砻谷子，还给我们很多其他的帮助。"从欧家塘村回到县城，王震不顾疲劳，又去看了 1934 年红军长征路过时刷写在县文庙墙上的"中国共产党十大政纲"和剧院墙上的"红军是工农的武装"大幅标语，边看边向陪同的县革委会负责同志介绍长征的历史背景。对新田保存好这两幅标语，他表示非常满意。

下午，王震听取了县革委会关于科学种田，因地制宜发展农业生产的情况汇报。王震说："革命就是发展生产力，要把生产搞上去，就要搞好科学种田，要勇于实践、善于实践，一切从实际出发，因地制宜。"他对新田县粮食做到"不退库、不减购、不返销"表示满意，并勉励新田做出更大的成绩。

"今后新田县将作为我的联系点"

王震在新田视察期间，县革委领导考虑到他年纪大，外出考察很辛苦，特意派县革委食堂的陆师傅负责他的伙食。王震知道后，对县里的领导说："你们不要搞大酒大肉，还是随便点好！"

据王立山回忆，他是把王老作为周总理特使和三五九旅老首长接待的。王震考察期间，为安全起见下榻人武部，派半个班的兵力警卫。为保证老首长吃好，安排的厨师陆师傅虽然没有什么职称，可他的烹饪手艺在新田这个小地方是无与伦比的。陆师傅与管理员一道兴冲冲地制定食谱，准备把拿手好菜都展示出来。这时朱静轩秘书长也私下交代，要把王老的伙食搞好，但王老不喜欢铺张浪费。他提出：大鱼大肉一概谢绝，高贵名菜不准上席，三菜一汤，以瓜菜豆腐为主。"据说这是王老的意思。这么着就不是招待了，而是普通客餐，我们心里怎么过意得去呢？军人是讲纪律的，这明明是王老的约法三章，又不能不遵循不照办，我们感叹'恭敬不如从命'。"

接到任务后，可把名厨陆师傅给难住了，是去呢还是不去？陆师傅先前喜盈盈的光彩不见了，沉默良久憋出一句话："摆弄这个，我不如老刘！"他说的老刘是人武部炊事员，一直搞大炊，做大锅饭菜是个里手。陆师傅坚辞不受，经再三挽留，才答应给老刘做帮手。

开始就餐，由管理员上菜，两位大师傅知道客人来历诚惶诚恐，不敢露面。像王老这样的领导也真少见，他不等菜做好就进了伙房，边看炒菜边和厨师交谈。王震着装朴素，和蔼可亲，厨师的恐惧心理消失了，亲自上菜，还常被王震留下聊天。

8 月 5 日这天，王震就要告别回京了，县领导前来送行。现场独不见王震，原来他找两位厨师道别去了。王震不一会儿回到车旁，两位厨师跟上来了，王震同送行的人一一握手道别，特别是同两位厨师再次握手，两位大师傅眼睛湿润了，激动得说不出话来。临上车时王震同志再一次和王立山说："今后新田县将作为我的联系点，你们一定要好好干。"

在离开新田返回北京途中，王震在郴州短暂停留，并在郴州地区干部大会上介绍新田田家示范农场科学种田的经验，到长沙后又向省革委会领导人华国锋、黎原等推介新田抓革命、促生产和科学种田的经验。不久，湖南省"抓革命、促生产"的三级扩干会议和湖南省农业科学技术工作会议相继在新田召开，省革委会提出"学习新田县，建设新湖南"的口号。之后，全省各地有 2 万多人前来新田参观。在中央和地方领导的支持鼓励下，新田广大干部群众不断激发"抓革命、促生产"的热情，战天斗地、科学种田，使农业生产连年大幅度增产。几年时间，新田一举实现了从历年依赖国家返销粮到粮食自给有余并对国家作出贡献的转变，彻底摘掉了"五保县"的帽子。

1969 年 10 月，中共湖南省委、省革命委员会"农业学大寨"现场会在安乡县召开，发出了全省"学新田，学安乡，建设社会主义新农村"的号召。1969 年 11 月 12 日，毛泽东回湖南视察时，在湖南省委九所 6 号楼听取华国锋、黎原等人关于湖南形势、"农业学大寨"等工作汇报。当毛主席听到"学新田，学安乡，建设社会主义新农村"的活动汇报后，欣慰地点头说："很好嘛，就应该有自己的大寨嘛。你们南有新田，北有安乡，学自己的大寨，这就很好。"从此"南有新田"的赞誉名扬天下，王震视察新田之行功不可没！

岁月不居，时节如流。转眼间，王震视察新田 50 多年的时光早已逝去，然而他先进的思想、朴实的语言、务实的作风、亲民的举动，却永远定格在新田人民的心中，并激励新田人民踔厉前行，不断取得新的辉煌！

（本文根据王立山、彭茂城等人的回忆文章整理）

何昕系中共新田县委党校常务副校长。本文发表在《文史博览》2022 年 11 月刊。

从周敦颐的“拙者”说开去

陈桐生

中共中央办公厅印发的《关于加强新时代廉洁文化建设的意见》提道：“用中华优秀传统文化涵养克己奉公、清廉自守的精神境界。”而在我国优秀廉政传统文化中，宋代理学鼻祖周敦颐的一篇《拙赋》，用精练而内涵丰富的文字告诉我们：老实守拙是一种“廉实力”，为官从政就要规矩务实。

“巧者言，拙者默；巧者劳，拙者逸；巧者贼，拙者德；巧者凶，拙者吉。呜呼！天下拙，刑政彻，上安下顺，风清弊绝。”周敦颐在《拙赋》中只用寥寥数语，就阐明他尚“拙”的思想，以及“上安下顺，风清弊绝”的政治清明期许。品读周敦颐《拙赋》，能体悟到该文中蕴含的四个“拙”政官德和廉洁用权的智慧。

“拙者默”是“短于取名，乐于求志”的敦厚务实。周敦颐有言：“实胜，善也；名胜，耻也。”信言不美，美言不信；大巧若拙，大辩若讷。古圣先贤务实而不求名，不多言、不浮华，默默地朝着志向前行，于是桃李不言，下自成蹊。所谓“芳泽杂糅，昭质未亏”，君子与小人放在一起，虽然君子无言，但其行为自然彰显品性。而再看诸多被查贪官，他们往往在台上信誓旦旦讲政治、谈理想，在台下却欲壑难平、敛财不止，典型的“两面人”。虚浮作秀多，为民办实事少。不能只把誓言挂在嘴上，关键是要把初心使命担在肩上，“拙者”默默做事远胜过“巧者”侃侃而谈。

“拙者逸”是“官清赢得梦魂安”的志趣高远。《菜根谭》中说：“济世经邦，要段云水的趣味，若一有贪著，便堕危机。”为官从政需要拙者的逸气，需要云水般淡泊的襟怀。周敦颐“有高趣，常以仙翁隐者自许”，他乐佳山水，淡泊明志，养成了高逸之气。于是在生活中才能“服御之物，止一敝篋，钱不满数百”，才会“停杯厌饮香醪味，举箸常餐淡菜盘”，于是“官清赢得梦魂安”。周敦颐的“拙者逸”，传承发展到今天，便是要求为政者摆脱低级趣味，心性高洁、志趣淡雅，实现对世俗声色犬马之乐的内在超越。

“拙者德”是“公于己者公于人”的清正廉明、秉公为民。从政者，是做精致利己的民贼，还是做拙朴利他的公仆，这拷问着干部的良知和公心。把公心、良知放在第一位，私心放在末位，才会领悟周敦颐“拙者德”的深刻含义，才能学到他“公于己者公于人”的清正廉明。正如周敦颐任南安司理参军时，为了“法不当死”的囚犯而与苛刻的上司抗辩，坚持良知与公心，展现出“杀人以媚人，吾不为也”的君子风范。又如周敦颐任广南东路提点刑狱时，与霸占端砚产业、夺民之利的端州知州杜谘作斗争，使得“贪风顿息”。周敦颐坚持公心，站在民众立场上，清正谋事、为民谋利，以自己的凛然正气实践“公于己者公于人”的“拙者德”，进一步发扬了儒家“大道之行也，天下为公”的仁德思想。

“拙者吉”是“道充为贵，身安为富”的人生智慧。“拙者”能看到“天地间有至贵至爱可求而异乎彼者”，生命中有更宏大、更高贵、更美好的追求，于是“见其大而忘其小焉尔”。“拙者”秉持着“道充为贵，身安为富”，从思想根源上认识到清廉与道德良知是政治生命的基础，因而“见其大则心泰，心泰则无不足”，具有仁者寿的吉祥之象。而“巧者凶”指出，若利用公权力损公肥私、贪污腐败，则透支生命、败坏身体、煎熬心灵，早晚锒铛入狱，青丝白发之间，政治生命完结、人生葬送。

人生要想格局高远、器识不凡，价值观就先要正派恢宏。党的十九大报告明确要求：“弘扬忠诚老实、公道正派、实事求是、清正廉洁等价值观，坚决防止和反对个人主义、分散主义、自由主义、本位主义、好人主义，坚决防止和反对宗派主义、圈子文化、码头文化，坚决反对搞两面派、做两面人。”周敦颐的“拙者”从政思想正与此相契合，值得我们借鉴学习。

陈桐生系中共新田县委党校讲师。本文发表在《清风》2022 第 06 期。

《林伯渠同志诗选》中的高尚情操

陈桐生

林伯渠不仅是一位功勋卓著的革命家，同时也是一名热情洋溢的诗人，他以诗言志，留有200余首诗歌佳作，是革命文学的一笔宝贵遗产。陈毅读完林伯渠的诗作，提出："林老诗情高韵美，可以传世。"① 而其中的"情高"二字的含义，结合阅读《林伯渠同志诗选》和了解他革命一生的光辉事迹，笔者具体理解为忠贞的革命豪情、朴实的革命真情、崇高的工作热情、廉洁的生活情操、诚挚的革命友情和醇厚的恋旧恩情。

一、政治上不忘初心，坚定信仰的革命豪情

青少年时期，林伯渠受康梁改良主义思潮的影响，在政治上追求"君主立宪"。他读完邹容所著的《革命军》后，思想受到触动，与改良主义完全决裂，后追随孙中山从事革命活动。即使革命活动受到挫折，仍然坚定革命豪情，他在《游爱晚亭》写道："千山洒遍杜鹃血，一缕难招帝子魂。欲把神州回锦绣，频将泪雨洗乾坤。兰成亦有关河感，不信沉沙戟已深。"②

1906年10月26日，黄兴计划在湖南浏阳和江西萍乡、万载分三路起义，因为事情泄露，浏阳、萍乡先起义，失败后，刘道一和其他仁人志士牺牲。"千山洒遍杜鹃血，一缕难招帝子魂。"作者认为要把清朝黑暗统治下的中国变成光明的锦绣山河，革命志士只能多次用血泪来洗刷天地，革命虽然暂时遇到挫折，但是作者"不信沉沙戟已深"，表达出坚定的革命胜利信念。

在1907年春作《过金陵》再以诗言志："莫为六朝空叹息，行看原上草重生。"③

① 《林伯渠同志诗选》，中国青年出版社1980年版，第128页。

② 《林伯渠同志诗选》，中国青年出版社1980年版，第1页。

③ 《林伯渠同志诗选》，中国青年出版社1980年版，第2页。

以草的坚韧不拔，抒发革命豪情，昭示着革命力量蓬勃发展，革命力量无法消灭。

1921 年，由李大钊、陈独秀作介绍人，林伯渠加入中国共产党。此后，“他和沈玄庐、李汉俊等进行过几次座谈，讨论《共产党宣言》和共产国际两次大会的决议与文件。从此，林伯渠踏上了新民主主义革命的征途，以崭新的姿态为伟大的共产主义理想而斗争，而且终生不懈”①。此后，林伯渠一生为马克思主义信仰而战斗，始终坚守初心。

红军长征时期，张国焘搞分裂党、分裂红军的阴谋活动，在右路军工作的林伯渠知道后非常愤慨。1935 年 9 月在阿坝州巴西乡的行军途中，他吟诗《长征》，痛斥张国焘的分裂行径：“刚过草地到巴阿，无那西风日未斜。且喜境界新耳目，不虞粮秣少胡麻。巨猿解缆技殊巧，野蚳射人事可嗟。前路纵遥知马力，谁予便利敢分家。”②

诗的后四句痛斥张国焘分裂党和红军的卑劣行为，彰显了一位真正的革命家对革命事业的坚定信念。张国焘像巨猿解除绳索一样，施展诡计，破坏党的团结。明明自己搞分裂，却反诬党中央毛泽东破坏红军的团结，这种歪曲是非的行为，就像鬼蜮那样，含沙射影。前方路长，路遥知马力，时间会给出真正的答案。谁给你的权力，竟敢违抗党中央闹分裂？这首诗，真实地记录了艰苦卓绝的长征途中这场惊心动魄的党内斗争，反映了林伯渠坚持党性原则的坚定立场。

1935 年 10 月，中央红军越过六盘山封锁线，进达保安西北的吴起镇，与陕北红军会合，胜利结束了艰苦卓绝的长征。林伯渠作诗《初抵吴起镇》中以表喜悦之情：“一年胜利达吴旂，陕北风光慰所思。大好河山耐实践，不倦鞍马证心期。坚持遵义无穷力，鼓励同仁绝妙诗。迈步前进爱日永，阳关坦荡已无歧。”③

“坚持遵义无穷力”，遵义会议确立了以毛泽东为首的中央正确领导，“阳关坦荡已无歧”，作者相信革命之路走得越来越宽广。

陈毅评价林伯渠：“革命一生无愧怍，路线正确是英雄。”林伯渠为什么能在每一次选择中都做出正确的抉择，在于他坚守住了中国共产党人的初心和坚定马克思主义革命信仰。正如他在《用董老别延安韵却赠》一诗所说：“谁从症结探国病，全仗贞坚获自由。”④ 要依靠对革命的坚贞的信仰来取得胜利和自由解放。

二、思想上追求真理，保持唯实的革命真情

林伯渠坚信只有马克思主义才能救中国。他对马克思主义的学习始终是敏而好学，

① 夕岩：《林伯渠对信仰的艰辛探索》，《新湘评论》2020 第 3 期。
② 《林伯渠同志诗选》，中国青年出版社 1980 年版，第 14 页。
③ 《林伯渠同志诗选》，中国青年出版社 1980 年版，第 15 页。
④ 《林伯渠同志诗选》，中国青年出版社 1980 年版，第 23 页。

并通过学习掌握马克思主义的实践本领。他善于用马克思主义的望远镜和显微镜，唯物辩证地，也就是客观、全面、联系和发展地看问题，他尊重规律，实事求是，服膺真理，把握真理，因而有着他强大的理论自信和真理力量。1942 年在全党学习整风文件时，他颇有心得体会，作诗《读文件》写道："欲将炉火炼纯青，克复工夫仔细寻。待到肖妙真好处，态度辨证艺术心。存在为主思维宾，由来认识重反映。是非界限如何定，稳着立场结万人。"①

林伯渠在他的《六十自寿》一诗中写道："我惭祖逖着先鞭，视息人间六十年。不惯装腔作样子，相从奋斗赞时贤。握筹愧乏治平策，励志唯存马列篇。战胜层冰与烈日，春风送暖入乌延。"②

诗句"握筹愧乏治平策，励志唯存马列篇"成为他以马克思主义为行动指南，一生执着追求真理的真实写照。1945 年 7 月 28 日，《解放日报》发表了经毛泽东修改的中共中央为林伯渠寿辰献的祝词，称赞他："自辛亥以来，在历史进程中，你总站在革命的最前线。"1949 年他在《答柳亚子诗》首联道出："总是向前不落后，认清树木与森林。"③ 这源于他对马列主义的坚定立场。他在《静夜南关展望》一诗中写道："缭绕万花归否定，清音流水听山高。"④ 林伯渠在重大政治问题上能火眼金睛，能旗帜鲜明讲政治，不左右摇摆，走好革命道路的每一步，就是在于他掌握了实事求是的思想精髓。他善于联系群众，搞调查研究。1957 年至 1959 年，他先后前往 13 个省份实地视察，掌握第一手资料，在这过程中，觉察出社会经济发展存在的问题，1959 年参加庐山会议时，林伯渠同志反复强调应该掌握客观规律，他在《庐山即景》一诗中抒发心声："五老峰头气象新，居高临下一身轻。空中蝴蝶迷茫梦，大计熟筹问耦耕。花木怡然属自我，阴阳终古影乾坤。规律客观不可忽，自有群众做结论。"⑤

涂绍钧先生说："林伯渠的这首《庐山即景》，除了抒发对即将落在彭德怀头上的厄运的忧郁、愤懑之情外，更着重强调了他实事求是、尊重客观规律的主张。"⑥ 该诗尾联"规律客观不可忽，自有群众做结论"更是闪耀着一位革命家坚持真理、正直坦荡的党性光辉。

---

① 《林伯渠同志诗选》，中国青年出版社 1980 年版，第 42 页。
② 《林伯渠同志诗选》，中国青年出版社 1980 年版，第 76 页。
③ 《林伯渠同志诗选》，中国青年出版社 1980 年版，第 94 页
④ 《林伯渠同志诗选》，中国青年出版社 1980 年版，第 39 页
⑤ 《林伯渠同志诗选》，中国青年出版社 1980 年版，第 117-118 页。
⑥ 涂绍钧：《应当拂去的历史尘埃——林伯渠同志诗〈庐山即景〉手稿及其他》，《武陵学刊》1996 年第 2 期。

三、工作上一心为民，秉持崇高的工作热情

林伯渠在徐特立70寿辰撰写一诗作《特立同志七十大寿》以表庆贺，其中尾联的“长途漫说老牛笨，却异骅骝任所之”① 中的“老牛”一词也透露出来了自己的一辈子坚守革命初心的人格形象，林伯渠一辈子任劳任怨，是廉政勤政为民甘当“老牛”的代表。

1941年3月他作《春游杂咏》以热情洋溢的诗歌赞美了延安工作的精神风貌：“明天因事回延安，议会重开审预算。团结三三制有力，信心定可息狼烟。”②

1943年，他在《一九四三年元旦依谢老元旦韵》中写道：“抗战赖坚持，今朝迎好春。纵然磨与涅，长使旧如新。有勇过天堑，不迷依北辰。艰难原玉汝，遮莫压蔡陈。”③ 这一首诗中道出了他在艰苦环境下不改革命者的工作斗志，无论遇到什么考验，保持昂扬的工作热情。即使是在养病的时候，他也作诗以鼓舞工作士气：“腊鼓声中又一年，关河聊落感华颠。报春回雁羡健举，伏枥老骥赖策鞭。兀兀窥园知叟苦，亭亭不染爱荷妍。纵然海上风云急，扶病欣看陇亩鲜。”④ 诗人在写董必武勤勉不息工作，也表达了自己老骥伏枥勤政为民的工作热情。

1949年为筹建新中国成立，林伯渠有时连续工作达20个小时，为勉励自己，他在日记上写下了“为人民服务，为世界工作”，并郑重地盖上自己的印章。他在《庆祝建国十周年》一诗中豪情万丈地写道：“白首壮心驯大海，青春浩气走千山。”⑤ 彰显了老一辈革命家崇高的工作热情。

四、生活上平易朴实，永葆廉洁的生活情操

林伯渠主政陕甘宁边区政府时期，在生活上平易朴实，以身示范参与培育了延安作风。“在他的带动下，边区的党政干部都发挥了自己的先锋模范作用，涌现了李丕义、王怀仁等一批‘勤劳奉公，公而忘私’，‘为人正直，办事公平，从来不要私情’的模范干部。……形成廉洁奉公、克勤克俭的良好风尚。”⑥

林伯渠以其身体力行的廉洁风范，塑造了令人称道的“只见公仆不见官”形象。1944年，林伯渠奉中共中央之命，离开延安前往重庆与国民党进行历时近半年的谈判。在重庆，林伯渠耳闻目睹国民党仍然像过去在南京一样，过着奢华挥霍的生活。他心

① 《林伯渠同志诗选》，中国青年出版社1980年版，第87页。
② 《林伯渠同志诗选》，中国青年出版社1980年版，第29页。
③ 《林伯渠同志诗选》，中国青年出版社1980年版，第54页。
④ 《林伯渠同志诗选》，中国青年出版社1980年版，第55页。
⑤ 《林伯渠同志诗选》，中国青年出版社1980年版，第123页。
⑥ 杨琦明：《论林伯渠对陕甘宁边区政府廉政建设的贡献》，《湖南行政学院学报》2018年第2期。

生愤慨，挥就《重庆即事》一诗，予以鞭挞："漫说分羹及若翁，谁能赌注自然红。残山剩水知多少，覆雨翻云鲜异同。远道一线失粒米，寸心千古只金融。一由来拍板寻常事，行市从今漫涨风。"

与之截然不同的是，1948 年春，解放战场解放军连连告捷，林伯渠激动不已。但他告诫自己，不能冲昏头脑，不可放任自流，继续保持艰苦奋斗和清正廉洁的延安作风。他在行军途中写了一首《无题》，抒发自己的情愫："经武纬文争上游，胸怀高洁淡素秋。渡河早树军威肃，分地竟传陇亩稠。认取新生却旧习，不惯肥马与轻裘。会看三月桃花浪，管领春风防自流。"诗中的"胸怀高洁淡素秋""不惯肥马与轻裘"，保持生活作风简朴，正是共产党人清廉的党风政风的鲜明表达。

1944 年 10 月，林伯渠响应生产节约的号召，给自己定下了生产节约计划，写下《个人生产节约计划》一诗："待客开水不装烟，领得衣被用三年。淡巴菰一亩公粮缴，糖萝卜二分私费赡。施肥锄草自动手，整旧如新不花钱。发动男耕和女织，广辟草莱增良田。边区子弟多精壮，变工扎工唐将班。"①

"领得衣被用三年"林伯渠这样写的，也是这样做的。有记者发现，林伯渠的住处只有一盘炕、一张破旧的小方桌和几把半旧的椅子，炕上的被子也打满了补丁，而林伯渠正坐在半旧的椅子上，仔细缝补着一条旧裤子。他笑着对记者说："中国有句俗话，新三年，旧三年，缝缝补补又三年。我这条裤子，才穿了三年半呢！"

林伯渠在生活上十分注重红色革命家风建设，他严格要求子女吃苦耐劳，要他们养成勤俭节约、严于律己的清廉作风。陕甘宁边区生活条件十分艰苦，林伯渠的孩子同其他孩子一样吃不饱，有时饿得直哭。其以身作则的廉洁家风，令人叹服！

党的七届二中全会召开后，随着党的工作重心由农村向城市转移，林伯渠又为自己拟定继续保持艰苦奋斗作风的《入城守则》，他清廉的生活情操保持终身。

五、同志关系上，维系诚挚的同志友情

同志间的革命友谊是诚挚动人的。中国共产党主要创始人之一李大钊是林伯渠入党的引路人。在他探寻中国革命道路的过程中，与李大钊结下了深深的革命友谊。大革命时期，李大钊壮烈牺牲后，林伯渠一直无比怀念李大钊。1958 年，在病逝的前两年，他特意为纪念李大钊诞辰 70 周年，情真意切地题写了一首七言律诗："登高一呼群山应，从此神州不陆沉。大智若愚能解惑，微言如闪首传真。物抒政理合南北，未许主张泯浊清。尽有胸中无限事，敢抛热血护新生。"② 该诗形象而准确地评价李大钊

① 《林伯渠同志诗选》，中国青年出版社 1980 年版，第 73 页。
② 《林伯渠同志诗选》，中国青年出版社 1980 年版，第 104 页。

对宣传马克思主义和为革命牺牲的历史作用和丰功伟绩，表达了对李大钊的敬仰和缅怀之情。

林伯渠与中国共产党创始人何叔衡同样保持纯洁的革命友谊。何叔衡为了送别即将远行的战友林伯渠以御征途的风寒，把女儿为他编织的毛线衣从身上脱下赠送给林伯渠。林伯渠即席作《别梅坑》诗一首，抒发自己真挚的情感。从梅坑出发（长征）前夕，何叔衡准备清酒、花生约林伯渠作竟夕谈，临行前以其身着之衣见赠，诗以记之。“共同事业尚艰辛，清酒盈樽喜对倾。敢为叶坪弄政法，欣然沙坝搞财经。去留心绪都嫌重，风雨荒鸡盼早鸣。赠我绨袍无限意，殷勤握手别梅坑。”①

林伯渠作为一位老同盟会会员和老国民党员，辅佐孙中山先生的革命事业 20 年，对孙中山先生始终非常崇敬，1958 年 11 月 12 日，林伯渠赴碧云寺参加孙中山先生九二诞辰，挥笔写下：“不怕扫墓人白头，中山陵树绿悠悠。当年黄埔分明在，风雨同舟忆旧游。”②

1959 年 3 月 12 日他再作一诗《纪念孙中山逝世 34 周年》表达了对孙中山先生的敬仰和缅怀之情：“泪尽铁狮子，匆匆卅四年。始终都不惑，内外苦腥膻。合作正庆好，忽惊赤胆寒。先行弥仰止，遗教已再翻。”③

六、故乡情结上，铭记深厚的桑梓恩情

鲁迅说，无情未必真豪杰。老一辈革命家在革命年代，具有铁一般信念，同时通过诗歌，也表达出了他们性情真挚的本色情怀。林伯渠虽为革命南征北战，但对故乡旧地总有他柔和醇厚的诗情。对母校，他饱含深情，抒发出自己对母校人才辈出，服务新中国建设的殷切之情。“今昔情况已不同，正须师友满堂红。干劲鼓足勤教学，滚滚桃源始润东。”④

每次到岳麓山，他都诗情高涨。在 1906 年作有《游爱晚亭》。1959 年 12 月 21 日，诗人重游故地，再作诗《重游爱晚亭》：“重来不是旧乡村，耳目一新爱晚亭。公社标名用岳麓，遍山种树尽冬青。韶光正是多佳日，化雨群欣出岫云。看到萌芽即发展，能宁大地可胜春。”⑤

1941 年他在陕西甘泉县西南住宿处作诗《梦返故乡》以抒发对故乡的思念：“儿时心事浑难忘，梦里仓皇返故乡。腊鼓停弦过闹市，牌楼驻马望阡冈。山容淡远青还

---

① 《林伯渠同志诗选》，中国青年出版社 1980 年版，第 13 页。
② 《林伯渠同志诗选》，中国青年出版社 1980 年版，第 102 页。
③ 《林伯渠同志诗选》，中国青年出版社 1980 年版，第 115 页。
④ 《林伯渠同志诗选》，中国青年出版社 1980 年版，第 119 页。
⑤ 《林伯渠同志诗选》，中国青年出版社 1980 年版，第 125 页。

在，璧合无间色亦香。最是后园风景好，百花如锦拂檐墙。”①

林伯渠 58 岁生日时，他想起了自己的母亲，深情表达对母亲的思恋之情。一句“枕上梦回慈母泪，胸中牢落杞人心”②，语言朴质，却蕴含真挚动人的母子情深。

习近平总书记指出：“学诗可以情飞扬、志高昂、人灵秀。”③ 林伯渠的诗情高韵美，典雅古朴真挚，诗如其人。研读他的诗能体会到诗情洋溢之中蕴含着老一辈共产党人的风骨。这种风骨集中体现了他始终不渝的革命信仰、廉洁公道的作风、昂扬向上的工作状态和执政为民宵衣旰食的精神。他的诗是“旧瓶装新酒”，其诗境如险峰俊松，又如山间清泉。而这诗情高昂挥就也是他的初心和崇高的革命精神的自然展现。在党史学习教育中，通过研读《林伯渠同志诗选》革命文化优秀文本，感悟老一辈无产阶级革命家的践行初心历程，从而净化心灵，增强自身政治免疫力，达到学史明理、学史增信、学史崇德、学史力行的实际效果。

陈桐生系中共新田县委党校讲师。本文发表在《文学教育》2022 年 9 月刊。

---

① 《林伯渠同志诗选》，中国青年出版社 1980 年版，第 35 页。
② 《林伯渠同志诗选》，中国青年出版社 1980 年版，第 37 页。
③ 《习近平谈治国理政》，外文出版社 2014 年版，第 406 页。

发于心源　成于了悟

何　昕

近日在莫言与王振的公众号上详阅大量的莫言书作，对联、斗方、长卷、中堂、条幅一应俱全，风格多样，传统功力之深，颇感意外，归纳起来有如下几点浅见：

一曰五体兼备。在我的印象中莫言一生屡经磨难，一直专攻文字，然近观其书作亦近专业水平，可见于书艺上是下了苦功的，或许也正是由于他不平凡的人生沉淀，艺理一通百通，方致有如此境界和修为，正如唐释辩光所说的："书法犹释氏之心印，发于心源，成于了悟，非口心所传。"他的作品中，楷、行、篆、隶、草五体兼备，楷书如"英雄矫健擒猛虎，壮士激昂锁蛟龙"一联，既深含鲁公笔言兼备魏碑的雄强，行书以二王风格为主还兼揉东坡和山谷笔意，文雅质朴不失厚重。从王振书法展的前言《书法之用》尽览无余。草书作品就更多了，大草作品以怀素《自叙帖》为底，中锋行笔，飘逸洒脱，一些对联作品还富含章草笔意，还有少数篆书作品，如"奇观壮景、矮寨高桥"，隶书作品如"再登岳阳楼"等颇见功力，只是较之前几种书体，功夫稍次。

二曰诗书联璧。颜鲁公的《祭侄文稿》、王逸少的《兰亭序》之所以能流传千古，不仅仅是因为文字的感染力，更重要的是作者把自己当时心情、感情、性情注入了笔端，作品的墨色变化节奏的徐缓无不是自然的流淌，今赏莫言的作品不少书作都是有感而发的自作诗词和对联，诗词俱佳，一气呵成，如《读帖笔记》《金陵观剧》小记等几近千言，不疾不厉，又如自作联"义正辞严争座位，心高志远上阳台"把他自己的"心有戚戚焉"的心态以字形方圆的变化表现得淋漓尽致，据说莫言十分推崇《兰亭序》，他认为《兰亭序》集书艺、文采和哲理于一体，在他创作作品时流露出的也是内心的真实情感。七律《悼任鸣》把"前日还从会上见，今天只可梦中迎"的悲情，以字形或大或小、或轻或重、或急或缓、或浓或枯宣泄于纸上，互为表里，相得益彰。

三曰匠心独运。通观莫言书作，其用笔结字可谓“清水出芙蓉，天然去雕饰”，天真率意、淡雅自然，毫无油滑之态，然观其整幅作品不难发现其个性化的表达，达到了无意于佳乃佳的境界。主要表现在：一是气息贯通，浓淡相宜。东坡云：书画当以气韵胜人，不可有霸滞之气。朱和羹又云：作书贵一气贯注，凡作一字，上下有承接，左右有呼应，打叠一片，方为尽善尽美。即此推之，数字数行、数十行，总在精神团结、神不外散。今观莫言书法，气息贯通、浓淡相宜，“以气韵胜”殊不谬也。如草书孟浩然《田家元日》，用笔洗练、左右呼应、浓淡相谐、过渡自然。《晚泊浔阳望庐山》一幅，逸韵流迈、不合流俗、多耐观赏。二是块面天成，动静相谐。近代康有为云：盖书，形学也。有形则有势。窃以为一幅成功的作品，必须具备良好的点画、结字、章法，即有形，并要有合理块面，才不至于显得平淡。莫言之书，不少作品块面突显浑然天成，动静相谐，增强了视觉冲击力和艺术感染力。如：孟浩然《宿业师山房期丁大不至》草书作品里，由“夕阳度西岭”重墨起笔，由粗到细，自然过渡；然后“候萝径”连成一个块面，还有在《拜谒仓颉陵记》等作品中均有对比强烈的块面呈现，突显了莫言先生较强的把控能力和审美情趣。

以莫言先生为代表的作家身份跨入书法领域并非他始，20 世纪末期如余秋雨、贾平凹等，近年来我省知名作家如水运宪、王跃文等先生于书法亦有涉猎，我手上就保存有他们的墨宝，这是个好现象，从某种角度来讲，这是他们在文学之余探寻中国文人的美好生活意趣，更是在现代社会生活中寻找作家应有的文人性，通过进行书法创作探寻文人精神。这对于有效推动书法的传承和发展是极为有利的。

何昕系湖南省书协会员、中华诗词学会会员、中国楹联学会书画艺术委员会委员。
本文发表在《湖南日报》数字报刊 2022 年 11 月 11 日。

奋力践行党校初心　彰显党校独特价值

何　昕

近年来，新田县委党校认真学习践行习近平新时代中国特色社会主义思想，牢记总书记“党校始终不变的初心就是为党育才、为党献策”的重要论述，聚焦主责主业，坚持质量立校、科研兴校、管理强校，在教学、科研、管理等方面创造性地开展工作，取得了明显成效。

一、守正创新，创新教学推动“三变”

一是更加注重学员实践教育，使学员从“旁观者”变为“体验者”。新田县委党校每年举办各类培训班30期左右，共培训各类学员近2万人次。特别是2020年以来，在主体班创造性地提出“7个2”体验式教学模式，同时开发红色文物会说话——红色藏品故事会、《忠诚》系列情景剧等课程，开创了“新田模式”，让学员身处其中深受教益。

二是更加重视教学效果，使学员从“旁听者”变为“游学者”。依托新田县革命老区丰富的红色资源优势，将红色文化用于党员干部党性教育，开发以“重走红军古道，寻访先辈足迹”为主题的小源会议旧址、以“红色记忆，传承基因”为主题的蒋先云故居等红色教育基地，打造一批现场教学精品路线，可供县内外党员培训异地教学点，彰显了“新田特色”。

三是更加经常搭建多元交流平台，使学员从“倾听者”变为“表达者”。一方面，举行“讲座+论坛”辅导，积极邀请领导干部、专家学者为学员在传授工作经验上“解渴”、在破解疑难杂症上“解忧”、在解读政策理论上“解惑”；另一方面，开展“学员论坛+微课堂+课题调研+班级研讨”，通过切磋增进教学相长，把学习、思考、交流与指导工作结合起来，把理论转化为推进工作的能力，走出了“新田路径”。

二、奋发有为，科研资政做到“四实”

一是制度做实，科研管理制度迈上新台阶。学校出台了科研激励制度，突出了对理论文章、社科规划课题申报的倾斜，从而发挥制度激励的导向作用。建立领导带队调研制度，校领导班子带头深入基层、农村、社区开展调研活动；教研人员每年必须进行调研且有调研记录或调查笔记，并将科研工作量化打分纳入学校教师年终考核指标。建立科学管理制度，紧密结合新田经济社会发展中的突出问题与难题，发挥集体研究的力量，并通过“以老带新”机制，提高科研整体水平。

二是调研抓实，课题立项结项取得新成绩。深入基层，加强调研，形成有现实意义的调研报告和课题报告。近 3 年，新田县委党校在全省党校系统的 6 项社会科学课题、市社科联 1 项课题均成功结项，2023 年有 3 项课题成功立项；在全省党校系统理论研讨会荣获 2 项一等奖，3 项二等奖。

三是成果用实，教研咨结合有新成果。大兴调查研究之风，为成果转化搭建平台。咨政报告《做活产业融合 助力乡村振兴——新田县一二三产业融合发展的调查与思考》等多篇文章获得县委、县政府领导批示，并被有关职能部门采纳，《新田县委党校探索“两进两去”教学模式取得实效》等 12 篇文章在《湖南党校报》《学习导刊》等刊物发表。

四是校刊办实，提升科研水平有新载体。创办了《新田党校》，报道党校工作、推介优秀论文、展示科研成果等。自 2020 年刊发后，已办 7 期，每期赠刊省市县相关单位负责人，影响力日益提升。编著出版了新田红色资源为主要内容的《薪火》专著。

三、勇于担当，锚定目标实现“五要”

一要进一步突出思想引领作用。全面加强对党的创新理论的研究宣传教育，推动习近平新时代中国特色社会主义思想的学习研究宣传阐释不断向深度和广度拓展。二是要进一步提高教育培训质效。以提升能力为出发点，更加注重教育培训的针对性、实效性。教学上形成具有新田特色的精品课程模块，力争打造 1 门全省党校系统精品课程，主体班课程年更新率在 90%以上，评教满意度达 95%以上。三是要进一步提升科研咨政能力。科研管理体制和激励机制更加完善，科研成果质量进一步提升，力争立项全省党校系统社会科学课题 3 项以上，发表理论文章 5 篇以上，让更多的科研成果得到转化运用。四是要进一步加强人才队伍建设。充分发挥骨干教师的“传、帮、带”作用，加快中青年教师培养。利用好上级党校的优势，实现优质师资的共建共享，提升教师教学科研能力。建立健全科学可行的名师培养机制、评选机制、管理机制和支持机制。五要进一步完善教师激励机制。建立健全教学激励机制与青年教师培养机制；加强年度教学优秀奖、科研新秀奖、精品课评比等，造就政治强、业务精、作风好的高素质教学培训、科研、决策咨询人才，提升干部教育培训质量。

何昕系中共新田县委党校常务副校长。本文发表在《永州日报》2023 年 9 月 28 日。

聚焦主责主业，发挥党校“为党育才”的独特价值

何　昕　陈桐生

习近平总书记在中央党校举行建校90周年庆祝大会暨春季学期开学典礼讲话时指出，为党育才是党校初心的重要内容，也是党校的独特价值所在。作为县级党校，重点在于聚焦理论教育和党性教育，以新时代党的理论创新成果为中心内容，加强专业能力培训，做好新时代的传道、授业、解惑工作，使学员在党校学习学得新知、增强党性，充分发挥出党校“为党育才”的独特价值。

一、加强理论学习，学懂弄通党的创新理论，传好马克思主义真理之道

理论修养是领导干部综合素质的核心，理论上的成熟是政治上成熟的基础，政治上的坚定源于理论上的清醒。党校开展好理论教育，首先教师要潜心治学、虔诚问道、悉心育人，要认真学习马克思主义经典著作，通过学习钻研，掌握领悟好马克思主义基本原理。学懂弄通了，教师才能讲全讲准、讲深讲透讲清楚。党校教师要不断加强自身的党的创新理论学习，学有所获、学有所得后，才能传好马克思主义真理之道。

要讲好党的理论，不仅要讲清楚“其然”，更要说明白“其所以然”。这需要从学理分析、历史借鉴、国际比较、实践导向等多个维度出发，深入挖掘其中的理论逻辑、历史逻辑和实践逻辑，揭示蕴含在党的创新理论中的学理，用学术的严谨逻辑讲明白政治的道理，党校教师要学会用学术讲政治。

二、理论联系实际，注重专业能力教育，授好推动改革发展稳定之业

现代社会是知识与信息急剧膨胀和快速更新的时代。知识更新加快，迫切要求党员干部加强对政策法规知识、业务知识等的学习，学懂弄通、融会贯通、灵活运用，用丰富新知识来提高自己，提高领导能力。

党校要积极作为，就要体现在以学员为主体、培训学员的干事本领上。党员干部来党校学习是带着工作中的问题来的，带着“痛点”的，学员来学习研究“充电”后，解决了难点，才能履行岗位职责，认真完成本岗位工作，从而创造新的工作业绩。通过在党校培训学习，结合本岗位的业务，不断提高自身的业务能力和技术水平，进一步提升服务群众的水平，形成自己新的工作思路、新的办法，从而达到解决实际问题的目标，这是党校教学必须坚持问题导向、注重专业能力教育需要的着力点。

开展专业化能力教育，重点是聚焦领导干部履职需求，围绕县委和县政府工作大局，通过学习专业化培训课程，提升领导干部推动高质量发展本领、服务群众本领、防范化解风险本领。同时，加强斗争精神和斗争本领养成，以更好推动改革发展稳定工作的贯彻落实。

三、坚定信念，坚持做好党性教育，解好改造主观世界和客观世界所遇之惑

党的二十大报告指出，加强理想信念教育，引导全党牢记党的宗旨，解决好世界观、人生观、价值观这个总开关问题，自觉做共产主义远大理想和中国特色社会主义共同理想的坚定信仰者和忠实实践者。

坚定理想信念，就要抓好党性教育这个核心。党性教育是共产党人修身养性的必修课，是共产党人的心学。作为基层党校，必须始终注重党性教育的创新性和有效性。新田县委党校从党性教育的实效性出发，不断拓展教学新思路，借鉴创新党性教育手段，开展党性修养教育，结合本地党性教育资源，设置了“红色文物会讲话”现场教学、“重走长征路”的体验式教学、“蒋先云血战临颍”情景式教学，有效增强了党员干部的理想信念教育代入感和历史使命感。学员的党性修养教育，是一定环境中的教育。党校的党性教育要取得实效，更要在软实力的环境建设上下功夫。学校以学员为本，努力营造“团结紧张、严肃活泼”的良好氛围，通过实行异地教学，开辟党性教育第二课堂，让学员自觉接受党性的锻炼和熏陶。

作为基层党校教师，必须始终坚持党校姓党，始终聚焦主责主业，深刻领悟“两个确立”的决定性意义，增强“四个意识”、坚定“四个自信”、做到“两个维护”，在做好新时代的传道、授业、解惑工作中，守正创新，踔厉奋发，用新的担当作为彰显党校“为党育才”的闪亮光彩。

何昕系中共新田县委党校常务副校长；陈桐生系中共新田县委党校讲师。本文发表在《永州日报》2023年4月7日。

“五个加强”践初心

何　昕

贯彻落实好习近平总书记重要讲话精神，必须抓好“五个加强”，充分发挥党校锤炼党性“大熔炉”的独特价值。

加强理想信念教育和党的宗旨教育以铸魂。坚定理想信念和强化党的宗旨意识，基层党校就必须对学员加强马克思主义理论教育，实现知信行相统一。

加强“四史”教育和革命传统教育以固本。习近平总书记强调要从中国革命历史、优良传统和精神中汲取养分。党校必须加强“四史”教育和革命传统教育，传承红色基因，赓续红色血脉，铸牢学员理想信念和政治忠诚。

加强中华民族传统美德和党风廉政教育以养德。党校是党的意识形态工作的重要前沿阵地，教育引导学员践行社会主义核心价值观，就必须加强中华民族传统美德和党风廉政教育，使之做到明大德，守公德，严私德，立政德。要坚持党性党风党纪一起抓，从思想上固本培元，提高党性觉悟，增强拒腐防变能力，涵养浩然正气。

加强党章和党规党纪学习教育以守规。党章是党的总章程，党规党纪则是对党章的延伸和具体化。党校必须把党章和党规党纪学习教育纳入干部教育的重要内容，通过党性教育，减少和杜绝不遵规守纪现象发生。

加强教学方式和方法的创新以增效。坚持不断创新教学方式和方法以适应新时代干部培训的需求，增强教学的针对性，提高党性教育的有效性。近年来，我校不断拓展教学新思路，设置了现场教学、体验式教学、情景式教学等，取得了很好效果。

何昕系中共新田县委党校常务副校长。本文发表在《永州日报》2023 年 4 月 18 日。

莫学蝜蝂“不知戒”

陈桐生

党的二十大报告指出，坚决惩治群众身边的“蝇贪”。“蝇贪”是习近平总书记在十八届中央纪委六次全会上提出的，“‘蝇贪’泛滥，其害如‘虎’”。近读唐代思想家柳宗元一则短小精辟的寓言《蝜蝂传》，便入木三分地描写出“蝇贪”的画像。这篇虽 167 个字，但蕴含精深的廉洁自律思想，千载而下，仍有现实警示鞭策之功效！

其文如下：

蝜蝂者，善负小虫也。行遇物，辄持取，卬其首负之。背愈重，虽困剧不止也。其背甚涩，物积因不散，卒踬仆不能起。人或怜之，为去其负。苟能行，又持取如故。又好上高，极其力不已，至坠地死。

今世之嗜取者，遇货不避，以厚其室，不知为己累也，唯恐其不积。及其怠而踬也，黜弃之，迁徙之，亦以病矣。苟能起，又不艾。日思高其位，大其禄，而贪取滋甚，以近于危坠，观前之死亡，不知戒。虽其形魁然大者也，其名人也，而智则小虫也。亦足哀夫！

柳宗元写《蝜蝂传》志在“文以明道”。第一段是为蝜蝂画像立传。蝜蝂虽小虫，但它有两个特性，一是好物不倦，“行遇物，辄持取，卬其首负之”。即使“踬仆不能起”，有人“为去其负”，它“苟能行，又持取如故”。二是“好上高”，它是“极其力”地往上爬，爬到“坠地死”。笔锋一转，第二段是柳宗元为“嗜取者”画像立传。借小虫蝜蝂的特性，鞭笞贪官嘴脸与之无异，“唯恐其不积”“遇货不避”，见钱就收，嗜取“以厚其室”而不知这是重负之累。即使被“黜弃”“迁徙”，只有有机会能起来，不知“吃一堑长一智”，不会警醒悔改，引以为戒，反而“前腐后继”，不停止“贪取”，天天钻营“高其位，大其禄”，醉心于贪权贪钱，最后柳宗元辛辣讽刺“虽其形魁然大者也；其名人也，而智则小虫也”。

柳宗元深刻指出，“嗜取者”外形上虽比蝜蝂高大雄伟万倍，但没有智慧见识，德不配位，贪婪不厌，为物所役。其“贪取滋甚”而“不知戒”，近犯法的深渊而不知觉，看到了前腐的败亡而警醒，这时候，人本该有礼义廉耻之心已荡然无存，因为“贪心好比一个套结，把人的心越套越紧，结果把理智闭塞了”。读完品思，作品内容结构如同一对联：

上联：蝜蝂者负重上高坠地死　下联：嗜取者厚禄高位近危亡　横幅：知戒勿贪

对于“贪”，古代不乏“知戒”哲人。老子说：“咎莫憯于欲得，祸莫大于不知足。”指出“多藏必厚亡”的至简大道。庄子看到“鹪鹩巢于深林，不过一枝；偃鼠饮河，不过满腹”。晏子坚持“廉者，政之本也”的理念节欲尚俭，认为“足欲，亡无日矣”。颜斶知足简朴，坚持“晚食以当肉，安步以当车，无罪以当贵，清静贞正以自虞”。所以他终身不辱。陶潜淡泊明志，不为五斗米折腰，不为“心为形役”，潇洒挥就《归去来兮辞》千古名篇。苏轼清贫好竹，纵然“竹杖芒鞋”，也觉得“轻胜马”，活出“一蓑烟雨任平生”的坦荡从容。

作者柳宗元文如其人，他自己就是清官。他为官一心为民，两袖清风。元和十四年（819 年）十一月初八，年仅四十七岁的他在柳州病逝。但因家贫无积，家人无力治丧，灵柩被停放在他生前喜爱的罗池的西北侧。后由老乡裴行立和好友刘禹锡等人出手帮忙筹集丧葬费用，柳宗元的灵柩得以运回山西下葬。“官到能贫乃是清”，他的这种“清贫”正体现了他“清白可鉴，终不媚私。利泽广大，孰能去之”的初心。

斯人已去，高风常存，佳文警世，柳宗元《蝜蝂传》仍在为现实中“贪取滋甚”的人敲响警钟，遗憾的是正如德国哲学家黑格尔说的：“历史给人的唯一教训，就是人们从未在历史中吸取过任何教训。”贪腐者仍在重蹈覆辙，“前腐后继”，他们私欲膨胀，以权谋私不知收敛，走上了背离党和人民的犯罪道路，最后锒铛入狱，其惨痛教训不值得深思吗？

老子说，自胜者强。王阳明说：“破山中贼易，破心中贼难。”在面临种种诱惑，易于被“围猎”的环境中，人要守住拒腐防变的防线，根本在于守住初心和良知，矢志不渝。习近平总书记深刻指出，一个人能否廉洁自律，最大的诱惑是自己，最难战胜的敌人也是自己。党员干部必须始终牢记清廉是福，贪欲是祸的道理，守住内心，严以修身，坚定理想信念，拧紧拧牢世界观、人生观、价值观的总开关。思想上能固本培元，党性觉悟提高，内心充满富贵不能淫、贫贱不能移、威武不能屈的浩然正气，方能增强拒腐防变能力，中医有道“正气存内，邪不可干”。

正气还来源于始终心存对法纪的敬畏。心有所畏，才能行有所戒，敬畏法纪方能抑制妄念滋生，从而行有所止。常存“莫伸手，伸手被人捉”的戒惧，断绝“富贵险中求”侥幸念头，时刻自省自警，以内无妄思保证外无妄动，在为民服务的实践中，廉洁用权，依法用权，谨慎用权，不踩“红线”、不越“底线”、不闯“雷区”，才能跳出蝜蝂之“困”，活得自身心胸之坦荡，自由之清风。

陈桐生系中共新田县委党校讲师。本文发表在《清风》2023 年第 7 期。

坚守初心　踔厉奋发
努力谱写新时代县级党校工作
高质量发展新田篇章

唐清林

各位领导、老师、同学们：

我是来自湖南省新田县的学员唐清林。新田位于湖南省南部，毗邻粤港澳大湾区，是中国孝德文化之乡，是国家卫生县城、国家文明城市提名县，是国家革命老区县、“红军长征首胜之城”。20 世纪 60 年代，曾因新田人民自力更生、艰苦奋斗的壮举，赢得了一代伟人毛泽东“南有新田”的高度赞誉。今天，我汇报的主题是《坚守初心 踔厉奋发 努力谱写新时代县级党校工作高质量发展新田篇章》。

通过四天的培训，我深感受益匪浅，收获良多，进一步提高了政治站位，拓宽了视野，提升了工作能力，提振了信心，深受鼓舞。

这是一次贯彻落实习近平总书记关于党校工作重要论述新辅导的政治培训。通过反复研读习近平总书记在中央党校建校 90 周年庆祝大会暨 2023 年春季学期开学典礼上的重要讲话，我深感这是一篇指导新时代党校事业高质量发展的纲领性文献，为加强和改进新时代党校工作指明了前进方向、提供了根本遵循。三位领导给我们上了深入生动、具体全面的辅导课，特别是春涛常务副院长要求的党校工作必须抓好理论教育、党性教育和能力培训，给我以醍醐灌顶之感，内涵丰富，催人奋进。

这是一次对党校教学、科研、治校经验新概括的方法培训。我们深刻体会到，做好党校工作要始终把政治标准放在第一位，坚持围绕中心、服务大局，以党的旗帜为旗帜、以党的意志为意志、以党的使命为使命，做好传道、授业、解惑工作；要做好“净化器”“大熔炉”“风向标”，狠抓教风、学风、校风建设，探索如何质量立校、人才强校，加强教职工管理，助推青年教师成长；要找准与党的中心任务的结合点、切入点、着力点，做好探索规律、经世致用的大学问，做习近平新时代中国特色社会主义思想的忠诚布道者、模范践行者。

这是一次激励全国县级党校奋力描绘未来发展新蓝图的动员培训。我们坚信，只要我们按照习近平总书记提出的新时代党校工作的使命任务、具体要求以及本次培训学到的宝贵经验、重要知识去奋力拼搏，未来五年乃至更长一段时间，广大县级党校的发展必将呈现出一个崭新的美好景象。

报告各位领导，我所在的新田县委党校成立于1955年，在上级党校的精心指导下，学校各项工作在近几年取得了一些新成效，近年来先后三次荣获省市党校系统科研工作优秀单位和全市国防教育先进单位，在永州市党校系统五年办学评估考核工作中评为优秀。主要有以下几个方面特点：

一是教学设计探索“新田经验”。在保证理论课程课时超过规定比例的基础上，创新开展了“7个2”体验教学活动，即务工2天、支农2天、经商2天、调纠2天、支教2天、军训2天、精读2本书，帮助学员弥补知识缺陷、能力短板、经验弱项。“7个2”教学活动的开展情况在《湖南日报》《湖南党校》报等省市报刊上得到广泛宣传报道。

二是党性教育体现“新田特色”。充分利用新田本地丰富的红色资源，设计开发了情景教育课程《忠诚》，讴歌蒋先云同志“头可断而共产党籍不可牺牲”的对党无比忠诚的高尚品质；策划了《红色文物会说话》现场教学，打造串联小源会议旧址、蒋先云故居、萧明故居、革命烈士纪念园的红色精品路线。

三是科研资政铸就“新田品牌”。近三年，新田县委党校在湖南省党校系统的6项社会科学课题均成功结项；今年又有3项课题成功立项。在湖南省党校系统理论研讨会荣获2项一等奖、3项二等奖，学校教师参加全国理论学术研讨会4人次。2020年创办了《新田党校》县级党校校刊，深受各界好评。

前进的号角已经吹响，发展的蓝图已经绘就。我们将以此次培训为契机，努力将学习成果转化为推动工作的强大动力和具体举措，结合即将在县区开展的主题教育，进一步学习习近平总书记关于党校工作的重要论述，不断提升理论素养，在“走基层、找问题、想办法、促发展”上下功夫，扎实推动各项工作的落实，努力谱写新时代我县党校工作高质量发展。

一是坚持“党办党校”根本要求。始终把“党校姓党”的根本遵循贯穿办学治校的全过程，切实把牢政治方向，把好价值取向，把准发展导向，切实履行好“党委办党校管党校建党校”的主体责任。

二是发挥“为党育才”独特价值。教学布局始终坚持以学习习近平新时代中国特色社会主义思想为中心内容和首要任务，确保党的理论教育和党性教育不低于总课程的70%。继续创新教学方案，持续深化“7个2”体验式教学、“红色文物会讲话”现场教学、“重走长征路”体验式教学、“蒋先云血战临颍”情景式教学，让党性教育真正落到实处。

三是扛牢“为党献策”重要职责。牢牢把握“围绕中心、服务大局”这个政治站位，加强重大现实问题研究，聚焦新田县“三区四地”战略目标实施、打好发展“六仗”、融入“双循环”新发展格局、保障和改善民生等当前经济社会发展热点难点问题，开展基础性、前瞻性、对策性研究，更好地服务和助力全县经济社会高质量发展。

四是落实“从严治校、质量立校”办学方针。进一步完善机制，建强队伍，优化阵地，严格遵守“学术研究无禁区、课堂讲授有纪律、公开言论守规矩”，严格把好备课、评课和试讲关，严格落实主体班班主任坐班制，严格执行学员学籍、学习、考勤等制度，让党校的红色底蕴纯正浓厚，使每一位学员一踏进党校大门，就感受到学习之风、朴素之风、清朗之风。

最后，欢迎大家莅临“南有新田”做客指导工作！

唐清林系新田县委副书记、统战部部长、党校校长。本文是2023年8月1日参加全国县级党校（行政学校）学习贯彻习近平总书记关于党校工作重要论述专题研讨班上的发言稿。

微 型 党 课

老一辈革命家萧明及其崇高品质

孙冰露

在曾获一代伟人毛泽东“南有新田”高度赞誉的新田县，有这样一位人物，他勤学上进、追求真理，曾长期从事工人运动，为党和人民的革命事业出生入死，新中国成立后为党和人民的建设事业鞠躬尽瘁。

他就是新田县唯一一位被权威书籍《中共党史人物传》和党史研究专家胡华评价定位为老一辈革命家的党史人物——萧明。他的一生是革命的一生，是奋斗的一生，是为党和人民作出重大贡献的一生。让我们一起走进老一辈革命家萧明，领略他的崇高品质。

一、勤学上进、追求真理

1896 年冬，萧明出生在新田县枧头乡上富柏村的一户普通农民家里。萧明从小酷爱读书，17 岁那年考取了县里高小。走出小山坳的萧明，眼界大开，时值民国初建，民主共和之风开始刮进小县城。19 岁那年，他组织同学宣传“剪辫子、反缠足”的活动，结果被迂腐保守的学校开除了。辍学回家后，年轻的萧明很不甘心，决定到更大更远的地方去闯一闯。于是决定到长沙投考省立第三师范，20 岁的他凭着自己的聪明才智一举考入省立三师。这个追求上进的农家孩子蜕变成了一名不懈追求真理的热血青年。省立三师是湘南地区影响较大的一所中等专业学校，是当时新思想的活跃地带。在这里，他接触到了同样具有新思想的同学蒋先云、陈为人、何述等人，还有在省立一师的毛泽东、蔡和森等先驱人物，并同他们一道组织和参加革命运动。“莽莽神州，已倒之狂澜待挽，茫茫华夏，中流之砥柱伊谁?”在那个风雨如晦的年代，20 岁出头的萧明接触到了马克思主义，从此确定了自己的终生信仰。和当时很多的进步青年一样，早已将救国立为自己的志向。

那么如何才能救国？道路又在哪里？

1919年，在五四运动的推动下，以蒋先云和萧明为首的进步青年，组织建立了湘南学生联合会，积极学习和宣传进步思想，努力寻求救国救民之路，并积极组织和参加毛泽东、蔡和森等同志发起的驱逐湖南军阀张敬尧的斗争。之后，萧明曾两次赴法国勤工俭学，其间与周恩来、邓小平、陈毅等老一辈无产阶级革命家结识，共同探寻救国救民的真理。1922年，萧明回到北京后第一时间拜见了李大钊、邓中夏、陈为人等北方党组织的领导人，并由邓中夏、陈为人介绍，于同年加入了中国共产党，成为一名光荣的共产党员。从此便开始为马克思主义的传播积极奔走。为积极普及宣传马克思主义思想，发动工人运动，开展革命斗争，萧明参加了《工人周刊》编辑工作。他还以在中法大学读书作掩护，积极发动建立学校党组织的工作，为马列主义在知识分子中的普及奠定基础。

二、无惧死亡，坚持革命

萧明是一名铁骨铮铮的党员，从他加入中国共产党的那一刻起就已将忠诚熔铸到自己的血液中，无论遇到何等艰险，他都无惧死亡，始终如一坚持革命。

在1923年“二七大罢工”中，萧明冒着危险保护被反动军警追捕的罢工工友。之后，根据党组织的安排，他又深入张家口及周边地区领导工农运动，为这一地区工农运动发展壮大立下了汗马之功。1927年大革命失败后，中共陕西省委任命萧明为渭南县委书记，化名彭明，以中学教师身份作掩护，为恢复大革命失败后的党团组织而辛勤工作。到1928年2月，全县有党团员千人以上。

1928年3月，萧明积极策划领导渭南、华县、蓝田、临潼等县的农民运动。同时，根据陕西省委关于“割据渭、华，恢复农会，实行土地改革”的决定，萧明积极发展和组织农民武装，发动学生与农会联合，积极策动成立陕东赤卫队，为筹备武装起义做前期准备工作。在参与领导的渭华起义中，萧明身先士卒，在土岗一线指挥赤卫队抗击敌人。由于敌众我寡，1928年7月渭华起义失败，国民党反动派随即对人民群众实行了血腥镇压和疯狂的反攻倒算。据资料记载，仅仅高塘一带就有共产党员、赤卫队员和革命群众近300人惨遭毒手，数十人失踪，11户被杀绝，45院房屋被烧拆。渭南的新庄村一次就被抓捕30多人，屠杀5人。

在一片白色恐怖之中，萧明目睹着战友被杀，数以千计的群众背井离乡、流落乞讨等惨状，他心如刀割，心急如焚。轰轰烈烈的革命难道就这样偃旗息鼓了吗？不能！革命的火种一旦燃起就会成为熊熊大火，势不可挡！然而，毕竟是残酷的冬天到了，革命暂时转入了低潮。为了保存革命的火种，萧明等陕东区委的领导被迫转入渭南山区，继续坚持敌后武装斗争。

三、不计得失，一心向党

作为早期的共产党员，萧明坚持党性，有着高度自觉的政治素养，从不计较个人荣辱和得失，对革命事业忠贞不渝。

1931年萧明因不赞成王明主持六届四中全会的“左”倾路线，被河北临时省委开除党籍。作为一名党员，被开除党籍是何等的打击，萧明内心感到十分难过和委屈，但他丝毫没有消沉。这时期周恩来领导的“上海中央特科”，因为顾顺章叛变等因素遭到破坏。于是决定在北方组建“上海中央特科”的下属地方组织。周恩来派我党著名的特工吴成芳来北平做统一战线工作，吴成芳辗转找到萧明，萧明欣然同意做吴成芳的搭档，两人携手创建华北政治保卫局（史称“北京特科”）。秘密工作地点就设在西单的“春秋书店”里。这是一个二层小楼，楼下除了卖公开发行的书籍外，也秘密出售被国民党禁止的进步书刊。楼上则是特科情报人员的秘密工作点。

在北京特科工作的日子，正是国共关系破裂、敌强我弱的时期，我党处在一片白色恐怖之下，萧明冒着生命危险秘密开展工作，搜集情报，发展情报力量，还把自己的妻子赵铃发展成为得力助手。萧明还曾长期做冯玉祥将军的统一战线工作，推动了反蒋抗日斗争。1937年5月，北方局获得日本军部特务机关拟于六月间在平、津一带发动军事侵略阴谋的机密计划，并侦知冀东汉奸殷汝耕伪组织正在通州紧急训练一批特务。萧明将此紧急情报通知担任二十九军参谋长的中共地下党员张克侠（1929年就秘密入党，不暴露身份，不与地方党组织联系，中央直接派人与他单独接头），转告宋哲元（二十九军军长）下令紧急防范。6月底，通州一带日军果然以“演习”为名进驻北平城郊，企图利用特务挑起事端，趁机占领北平和华北。由于二十九军严密防范，将这批特务全部逮捕，日军阴谋落空。在策动二十九军抗战的过程中，萧明时刻受到特务的追捕，险象环生，在妻子机智地掩护下，才得以逃脱特务的魔掌。

1937年抗日战争全面爆发后，国共两党重新合作，北方局命萧明去延安。萧明按照组织规定汇报工作时，康生以萧明做冯玉祥工作时重用托派分子张慕陶为由，认定萧明与张慕陶有历史关系，结果萧明被关押审查达半年之久，而他的妻子赵铃也因此忍痛与他离了婚。但他此后再未对人提起这段经历。直到刘少奇抵达延安，得知了萧明的情况，认为审查清楚，向中央汇报后，没有问题，他才被解除关押。之后被分配到延安抗日军政大学当教员，教授马列主义和政治经济学，他深厚的理论知识和丰富的斗争经验以及轻松活泼的语言，使他成为当时最受欢迎的教员之一，却始终只字未提在关押过程中所受的艰难和委屈。

烈火淬金，历经革命斗争的生死考验以及政治斗争的无情残酷，萧明始终坚定理想信念，革命意志坚如磐石，服从组织安排，以饱满的热情坚持为党工作，仿佛之前的艰险和艰难都不曾发生过。

四、不辞劳苦，勇担重任

北京解放前夕，市委领导同志征求萧明同志进城后工作安排的意见时，他恳切地回答："我愿意做工会工作，为工人群众服务。"

1949 年 1 月 31 日，北平和平解放。萧明接到筹建北平市职工总会的工作重任。刚接收的北平千疮百孔、百废待兴，萧明领导同志们迎难而上，建立起北平市职工总会筹备委员会。新中国成立后，萧明担任北京市总工会主席，他以极大的热情投入祖国建设和工会工作中，他走基层，搞调研，把整个北京城几乎都跑遍了，经常忙得连饭都顾不上吃，领导首都工人为建设新首都而兢兢业业，忘我操劳。而这也开辟了北京工运史上的新篇章。市总工会、各产业工会、基层工会迅速建立起来并开始发挥作用，这为团结广大工人，恢复与发展工业生产，实现国民经济状况的基本好转发挥了十分重要的作用。

他常说："工会是工人的家，特别是首都工人阶级，解放了，应该有一个像样的家。"他关心职工教育，在叶剑英市长支持下，借用国子监和孔庙举办职工学校，自己任校长，请中央、市委领导和著名专家来讲课。他关心职工生活疾苦，就发动工会组织和合作社配合，组织成立消费合作社，保障工人可以从消费合作社中买到平价粮或低于市场价格百分之几十的生活必需品。又展开了劳资协商，签订集体合同以帮助解决劳资争议、救济失业员工。他关心劳动模范，先在颐和园后又到北戴河寻找地盘，开办劳模休养所。他关心职工文化生活，就亲自找周总理把太庙拨给工会办工人文化宫，毛主席亲自题写"北京市劳动人民文化宫"的匾额。

萧明还曾担任开国大典阅兵游行副总指挥，总指挥则由时任华北军区司令员的聂荣臻担任，萧明深知肩上责任重大，为展示出这支走过 22 年光辉战斗历程，由小到大，由弱到强，终于打败了国内外反动派的人民子弟兵，更好更精彩地接受党和人民的检阅，萧明与同事们废寝忘食、夜以继日地为阅兵活动忙碌着，参与讨论方案、开展讲座培训、指挥排练、组织选拔职工、天安门广场的整修等众多事务，连续几个月都战斗在第一线。

1956 年，萧明被选为北京市政协副主席，当他准备继续开足马力投入新的工作时，常年奔波操劳的身体吃不消了，他病倒了。他开始以为自己躺下休息一段时间就会好起来，然而在这之前，他实在太拼、太累了，他这一躺下，就没能再起来。住院治疗期间，陈毅同志去看他，对他说，"萧老，你要安心养病啊，有什么事尽管找我！"萧明也意识到自己是积劳成疾，需要长时间休养。他撑着病体进入了 1959 年，那是个家乡的黄花抖擞了一秋后凛然落地的时节，他怀念家乡和家乡的黄花，自幼好读诗书的他低吟道："西风昨夜过园林，吹落黄花满地金。"1 月 23 日，萧明与世长辞，享年 63 岁。

萧明一生追求真理，坚持革命，用生命的光和热，完成对党、对人民、对事业的庄严承诺。尽管他离开我们六十多年了，但他对革命和祖国建设事业的热情，是留给我们的宝贵财富，是激励我们前进的精神动力。

岁月不居，时节如流，弦歌不辍，薪火相传。从满目疮痍到锦绣河山，不息的是华夏人，不改的是炎黄姓，不变的是吾辈不懈奋斗的斗争精神。2020 年 9 月，习近平总书记亲临湖南考察时深情地指出："湖南是一方红色热土，大批共产党人在这片热土谱写了感天动地的英雄壮歌。要教育引导广大党员、干部发扬革命传统，传承红色基因。"

今天，我们怀着无比崇敬的心情，重温那段血与火的峥嵘岁月，共同缅怀追忆萧明为马列主义的传播、为旧中国工人的觉醒、为新中国的成立以及新中国工会工作的创立发展所立下的不朽功绩，目的就是要从这里汲取力量，坚定信仰，为把祖国建设得更加美好而不懈奋斗！

在两个百年的历史交汇期，面对世界百年未有之大变局，复兴中华的接力棒传到了我们这一代人手中，我们广大党员干部必须在新的历史条件下锤炼忠诚干净担当的政治品格，永葆初心砥砺奋进，像萧明一样把个人理想追求融入党和国家事业之中，不负青春，不负时代！

孙冰露系中共新田县委党校讲师。本文是 2021 年永州市干部教育培训机构精品微党课比赛课程发言。

信仰的力量

——感悟蒋先云烈士永恒的精神魅力

汪萍洋

大家好！我是今天现场教学的老师，相信大家对蒋先云其人其事有了一定的认识和了解。接下来，我就从信仰的角度和大家一起更深入地认识蒋先云短暂而辉煌的一生。

一、蒋先云生平简介

蒋先云是我党早期优秀党员、早期无产阶级革命家、著名工人运动领袖和具有影响力的军事将领。蒋先云1902年出生于新田大坪塘一个没落的书香之家，他的父亲是晚清秀才，思想开明，母亲是个普通的家庭主妇，精明能干。在这样宽松的家庭环境下成长，蒋先云从小就树立了正直、开明的三观。

蒋先云天资聪颖，15岁时，他以优异成绩破格被湖南省立三师录取。在校期间，蒋先云组织成立了“学友互助会”和革命团队“心社”，以探索救国救民之道、促进新文化发展为己任。1919年，五四运动爆发，蒋先云积极投身革命，并成为湖南学生革命联合会的第一任总干事，是当时公认的湖南省学生运动的领袖。1921年10月，在毛泽东的推荐下，蒋先云正式加入了中国共产党，从此投身于共产党的伟大事业。1927年4月12日，蒋介石在上海发动反革命政变，蒋先云在武汉发起了30万人参加的“讨蒋”大会；同年5月，武汉国民政府决定继续北伐，蒋先云被任命为国民革命军第11军26师77团团长兼党代表，率部北上，与奉军于河南临颍激战时，蒋先云身先士卒，英勇牺牲，年仅25岁。

是什么能让一向柔弱的青年崇尚光明而义无反顾？是什么能让一介腼腆的书生勇往直前而不顾安危？是什么能让一个有识的志士赴汤蹈火却在所不惜？是什么能让一位坚毅的党员直面生死却从容而去？

二、精神力量

（一）立志向："想天下，干大事，做一个顶天立地的人"

蒋先云的大哥蒋先烈也是一位胸怀天下的有志青年，曾跟随孙中山、黄兴参加同盟会，立志为民族兴亡而奋斗，是一名辛亥英烈。受大哥的影响，蒋先云小小年纪就立下了"想天下，干大事，做一个顶天立地的人"的志向。从 11 岁读书开始，蒋先云就全身心投入求知识、长本领、闹革命的活动中去。

1917 年，蒋先云以优异的成绩被湖南省立三师录取。他在三师创办的革命团体"心社"开宗明义写道："牺牲个人乐利，企图谋群众幸福；结合真纯同志、谋社会实际改造。预备为世界总解决时一部分底帮忙，作建设新社会时一个健全坚实的基础。"从这里我们不难看出年仅 19 岁的蒋先云便树立了"谋群众幸福、谋社会实际改造、建设新社会"的坚定信仰。蒋先云在三师的突出表现受到了毛泽东的关注和赞赏，他们在革命运动中建立了亦师亦友的亲密关系。1921 年 10 月，在毛泽东的介绍下，他加入了中国共产党并在红旗下庄严宣誓：服从纪律，牺牲个人，努力革命，严守秘密，永不叛党。从此，蒋先云成为革命队伍中坚定的一员，无论何种艰难环境下，从未动摇过对信仰的坚持。

早期共产党员的身份使他对党和党的事业有了更深的认识和理解，明白了中国共产党的出发点和落脚点就是为中国人民谋幸福、为中华民族谋复兴，使他更加坚定了自己的志向。毕业之后，他参加、组织和领导了安源路矿工人大罢工、水口山工人大罢工，通过革命运动，成为著名的工人运动领袖。

（二）担使命："秉正大光明之宗旨，作正大光明之事业，死也不怕"

1922 年初，中共湘区委员会派蒋先云到安源路矿协助李立三、刘少奇领导工人运动。他一到安源就下矿井，进工棚，与工人谈心交朋友，并以平民教育的合法形式创办工人夜校，提高工人觉悟，他与刘少奇、李立三一起成立中共安源支部，这是中共湘区委员会成立后建立起的第一个产业工人党支部，蒋先云是负责人之一。但从罢工之日起，矿务局就采取假谈判、金钱拉拢等手段搞破坏。利诱无效后，实施恐吓："如不尽快离开安源，就有杀身之祸。"对此，蒋先云异常坚定，大义凛然地说："秉正大光明之宗旨，作正大光明之事业，死也不怕！不达目的，决不离开安源。"最后安源罢工取得胜利，蒋先云与刘少奇、李立三被称为安源罢工的"三根撑门柱"。

同年底经党组织指派，蒋先云前往水口山矿领导工人运动。1922 年 11 月 27 日在蒋先云的领导下成立了水口山矿工人俱乐部，他被选为党支部书记兼俱乐部主任。俱乐部成立后，一场震惊中外的水口山工人大罢工爆发了。蒋先云被推举为同矿局谈判的全权代表。矿局局长以与工人代表谈判为名，企图诱骗蒋先云入局将其杀害。蒋先云明知有诈，但为了工人的利益，仍以大无畏的革命胆略，不顾个人安危，进入矿局。谈判中，矿局局长威胁道："你们成立俱乐部，唆使工人罢工，该当何罪？""必须答应立即复工，否则就地正法！"话刚落音，两个刽子手和十几名矿警一拥而入，刀枪直逼蒋先云。蒋先云拍案而起，义正词严地说："为了生存，工人们罢工，何罪之有？你们要扣就扣，要杀要杀。正大光明，何所顾虑。不答应条件，决不复工。"矿务当局见硬的不行，便用重金贿赂蒋先云。蒋先云断然回绝，我来之前曾对工友说："我若受他人一毫贿赂，请各工友杀以示众。"罢工斗争持续了 22 天，取得了全面胜利。当时中国劳动组合书记部主任邓中夏评论："水口山铅锌矿罢工，其雄壮不亚于安源。"这无疑是对蒋先云的最大肯定。

（三）铸忠魂："头可断，而共产党籍不可牺牲"

1924 年 3 月，经毛泽东推荐，蒋先云在全国 1200 名考生中脱颖而出，以第一名的成绩考入黄埔军校。在黄埔军校学习期间，蒋先云用心攻读古今兵法，"学术两科，冠于全校"，并且他创造了一个"后无来者"的奇迹，即囊括了所有科目考试的第一名，包括入学考试和毕业考试。蒋先云不仅是军校的顶级学霸，而且他政治活动能力强，军事才能表现突出，能写、能讲、能打，文武双全，成为黄埔军校最有影响力的学生。他与陈赓、贺衷寒被并称为"黄埔三杰"，并位列"黄埔三杰"之首。他深得军校政治部主任周恩来、校长蒋介石的喜爱和器重。

随着蒋介石地位的日趋上升，想主动投靠的人有很多，但蒋先云不为所动。1926 年初，蒋介石集团实施"清党"活动，导致革命形势急转直下，蒋先云不畏凶险，更加坚定跟共产党走的信念。4 月的一天，蒋介石在广州召开军事干部会议时宣布：军队中不能有跨党分子，国民党员中不许加入共产党员，已加入的，必须退出共产党方可留在军队，共产党员必须从第一军中退出。对于这样无理的要求，蒋先云第一个站出来掷地有声地说："我，蒋先云，共产党员，此生永做共产党员！""脱离共产党，就是叛变革命"，与当时喊退出共产党、加入国民党的蝇营狗苟之辈形成鲜明对比。随后蒋先云又当即撕毁了蒋介石发给大家的党籍声明表，并大声宣布："头可断，而共产党籍不可牺牲！现在我郑重声明：退出国民党！"面对蒋介石的威逼利诱，蒋先云用决绝坚守一名共产党员的坚贞，守护共产党人崇高的革命信仰。

（四）践初心："官可以不做，命不可不革"

尽管蒋先云的所作所为令蒋介石失望，但为了能够笼络到这样一位不可多得的人才，蒋介石反而更加以礼相待。蒋介石曾经对他说：“以你的才干，只要退出共产党，可以先任中将教育长，识时务者为俊杰，望你三思。”但蒋先云不改初衷，理直气壮地回答道：“学生当初投笔从戎绝非为当官封侯。我官可以不做，命不可不革。脱离共产党，我做不到。我蒋先云为革命肝脑涂地，在所不惜！”有一次，蒋介石在全校大会中公开说道：待革命成功，自己解甲归田之后，手下的龙虎之师唯有蒋先云才能统领！但是，蒋先云并没有接下蒋介石的橄榄枝。其实荣华富贵、高官厚禄、锦绣前程，这是自古以来很多人翘首以盼的梦想。但找到了信仰真谛的蒋先云却弃之如敝屣，因为他深知中国共产党才是国家的希望。他在周恩来的帮助下成立了中国青年军人联合会，多次发文反对帝国主义、反对独裁统治，影响了包括黄埔军校师生在内的一大批中国军人。

1927 年 4 月，蒋介石在上海发动四一二反革命政变，血腥屠杀共产党员和革命群众后，蒋先云郑重发誓：“头可断，革命气节不可丢！”4 月 17 日，蒋先云在武汉发起黄埔学生和 30 万群众参加的讨蒋大会并任大会主席，慷慨激昂地声讨蒋介石的叛变革命。他说：“我与蒋介石没有个人恩怨，我是谁反对革命，我就反对谁！”同年 5 月，武汉国民政府决定继续北伐，任命蒋先云为 11 军第 26 师 77 团党代表兼团长。当时，奉军在临颍的总兵力共计七八万人，而北伐军能投入的仅有 26 师和 12 师，形势对北伐军极为不利。在这万分危急的情况之下，蒋先云主动请求从右翼出击摧毁敌人的炮兵阵地以消除整个战场的最大隐患。在 5 月 28 日的战斗中，蒋先云带领士兵冲在战线最前面，忽然，一颗子弹击中了他的左脚，蒋先云摔倒在地，士兵们想把他抬下去，他说：“快牵马来，脚伤了没关系，还能骑马，一定要杀退敌人！”他解下自己的绑腿包扎好流血不止的伤口，跨上战马、拔出指挥刀高喊：“冲锋！向前冲啊！”77 团的官兵发出排山倒海般的怒吼：“冲啊！冲啊！”跟随蒋先云向敌方阵地猛冲过去。弹如雨下，一颗炮弹在蒋先云身边爆炸，蒋先云连人带马倒在地上，又受重伤。这时，师长吴仲禧听说蒋先云两次负伤，即派通讯员令他下火线，但蒋先云坚持不下火线，让通讯员转告师长：“请师长放心，临颍城已经在望，不捉住张作霖绝不下火线。”眼见奉军火力甚猛，士兵卧倒不进，又有消息说敌人增援部队正在赶来，蒋先云竟起身拄着一支步枪带头向敌人冲去，一发炮弹打来，蒋先云不幸第三次中弹，流弹直穿蒋先云腹部，鲜血瞬间洒满整个战场，在生命临终之际，蒋先云口中仍在说“冲锋、冲锋”。“冲啊，为团长报仇！”在蒋先云舍生忘死的精神的感召下，愤怒的 77 团官兵咆哮着猛打猛冲，终于摧毁了奉军的炮兵阵地，取得临颍大捷。而蒋先云的生命却永远定格在了 25 岁。

蒋先云牺牲后，周恩来在武昌主持召开了他的追悼会，称他为共产党人的楷模，大会主席团号召：“同志们，踏着蒋先云同志的道路前进。”当时党中央机关刊物《向导》周报第198期刊登了题为《悼蒋先云同志》的悼词。国民革命政府追赠他为中将军衔。1984年，蒋先云在黄埔军校时的同期同学徐向前元帅在他的回忆录里这样写道：蒋先云是我的良师益友，他斗争坚决，作战勇敢，头脑敏捷，堪为青年军人的模范，并题词“蒋先云烈士永垂不朽”。

三、当下启示

回望历史，对马克思主义的信仰，对社会主义和共产主义的信念始终是共产党人的政治灵魂，是共产党人经受住任何考验的精神支柱，也是我们党从小到大、由弱到强、带领人民走向胜利的根基所在。但是在严峻的生死考验面前，在革命前途已变得十分暗淡的艰难时刻，要始终如一地对自己的信仰毫不动摇，迎着狂风恶浪坚持战斗，并不是一件容易的事情。纵观我们党的百年历史，我们会发现，不是所有的共产党人都能够坚守信仰，有人在鲜血和死亡面前胆怯，也有人在金钱或功名面前迷失。参加中共一大的13位代表中，陈公博、周佛海、张国焘就没有经受住大浪淘沙的考验，先后背叛了自己的信仰，投身敌对阵营，甚至投靠日本侵略者，成为千秋后代永远鄙弃的可耻汉奸。而蒋先云拒绝蒋介石高官厚禄的引诱，不畏白色恐怖屠杀，以年轻的血肉之躯，矗立起共产党人信仰的丰碑。

先烈乘风去，光辉照后人。蒋先云的一生虽然短暂，但是他的精神却一直鼓舞和激励着无数的共产党人前赴后继，向死而生。

（一）要始终坚守信仰的初衷

蒋先云在早期的求学中，尽管因大哥的牺牲，他读书求知识长本领闹革命的过程曾受到母亲的反对，但也不改最初心愿。在亲历了共产党人领导的革命活动之后，蒋先云深深地体会到，共产党人是革命者，担负着推翻旧社会、建立新世界的崇高使命。

信仰是人生的火炬。蒋先云的成长经历和早期共产党员的身份，使他始终坚守信仰的初衷，锻炼成为一名具有坚定信仰的马克思主义者。

（二）要始终坚守信仰的执着

蒋先云在组织发动工人运动中，面对凶狠的兵警与受压的工人，始终坚守信仰的执着。安源路矿和水口山铅矿两次工人运动取得成功从而唤起了工人群众的觉醒，凝聚了工人阶级的力量，成为工人运动的典范。

信仰如同人生的目标，认准了就要坚持不放，追逐不舍，不管是风雨飘泼，还是艰难险阻，为自己的信仰而努力拼搏，付出艰辛，甚至是流血，但一定会成功，这就是信仰的执着。

（三）要始终坚守信仰的底色

蒋先云面对蒋介石给予权力与金钱的诱惑，始终坚持着共产党人的鲜明立场，体现了一名共产党人永远不变的政治底色和完全彻底的革命精神。

对于共产党人来说，红色是人生的底色，更是信仰的本色，什么时候都不能丢、不能变，任何时候任何情况下都要不改其心、不移其志、不毁其节，始终坚守信仰的底色。

（四）要始终坚守信仰的誓言

在艰苦的革命岁月里，蒋先云高擎人生之炬，面对后退的生存与向前的死亡，他不顾自身安危，始终坚守信仰的誓言。

同志们，我们今天来到蒋先云故居，崇尚英雄、缅怀烈士，就是要学习烈士忠魂，学习蒋先云同志坚如磐石的革命信仰，践行他忠贞不渝的坚强党性，坚定理想信念、铸牢对党忠诚，以舍我其谁的精神和责任担当，努力在奋力建设现代化新永州中勇立新功。

谢谢大家！

汪萍洋系中共新田县委党校讲师。本课程获2023年永州市党校（行政学院）系统第十四次教学比赛二等奖。

后　记

春发其华，秋收其实。《初心屐痕》在经过近一年的筹划、酝酿、组稿、编撰等工作后，终于和大家见面了。

一本著作的完成需要许多人的默默奉献，闪耀的是集体的智慧。其中铭刻着许多艰辛的付出，凝结着许多辛勤的劳动和汗水。本书在编辑出版过程中，得到各级领导的大力支持，中共湖南省委党校（湖南行政学院）教育长霍修勇、中共永州市委党校（永州市行政学院）常务副校长黄燕对本书的整体构建给予了指导并为本书作序；中共新田县委书记陈雄百忙之中听取了关于编辑本书的工作情况汇报；中共新田县委副书记、统战部部长、党校校长唐清林，县委常委、组织部部长周玉生，县委常委、常务副县长唐荣立，县委常委、县委办主任李辉，县委常委、宣传部部长肖亚飞等领导对本书的出版提出了有益的指导意见；中共湖南省委党校（湖南行政学院）党建教研部主任李美玲教授、湘潭大学出版社副社长唐剑君、责任编辑单越对书稿的修改提出了很多具体的意见和建议，在此一并表示由衷的感谢。

由于我们水平有限，书中难免有疏漏和不足之处，恳请读者批评指正。

编　者

2024 年 8 月

图书在版编目（CIP）数据

初心屐痕 : 中共新田县委党校的实践与探索 / 何昕主编. -- 湘潭 : 湘潭大学出版社, 2024. 9. -- ISBN 978-7-5687-1533-1

Ⅰ. C53

中国国家版本馆 CIP 数据核字第 2024K1N962 号

初心屐痕——中共新田县委党校的实践与探索

CHUXIN JIHEN——ZHONGGONG XINTIAN XIANWEIDANGXIAO DE SHIJIAN YU TANSUO

何昕 主编

策划编辑： 单 越
责任编辑： 单 越
封面设计： 李 平
出版发行： 湘潭大学出版社
社 址： 湖南省湘潭大学工程训练大楼
电 话： 0731-58298960 0731-58298966（传真）
邮 编： 411105
网 址： http://press.xtu.edu.cn/
印 刷： 长沙印通印刷有限公司
经 销： 湖南省新华书店
开 本： 787 mm×1092 mm 1/16
印 张： 18.25
字 数： 379 千字
版 次： 2024 年 9 月第 1 版
印 次： 2024 年 9 月第 1 次印刷
书 号： ISBN 978-7-5687-1533-1
定 价： 88.00 元